彭雪枫将军

侯玉强 著

陕西新华出版

太白文艺出版社·西安

图书在版编目（CIP）数据

彭雪枫将军 / 侯玉强著. -- 西安：太白文艺出版
社，2024.1
ISBN 978-7-5513-2544-8

Ⅰ. ①彭… Ⅱ. ①侯… Ⅲ. ①彭雪枫（1907-1944）
－生平事迹 Ⅳ. ①K825.2

中国国家版本馆CIP数据核字(2023)第256807号

彭雪枫将军
PENGXUEFENG JIANGJUN

作　　者	侯玉强
责任编辑	史　婷
封面设计	王　洋
出版发行	太白文艺出版社
经　　销	新华书店
印　　刷	西安市建明工贸有限责任公司
开　　本	787mm×1092mm　1/16
字　　数	320千字
印　　张	24.75
版　　次	2024年1月第1版
印　　次	2024年1月第1次印刷
印　　数	5000册
书　　号	ISBN 978-7-5513-2544-8
定　　价	68.00元

序

缅怀先驱　守望理想

时逢抗日战争胜利周年纪念，《彭雪枫将军》一书杀青付梓，红色文库又添力作，英雄壮歌再谱新章，是谓适逢其时，可喜可贺。

《彭雪枫将军》视野开阔，气势雄沉，全景介绍抗日名将彭雪枫将军灿然炫目的三十七年英雄轨迹。其于当今中国社会铸牢民族魂魄，凝聚文化力量，弘扬爱国主义精神，守望崇高理想，走出价值误区，无异注入一缕清风，引领我们共同回顾中华民族那百年苦斗的强国之梦。

一九〇七年九月九日，彭雪枫将军生于河南镇平七里庄一农民家庭。一九四四年九月十一日，将军捐躯河南夏邑八里庄抗日疆场，时年三十七岁。

将军原名修道，生逢清朝崩坍在即，先睹列强凌侮，山河飘摇；又见民初乱局，混战连年。求学之际即四处寻阅马列书籍与进步报刊，积极投身反帝爱国洪流。此间加入中国共产党，领导学生运动，并于一九二七年参加北京南苑起义，开始革命家的漫漫征程。

少年雪枫哀生民倒悬，忧民族危难，怀高远之志，索救国途径。故自北平汇文中学五哨林间……名将之星耀然升起；在遵义城头，赤水两岸，娄山关上，金沙江畔，大渡浪间，雪山草地……长征虎将声名遐迩；在直罗古镇，黄河渡口，山城堡外，东进西征……靖廓三边，威风八面。而后驻节三晋，举旗竹沟，挥师东下，雄踞淮北，纵横敌后，威震华中……日伪顽匪，闻风落胆。

将军通史知兵，文武兼备，儒雅博学，从谏如流。作为坚定的革命家，将军理念坚定，激情四射；作为成熟的政治家，将军雍容儒雅，思辩睿智；作为卓越的军事家，将军足智多谋坚忍勇决；作为杰出的领导者，将军高瞻远瞩，平易民主。将军是我党我军方圆可施的文武全才，上受中央倚重，下得将士拥戴，广为民众颂爱。

"出师未捷身先死，长使英雄泪满襟。"抗战奏凯在即，将军血溅沙场，浩歌西去。英年早逝，未能亲睹其以血描染的宏图尽展，却为后世留下无穷无尽的精神财富。三十七年英雄征程，将军为中华民族重新崛起留下灿然生辉的人生轨迹。

二〇〇七年金秋，将军百年诞辰纪念之际，北京新四军研究会四师（淮北）分会受中共中央党史研究室委托，与中央电视台合作摄制的四集电视文献专题片《彭雪枫将军》，在中央电视台隆重播出。如今《彭雪枫将军》曲响，不独为抗战胜利周年纪念献歌，更是向在民族危急时刻慷慨赴死的民族英雄们表达永恒的敬意。

入云丰碑，高山仰止。吾之二伯张爱萍和父亲张灿明与雪枫伯伯长期并肩，战友情深，故吾斗胆应命撰文代序，以寄殷殷缅怀之情，并藉此代表四师子弟昭告时空：雪枫不死，英名不朽，旗帜不倒，信念不移！

北京新四军暨华中抗日根据地研究会

四师（淮北）分会会长张淮流

写在前面的话

敌人只能砍下我们的头颅，

决不能动摇我们的信仰！

因为我们信仰的主义，

乃是宇宙的真理！

为着共产主义牺牲，为着苏维埃流血，

那是我们十分情愿的啊！

——方志敏

初次接触这几句诗，还是"少年不知愁滋味"的年纪，懵懂无知的我并未觉得它有多么高深的地方。但当岁月的脚步匆匆，走过而立之年对人生的纷繁复杂有所领悟后，方觉它厚重而闪光的内涵。

信仰，对一个人来说，是多么重要啊！

一八四八年二月二十四日，在莱茵河畔，马克思和恩格斯勾画了一个无处不均匀无处不保暖的大同世界，从此，它成为地球村亿万共产党人向往的殿堂。在古老的东方，从一九二一年到一九四九年这二十八年波澜壮阔的历史进程中，多少年轻的中国共产党人，前仆后继，抛头颅，洒热血，这是为什么呢？

共产主义之信仰也！

历史的长河滚滚向前，无人能挡。岁月的无情与时代的变迁让人感慨，不胜唏嘘。到了二十一世纪的今天，古老的华夏大地上，已发生了天翻地覆的变化，那么，处在急速变化的世界中的年青一代，他们的信仰又是什么呢？

在我的故乡豫西南一带，有一位家喻户晓的传奇人物——杰出的共产主义者彭雪枫。虽然他离开这个世界有六十五个春秋了，但他的故事至今还在南阳一带市井乡野流传，萦绕在故乡人的梦境里。

我是在小学时代就知道彭将军的故事了。

彭雪枫的故里与我的家乡相距不过五十公里。是什么让这位老乡走上了一条布满荆棘而闪光的道路？

闲暇之余，我常常想，以彭雪枫将军出生时的家庭条件，如果他待在家里，过着"日出而作，日落而息""三十亩地两头牛，老婆孩子热炕头"的悠闲自在的日子，那么，他的人生又将是另一番图景：子孙满堂，颐养天年，享受着天伦之乐。

但人生就是充满了戏剧性的变化。

他走了另一条道路。

为什么？"共产主义"这四个字能说清吗？事情似乎并不是那么简单。

这成了童年的我心中的谜。

也许，童年的记忆是深刻的。心灵深处的谜埋藏愈久，随着岁月的增长，愈发强烈，让人魂不守舍。它像爬山虎一样紧紧地缠绕着我的心灵，升腾，诉说……多少年了，我说不清。它快成了心病——我不能再等了。

我决定提起笔来走一程。

我像一个嗡嗡旋转的陀螺，开始急速运转起来：搜集资料，四处采访……

我开始沿着将军的足迹，寻寻觅觅。

二〇〇八年暮春的一天，我来到采访之旅的最后一站，将星陨落的地方——豫东夏邑县八里庄。

那是一个春风骀荡的上午，我前往彭雪枫将军纪念馆拜谒。

出县城二十余里，就到了一个名叫八里庄的小村子。它的得名，是缘于这里距当地行政管辖地孔庄乡八里。

这是一望无垠的豫东平原上一个极其普通的村子。青青的麦田，错落有致的房舍，鸡犬相闻，一派宁静悠闲的田园风光。

很难想象，眼前这个不起眼的小村子，竟是几十年前敌我厮杀、硝烟弥漫的战场。就是在这里，一代名将彭雪枫血染战袍，轰然倒下。从此，八里庄这个名字走进了亿万人的心灵深处。

八里庄彭雪枫塑像

终于来了。

我怀着虔诚的心情，走进村子中间的纪念馆。但见院子中间的甬道上，苍松翠柏之中，赫然矗立着一座深褐色的花岗岩石基，石基上面安放着一尊雪白的半身像。啊，彭雪枫将军！我暗暗地叫了一声。刹那间，空气凝滞了，我的脚步瞬间变得沉重起来。

明媚的阳光里，"将军"面带笑意，眺望着远方，仿佛对远道而来的客人述说着什么，丝毫没有想象中叱咤风云的威严，反倒给人以亲切平和之感。

我像一个丢失什么的孩童，在院子里四处拾寻着。……驻足院中，望着眼前的一处处历史与现实融汇的场景，我的思绪开始翻飞。

凝眸间，时光开始倒流，历史在这里驻足，我仿佛回到了当年的烽火硝烟中……

目 录 CONTENTS

引　子

有的人活着，他已经死了；有的人死了，他还活着。

————臧克家

魂断疆场，归去来兮

一九四四年九月十一日，晨六时许，曙色熹微。

一颗闪亮的流星，拖着长长的银光，划过湛蓝的天宇，坠落在遥远的天际。

豫东，八里庄。在寨墙指挥战斗的新四军第四师师长彭雪枫，突然被一颗呼啸而来的流弹击中。他身子摇晃了一下，旋即便倒下了。

师长走了，走得匆匆，来不及享受胜利的喜悦，来不及为身边的战友叮嘱一番。

英年三十七岁，正是生命光辉灿烂之时，他叱咤风云的一生却戛然而止。

在八里庄一座高大的教堂内，他安然地躺在一张帆布软床上。

师参谋长张震、政治部主任吴芝圃、警卫员等悲痛地围成一圈，泣声一片。

四师的健儿需要他啊！

一颗熠熠生辉、光芒夺目的将星陨落了。

一位饱读诗书、横戈马上的儒将闭上了眼睛。

一道气势雄浑、色彩壮丽的风景在华夏大地消失了。

九月，在彭雪枫的生命中极不寻常。出生、别乡、入党、结婚、魂归大地，都是在九月。

一位哲人曾经讲过，在历史的长河中，要想成为一个伟人或者英雄，必须具备两个条件：一是历史的非常时期；二是个人的非凡才能。

而这两个条件，彭雪枫都拥有了。

彭雪枫出生的一九〇七年，正是中华大地满目疮痍的时刻，奄奄一息的清王朝已病入膏肓，民主革命的浪涛汹涌澎湃：

一九〇七年二月十三日，维新派领袖康有为将保皇会改名为"国民宪政会"；

一九〇七年七月六日，光复会徐锡麟在安庆起义，再次动摇清政府统治；

一九〇七年七月十五日，鉴湖女侠秋瑾英勇就义；

一九〇七年十二月二日，伟大的民主主义革命家孙中山领导了镇南关起义。

……

中华儿女们，慢慢地睁开了双眼。

当彭雪枫懵懵懂懂的时候，满眼都是民族的积弱与国家的屈辱，之后的辛亥巨变、军阀混战、五四惊雷……历史风雨无情地吹打着彭雪枫的心灵，影响着他对世界的看法。

家庭贫困，使他走出故乡，开始了生命轨迹的转弯。在天津、北京，革命浪潮使他开阔了视野。入团，入党，苏区岁月，长征转战，西北统战，豫皖苏抗战……非常的历史际遇，为他实现人生抱负提供了广阔的舞台。

任何生命个体来到人间时，所处环境都是先天存在的。而个体总是渺小的，正是这种风云跌宕的非常时期，才使渺小的个体投身时代的洪流，从而改变了自己。

这就是所谓的"时势造英雄"，或者说"乱世出英雄"。

童年启蒙，少年发奋，育德求学，彭雪枫崭露头角，显现出不凡的天分。

喜爱读书，是彭雪枫的亮点，特别是在洪泽湖畔他的"密室"里，他读了大量的著作。"腹有诗书气自华"，书香的熏陶，使他妙笔生花、侃侃而谈。

侠骨柔肠。给爱人林颖的八十余封信中，一位思想深刻、情感细腻的儒将形象跃然纸上，令人几许感动，几许景仰。

出众的才华，使他从将星如云、以农民为主体的军队中脱颖而出。

古希腊哲学家赫拉克利特曾言："性格决定命运。"

在生命的长河里，特别是人生命运的转折时期，总能看到每一个生命个体性格的影子。彭雪枫是一个要强的人，再加上抱负远大，因此，他的一生，处处闪耀着光芒。

这也是彭雪枫之所以成为英雄的另一注脚吧。

历史人物，后人自有定论。

一九八八年，彭雪枫被确定为中国人民解放军三十三位军事家之一。

一九九七年，彭雪枫九十周年诞辰之际，江泽民同志欣然提笔，写下"文武兼备一代英才，功垂祖国泽被长淮"的题词。

二〇〇五年九月，在北京人民大会堂举行的纪念抗日战争胜利六十周年的大会上，胡锦涛同志在报告中郑重地提到八位抗日将领的名字，而彭雪枫，就是其中的一位。

第一章　伏牛之子

人在他的历史中表现不出他自己，他在历史中奋斗着露出头角。

——泰戈尔

钟灵毓秀的土地，哺育了一代代才俊

初秋清晨的第一缕微光轻轻唤醒豫西南一个叫镇平的小城，城南关街头一个十二三岁的报童用沙哑的声音高喊着："卖报了，卖报了，孙中山准备起义了！"

声音和着袅袅的炊烟，飘荡在小城的上空。

不久，幽深的小巷里，传来早起的小贩们的叫卖声："豆腐汤歁——""锅盔喽！"熟悉的声音，像城中地主豪绅人家的闹钟——无论是在烟雨蒙蒙的初春，还是在风雪呼啸的寒冬——准时，亲切。

丝绸店掌柜催促伙计起床的高喊声，孩子的哭闹声，老人的咳嗽声，晨起外出的行人见面时的问候声，鸡鸣狗吠声……宛如一曲大合唱。

这是一九〇七年九月九日镇平的早晨。

镇平，古称涅阳。春秋时，这里是楚国之地。楚文化既有黄河文明的爽健敦厚，又有长江文明的灵秀睿智，是黄河文明和长江文明的交融。摇曳多姿的楚文化，沐浴着岁月的风雨，已慢慢地浸淫到当地民间文化的血脉里。

司马迁在《货殖列传》中写道："其俗剽轻，易发怒。"即是说，西楚民俗彪悍轻薄，容易发怒。古老的流风遗泽，对当地人性格的影响，是潜移默化的。

金朝正大三年（一二二六年）置镇平县，金代文学家元好问为首位县令。当时金朝已临末期，危机四伏。镇平之名，有震慑和平定叛乱之义。

眺望西边、北边，是连绵起伏八百里的伏牛山。

伏牛山，秦岭的支脉，其海拔不太高，因山体形如卧牛，故称伏牛山。

苍茫的大山像一个不朽的神话，给予周围村民无限的遐想。其刚劲的身影，映在那一颗颗热诚朴实的山的儿女心里，铸就了他们质朴、坚强的性格。窑工出身、外号"徐老虎"的红军将领徐海东，率领红二十五军，浴血奋战，经这里奔赴陕北。

南边，是苍翠欲滴的桐柏山。

松树、梨树、杏树……春天花开时节，漫山遍野开满鲜花。微风吹过，传来阵阵清香。淮河的源头就在这里。潺潺溪流，汇集成奔腾的大河，唱着欢快的歌，驰骋于黄淮平原，最终投入东海的怀抱。它奔出大山之后，变得桀骜不驯，像野马一样，成了下游人的噩梦。新中国成立后，一代伟人感慨不已，发出了"一定治理好淮河"的号召。

桐柏山，后来成了共产党人的福地。刘邓大军挺进大别山后，共产党将领李先念、王震曾率部活动于此。

小说《桐柏英雄》描写的就是发生在这里的故事。二十世纪七八十年代的电影《小花》就是根据小说改编而成的。剧中插曲《妹妹找哥泪花流》那细腻、深情而略带忧伤的曲调，至今仍萦绕在人们的心头。

东边一百多公里处，是千年古城南阳。它因位于伏牛山之南、汉水之北而得名。

南阳，以诸葛亮《出师表》中的一句"臣本布衣，躬耕于南阳……"而闻名天下。

春秋时，这里曾是楚国的地盘。楚设宛邑，"宛城"之名，由此而来。到战国秦昭襄王三十五年（前二七二年）"初置南阳郡"时，才开始使用"南阳"这个名字。

汉建安十二年（二〇七年），诸葛亮二十六岁。汉中山靖王的后代刘备带领他的两个拜把子兄弟关羽、张飞，曾三次光临此地，留下三顾茅庐的佳话。诸葛亮走出南阳，成就了一番伟业。

李白与友人曾游历南阳，后赋诗赞叹："昔在南阳城，唯餐独山蕨。忆与崔宗之，白水弄素月。"

今天，南阳城西南诸葛亮隐居的茅庐翠柏苍劲，成为南阳旅游的名片。

在南阳这片古老的热土上，诞生了许多精英：百里奚、范蠡、张衡、张仲景、邓艾、范晔、庾信、岑参、冯友兰、彭雪枫、姚雪垠……他们犹如一颗颗璀璨的明星，在历史的夜空中熠熠生辉。

难道这真的是一方圣土？出生于南阳唐河县的哲学家冯友兰先生，在他的书中给出了答案。

他指出，气候温和、土壤肥沃，保证了古人靠天吃饭，这是地利；淳朴的民风、儒家文化的流淌，"学而优则仕"观念的薪火相传，保证了古老的文明浸淫着这里的子孙，这是人和。

这也算是对人才辈出的另一种解释吧。

石榴红了，黎明时分，诞生于一个耕读之家

七里庄，位于镇平南面，因距县城七里而得名。

这个村子，有百十户人家。大部分人家姓彭，也有张、郭、李等姓。村上人自称是山西洪洞大槐树移民的后代（其实，今天的河南、山东、安徽等地的人都不是"土著"，而是大槐树下的外来移民）。

那是明朝初年，经历了元末农民战争，天下草木凋零，荒无人烟。特别是中原一带，积骸成丘，居民鲜少，一片凄惨的景象。朱元璋痛心疾首，决定从山西洪洞等地移民，于是就有了中原子孙以洪洞人自居的说法。

在七里庄一带，流传着一首这样的歌谣：

> 问我老家在何处？
> 山西洪洞大槐树。
> 老家名字叫什么？
> 山西洪洞老鸹窝。

关于洪洞人迁移，还有一个传说。

洪洞县令奉旨令衙役张贴迁徙文告。可是，几日之后，毫无动静。"羁鸟恋旧林，池鱼思故渊""在家千日好，出门一日难""子不嫌母丑，狗不嫌家贫""一动不如一静"，先贤的忠告，加上肥沃的土地馈赠的口粮，街坊邻居亲朋好友绵密的血脉人情，造成中国人特别是汉民族的保守心理。离开自己祖祖辈辈生养的地方，出外闯荡，谈何容易啊！

上司的督促让县令忧心忡忡，茶饭不思。一个幕僚眉头一皱，计上心来，与县令耳语一番。县令顿时大喜，命衙役敲锣打鼓，喝道："十日内，到洪洞城外西北角大槐树下的人家可以不迁，不去者迁！"不一会儿，城外那棵参天的大槐树下，云集了密密麻麻的洪洞父老。大家拖家带口，欣然前往。可是，有去无回，四面全是持刀的官府士兵，刀光闪闪，神情威严。

上当了！

官兵用绳子给每人手腕上系一疙瘩。毒日头下，队伍前不见头，后不见尾，"哭声之上干云霄"。可是，途中内急了怎么办？开始时，口无遮拦——"快给我解开。我要屙屎，我要尿尿。"当着大家的面，似乎不太文雅，于是就雅称"解手"。直到今天，这一称呼仍在沿用。

"三十亩地两头牛，老婆孩子热炕头""日出而作，日落而息"。以农业为生的彭氏一支自洪洞来河南后，开始在南阳西南的邓州落脚。几经周折，辗转至镇平七里庄定居。村人除了务农之外，农闲时分，还到镇平城内帮人织丝绸，挣些外快，补贴家用。

镇平丝绸质地精良、严谨致密、图案美观，灿如云锦，至清代时已名扬北方，几乎家家都有织机。

村上，家家房前屋后种满了榆树、槐树、杨树、苹果树等。

一个个小小的村庄，宛如大海里一座座小孤岛，岸然地、倔强地、孤僻地站立着，从它们怀抱里生长出来的人，也同其个性一样。

一九〇七年九月九日（农历八月初二），凌晨时分。七里庄村西头彭如澜老先生家，一个白胖的小子呱呱坠地。这一年是羊年。

"六德堂添娃啦！"

好消息不胫而走。憨厚、朴实的乡亲们，三三两两，端着饭碗，抱着孩子，谈笑着，来到老先生家贺喜。

这是一座洁净的茅草房四合院。

门外是青青的竹林，竹子挺拔笔直，像无数士兵，守护着这家人。

院中蓊郁高大的槐树，仿佛是一把巨大的擎天伞，遮盖着左右房舍。金色的阳光透过圆圆的翠叶，洒满院中，增添了几分诗情画意。枝杈间，叽叽喳喳的喜鹊、麻雀，嬉戏着，歌唱着，仿佛为主人家的喜事祈祷祝福。

咚咚咚，一阵敲门声。

开门的是一位五十开外的长者，高挑个，精神矍铄，卧蚕眉间流露出一股儒雅之气。这是彭雪枫爷爷彭如澜。

他是彭雪枫人生路上的第一个老师，对彭雪枫的世界观、人生观有很大影响。彭雪枫后来在给林颖的信中提到，"他是一个颇有学问和道德修养的人"。

彭如澜，生于一八五三年，秉承儒家风范与学养，知书达理，又喜拳术。以为人正派、讲义气而闻名乡里。他在同族中排行第六，因此，家号取名为"六德堂"。

六德，西周大司徒教民的六项平民道德标准——知、仁、圣、义、忠、和。

走进堂屋，迎面的墙壁上悬挂着长须飘飘的孔子画像。两边是一副字迹雄健、敦厚的隶书对联：

忠厚传家久

诗书继世长

"大伯，得请客啊！"

"准备起个啥名？"

"得准备喜面啊！"

在当地，有这样的风俗：谁家喜添娃儿，三天后就要做上一大锅细软的鸡蛋面条请大家吃，俗称"吃喜面"。面条细长，象征着孩子将来长命富贵。同时，表示遇到喜事不忘乡亲，让大家也沾沾喜气。

襁褓中的婴儿，甜甜地睡着，仿佛在做一个美丽的梦。

"嘀，小脸蛋红胖，像个小苹果。"

"嫂子真有福，头生就是娃儿。"

婆姨们叽叽喳喳，说着吉利的话语。

彭雪枫的生母王氏，这年正好二十五岁，是七里庄南面大和营村一家佃户的女儿，嫁给彭延泰后，先后生育四子，彭雪枫居长。

彭延泰，一个正直、忠厚的中国农民，与王氏同岁，略通文墨。有点经济头脑的他，农闲之余，和兄长合伙在县城经营一家土杂商店。

此刻，他满脸红光，提着盛满花生的麦秸篮子，逢人就让。在传统观念中，养儿防老，只有儿子才能继承家业，传宗接代。

"延泰，快去捉只老公鸡，拴到床腿上！"

"好，爹！"彭延泰飞快地跑到院子中，不一会儿，便捉到一只正在啄食的火红鸡冠的大公鸡。

据说，把公鸡拴在床腿上，是为了辟邪，能保佑孩子将来鹏程万里。

这个孩子，取名彭修道，也就是日后令敌人闻风丧胆的红军高级将领、抗日名将彭雪枫。

少年聪慧，崭露头角，小伙伴们的"诸葛亮"

彭修道出生时，家中有良田二十多亩，属自耕农，在七里庄也算是"小康之家"。农忙之余，彭如澜设帐授学，在周围小有名声。彭修道就是在这样的环境下，渐渐地长大了。

光阴荏苒，转眼间，彭修道已七岁了。

一九一四年隆冬的一个早晨，窗外飘起鹅毛大雪，大地白茫茫一片。凛冽的东北风像无数的小刀子，吹在脸上，生疼生疼的。

"隆——兴——，修——道——"爷爷拉着长腔，急切地喊着。

隆兴是彭修道的乳名。有意思的是，它是"兴隆"一词的倒置。这是爷爷彭如澜托附近三关庙的道士按照生辰八字起的，希望孙子的到来能给家里带来福气。

其实，在农村，像"兴""旺""财""富""福"之类的名字十分常见，寄托着长辈对晚辈的希冀和祝福。即使在今日的农村，仍是如此。

同时，按照本族同辈孩子的排行，彭如澜为孙子起了学名叫修道。

刚刚醒来，脚头就不见爱孙。老先生慌了，一骨碌爬起来，披起衣服，奔到门外。

"人之初，性本善……"琅琅的读书声，清脆悦耳。原来，小修道早早起床，到院子中的丝瓜棚下背书。

"爷爷，起来了，来考考我吧。"彭修道扭过头来，大声地喊着。红扑扑的小脸蛋冻得像小苹果。

"回屋去！冻着了！"彭如澜瞪起眼睛。

"不，我还要练一下'扫堂腿'哩。"

老先生捋着胡子，微微点头，看在眼里，喜在心上：孙子牙牙学语起，自己就亲自教他识文断字，《三字经》《百家姓》已背得滚瓜烂熟。《三国演义》中刘备、关羽、张飞桃园三结义，诸葛亮草船借箭，火烧博望坡，赵子龙大战长坂坡……他都能给小伙伴们讲出来。《水浒传》中武松打虎、林冲逼上梁山等主要故事也能如数家珍。特别是《说岳全传》中的岳飞，是他心目中最大的英雄。

"这是个聪明懂事的娃儿啊！"彭如澜拍拍身上的雪花，自言自语地赞叹道。

田园的黄昏，是静柔的。

彭如澜在蟒泉边的麦场里，教孙子练几招少林拳。那是老先生童年时，跟着一个路过此地化斋的少林和尚学的。

清朝末年，豫西南一带，土匪猖獗，常常骚扰村庄。为了自保，彭如澜常常在院中桑树下苦练拳术。

彭修道二弟彭之久（曾任陈赓太岳兵团卫生部长，后不幸牺牲），后来回忆道：

> 你为了保卫家乡，自幼即每日早晨随着六十多岁的老祖父，苦心练武。为了学骑马耍枪，曾因耍别人的马摔坏了胳膊，咬着牙不哭不叫。为了学快跑，裹铅丸，把腿肚蹬得像蜂窝一样，也不怕痛，不退缩。

在古老的中国，习武的风气是伴随着苦难和隐忍而流传的。特别是在兵荒马乱的年代，为了自卫，体格健壮和略通拳路的人，还易受到人们的尊重。彭如澜就是这样的乡间老人。因此，彭修道也遗传了尚武人家傲岸不屈的基因。

春节过后，镇平的庙会热闹起来。

彭如澜乐呵呵地带着孙子去赶会。走进人声鼎沸的会场，椒香的锅盔、咸鲜的火烧、酸辣的胡辣汤，还有锣鼓喧天的狮子舞、花红柳绿的耍旱船、咿咿呀呀的曲子戏……彭修道伏在爷爷肩上，眼花缭乱。他好奇地指点着，张望着。

冬天的夜晚，在暖和的火盆旁，彭修道听爷爷讲王莽撵刘秀、李自成破镇平、白朗义军战镇平，特别是岳飞的故事，对他影响极大。后来，在新四军游击支队豫皖苏新兴集，修建了"精忠堂"，堂正中央还悬挂着一幅横匾，上写着"还我河山"四个大字。彭雪枫用岳飞当年激励部下的话，来鼓舞新四军战士。

爷爷讲故事，说笑话，神色、手势、声音……与情感交织在一起，把一个个故事形象地、夸张地、鲜活地描绘出来，让彭修道听到忘我。

民间的历史文化，像轻风细雨，浸润着他幼小的心灵。

当然，童年最快乐的，还是和小伙伴们在一起做游戏。

儿童，对大自然的花红柳绿有着成年人所没有的敏感。他们天性是爱玩的。从生物学上讲，男孩子与女孩子生来就是两个世界：男孩子爱玩枪，"打仗""捉特务"；女孩子喜欢"过家家"、跳绳之类的。一个是山，一个是水；一个阳刚，一个阴柔……

彭修道自幼聪慧，加上爷爷教的几招拳术，能文能武，让小伙伴佩服得五体投地。

暮春，月夜。大地笼罩在一片淡淡的雾纱中。

铁蛋、石头、喜才和木瓜等十多个小伙伴，吃罢晚饭，带着自己的"武器"（有的是泥枪，有的是木刀），相约来到村中一棵老槐树下。

"隆兴来了！"几个伙伴叽叽嘎嘎道。

"你们说今晚咋玩？"一见面，彭修道就攥着自己的木剑说道。

"你说吧。"石头不假思索地说。他们早已把他当成心中的"诸葛亮"。

"捉坏货！"彭修道大声说。

于是，由铁蛋扮作坏货，先行一步，在村子里藏匿起来。过了七八分钟，在彭修道的带领下，伙伴们开始四处寻找。

深蓝色的夜空，黑魆魆的树影。村外的虫鸣、蛙声和着麦苗的清香，随微风轻轻而来。静谧的夜晚，走路的沙沙声，仿佛是心在跳。

"那……那……地头……麦秸垛……有影子！"突然，喜才声音颤抖，手指着远处一座麦秸堆，磕磕巴巴地说道。"不要怕，咱们人多，跟我来！"彭修道悄声道。大家猫着腰，窸窸窣窣地包抄过去。大家齐声喝道："不许动！"仔细一看，原来是个吓唬吃庄稼鸟的草人。大家长长嘘口气，一摸额头，已经汗津津了。"到庄南头小河看看！"彭修道命令道。穿过一片竹林，他们来到村边。"那坟里有……有……"木瓜战战兢兢，手指着十几米外，胆怯地说不出话来。

人群中有些骚动。有人带着哭腔说要回家。彭修道眉头微微一皱，镇定地说："咱们每人拿一瓦片，使劲扔过去！我说开始，大家一起扔。准备，扔！"不一会儿，一声哭声传过来："是我，别扔了——""嗷——"一阵欢呼，十几个孩子的笑声响彻夜空。

门前如带的蟒泉，清翠的竹林，是彭修道童年最爱玩的地方。夏季涨水时，小鱼儿来回穿梭，彭修道和小伙伴挽起裤管在水中玩耍。

伙伴们在一起，总是快乐的。捉鱼，烧地瓜，摔跤，拾柴火……田园生活宛如陶渊明笔下的世外桃源。

当然，男孩子是顽皮的，有时也会犯错误。有一次，彭修道和小伙伴打架，一气之下，用了武术套路，结果把对方打得鼻青脸肿。对方家长找上门来，彭修道被爷爷狠狠地揍了一顿。

秋收的季节到了。

一袭黑长衫、气质儒雅的伯父彭延庆，从陈园回来了。陈园距七里庄五里地，彭延庆在那里当私塾老师。

彭延庆，字子善，一八七四年出生。自幼随父读书，毕业于政法学堂。为了谋生，先后在七里庄附近的草王庄、榆树庄、陈园地主家当私塾老师。

一家人正在院子里剥黄澄澄、沉甸甸的苞谷棒子。彭延庆笑着和父亲、弟弟寒暄了一阵。看到坐在身边机灵、聪慧的侄子又长高了，高兴地说："隆兴，最近跟爷爷又学些什么了，给伯背背！"

彭修道放下手中的棒子，从容地站起来，昂首背道：

"毕竟西湖六月中，风光不与四时同。接天连叶无穷碧，映日荷花别样红。"

"作者是谁？"延庆笑吟吟地看着爱侄。

"杨万里！"

"哪朝人？"

"宋朝！"

"哪个宋朝？"

"南宋！"

"好！修道记性好，是块料，要不，跟着我去私塾读吧？"彭延庆一边赞叹着，一边扭过头来，用征询的目光望着父亲。

"中是中，就怕给你……"彭如澜眉头紧锁，欲言又止。

"咱爹是怕给你添麻烦，况且，那都是地主家的娃儿，咱这孩子能合群吗？"彭延泰直言快语，道出了父亲想说的话。

"没啥，就这样定了。晚上给修道收拾一下，明天就跟我到陈园去。"

到私塾读书，是彭修道人生的一个转折。从此，他开始了蒙学时期。

在陈园私塾里读书的孩子，大都是地主、士绅家的子弟。彭修道牢记家人的嘱托，不和地主家孩子比吃穿。

光阴似箭。不到三年时间，他便熟读四书五经，以及《千家诗》《赤壁赋》《滕王阁序》《出师表》《陋室铭》等。特别是岳飞的《满江红》，彭修道能倒背如流。传统文化的滋养，使他打下了深厚的古文功底。

少年多梦。

一天晚上，彭修道做了一个奇怪的梦。他梦见自己披上银光闪闪的铠甲，手执一杆长枪，骑着一匹火红的战马，和仰慕已久的岳飞将军一起驰骋在黄河岸边，在杀声震天、万马奔腾中朝着金兀术的阵营冲杀过去。所到之处，金国军队人仰马翻，鬼哭狼嚎。最后，他和岳将军在欢呼声中凯旋。

"怒发冲冠，凭栏处，潇潇雨歇。抬望眼，仰天长啸，壮怀激烈……"

终于"见到"岳飞了！

弗洛伊德认为，梦是人类潜意识活动的产物。每个人都有自己的偶像，每个偶像都有自己的拥趸。

一九一一年，清王朝崩塌了。各地的旧私塾随之烟消云散，新式学校粉墨登场。小城镇平也兴起了洋学堂。

一九一六年，在伯父的劝说下，彭修道考入县城仓房初级小学读书。

仓房学堂，位于县城的东边，原来是官府的仓库。清朝末年，改建为学堂。校门旁赫然立着一巨大牌匾，写着唐代文学家韩愈的名言——业精于勤荒于嬉，行成于思毁于随。

院内，参天的柳树虬劲、蓊郁。树下，矗立着孔子、孟子等教育家、思想家的塑像。

彭修道如羽翼渐丰的小鸟，开始向更高的天空飞翔。由于基础扎实，悟性高，勤奋努力，他每次考试都名列前茅。

一九一九年春天，一个风和日丽的上午。

省城开封的一位教育督学莅临镇平。这位性格有点古怪的督学，听完仓房学堂的先生讲课后，径直来到三年级教室。他要考考一名叫彭修道的学生，看看全县的校长、老师说的是真是假。

教室内鸦雀无声。几十名学生都望着这位神情严肃、满鬓银霜的长者。

"李白的《送孟浩然之广陵》，谁来背一背？"督学望着学生道。

教室内一片寂静。

"故人西辞黄河楼，烟花三月下扬州……"前排一位身着蓝丝绸褂子、胖胖身材的学生站起来，像和尚念经一样背了一阵。

"最后两句是什么意思？"

"李白站在长江岸边，孟浩然的船在天边慢慢消失，长江水滚滚向前流向远方。""蓝丝绸"面带微笑，一副充满信心的样子。

"非也！"督学遗憾地摇摇头。

接着，另一个学生的回答也闹了笑话。

师生们面面相觑，教室内出现微微骚动。

"那是表面意思，真正的意思是表达了李白与孟浩然的真挚友情。李白站在长江岸边望啊望，小船由大到小，慢慢变成一个小点，消失在水天相接处。最后，李白望到的只是宽阔碧透的长江水，一直向前奔腾。"

大家用惊异的目光望去，原来是彭修道！

"好，说得好，真是名不虚传！此生天资聪慧，必成大器。我愿举荐彭修道同学入察院高小。"督学激动地跷着大拇指，连连赞叹。

教室内响起一阵热烈的掌声。

接着，督学又问了关于《论语》中几句的解释，满意地离去了。

彭修道被督学先生保举入学的消息像春风一样，吹遍了整个县城。

彭修道的解释，实际是悟出了中国古典诗歌的精髓——"诗家圣处，不离文字，不在文字"。也就是说，作者要表达的意思，离不开文字这个载体，但文字的表面意思不是作者真正想要说的，而是表层背后暗藏的寓意。

悟性、灵感，这些电光石火、来去无踪的东西，一靠天赋，二靠勤奋。

察院，位于城西北一隅，是明万历年间知县梁必先建学的旧址。察院的性质就像今天的政府招待所，是接待上级领导的。另一个用途，就是每隔一年在这里举行一次秀才考试。

就在彭修道摇头晃脑地沉浸在四书五经的世界中时，远在千里之外的北京城，发生了一件震惊中外的大事——五四运动爆发了！

一九一九年五月四日，数千名学生不满北洋政府在巴黎和会上签订不平等条约，举行了声势浩大的游行示威活动。杨振声等学生愤怒地冲进赵家楼，火烧曹汝霖的住宅。他们的爱国热情点燃了工人、商人胸中的怒火。接着，这股浪潮波及了全国。

消息传到暮气沉沉的千年小城。人们觉醒了，沸腾了，街头巷尾，三三两两聚在一起，议论着时局的变化。

十几岁的少年郎，正是活泼、好动、做梦的年龄，对五彩的世界编织着一个个蔷薇色的憧憬。可是，面对突如其来的变故，少年彭修道开始朦朦胧胧地意识到，世界充满了艰辛与灾难。时代洪流的惊涛，让聪慧的彭修道骤然成熟起来。

初夏的一个黄昏。在小城的十字街头，贴了一幅漫画，画的是几个面目狰狞的日本兵张牙舞爪地在朝鲜平壤街道上烧杀抢掠的情景。

醒目的漫画，吸引了来往行人驻足观看。观者无不义愤填膺。正在这时，放学的彭修道路过这里，好奇心驱使着他看个究竟。

看到画中朝鲜人民痛哭流涕、鲜血流淌，想到自懂事以来耳闻目睹的种种社会不公，彭修道内心的怒涛汹涌澎湃：天下为什么这么不公平？毫无人性的强盗凭什么？

"乡亲们，打倒小日本！"也许是太气愤，彭修道不知哪来的勇气，攥起小拳头，愤怒地喊了一声。

想不到的是，人群中有了响应：

"打倒小日本！打倒日本帝国主义！"

"打倒卖国贼！"

围观的人们群情激愤，一张张脸上洋溢着激动、昂扬的表情。

五四运动是一次思想启蒙运动。康德云："启蒙运动就是人类脱离自己所加之于自己的不成熟状态。"中西方文化交融、碰撞，无论是政治、文化。直到今天，五四运动都是中国历史上的一道分水岭。

五四运动给彭修道上了人生重要的一课。多年以后，他深情地回忆道："百年以来，在反对封建压迫和反对民族压迫的民主革命过程中，五四运动是最辉煌、最精彩的一页。"

"国家兴亡，匹夫有责。"少年彭修道常常面带忧色，用顾炎武的名言激励自己。

国文课上，他向老师交了两篇得意之作——《李自成打梁寨》《和家姐谈"女子无才便是德"》。

前一篇文章中，他联想到小时候听爷爷讲闯王李自成率领义军，在镇平梁寨打土豪，分田地，受到老百姓欢迎的故事。结合五四运动，提出了"只有推翻不平等的社会，穷人才有希望"这个观点。后一篇文章，他以花木兰、穆桂英、李清照等为例，驳斥了女不如男的谬误观点。

深刻的立意、犀利的文笔，令老师赞不绝口：

"看看彭修道，好文章连篇，汝等要努力啊！"

不久，文章传遍全校。

光阴荏苒，察院求学的日子画上了句号。

余晖中，漫步在杨柳依依、花草芬芳的校园，想到朝夕相处的师友，彭修道心海涨潮了。

分别总是难过的。

两鬓苍苍、架着深度眼镜的国文刘老师，深情地对彭修道说："修道同学，察院两年，为师已无法再满足你。你才华横溢，应到更高一级学府继续深造！"

"老师，我不会忘记您的教诲！"在校门口，彭修道挥手与老师、同学们道别。

路尽头，那带补丁的袖口随风飘起。

乌云遮蔽，疾恶如仇

一九二一年的一个下午，七里庄南头的一片田野里，庄户人正忙着秋收。潮湿的黄土被翻出地面，一个个拳头般的地瓜痛苦地醒来，老黄牛无力地呻吟着。

坐在地头歇息的彭修道，任微风轻轻撩拨着凌乱的头发，木然地望向远方。正值青春年少的他，本应坐在学堂里读书，却因家庭经济拮据不得不辍学回家，帮着爷爷、父亲干起了农活。

"咱娃儿要是像地主家的孩子一样有学上，该多好啊！"爷爷坐在彭修道身旁，忧心忡忡地叹息道。

"爷，你说，是啥让我上不起学呢？"

彭如澜轻轻地咳嗽了一声：

"人哪，生到这世上，自古以来就有穷有富。有坐轿的，有抬轿的。有钱的吃香喝辣，没钱的就受冻挨饿，更别说上学了。世道不公平啊！"爷爷感慨地说着，浑浊的眼睛有点湿润了。

彭修道眉头深锁，他想起白居易《卖炭翁》中满面尘灰的卖炭翁，想起"十指不沾泥，鳞鳞居大厦"的诗句，想起"昨日入城市，归来泪满巾"的蚕妇，愤愤地说："爷，只有像陈胜、李闯王一样推翻这个不公道的社会，穷人才会翻身！"

"是啊，娃子。"爷爷面色凝重道。

失学是痛苦的。十四岁的少年，慢慢地变得沉默了。敏感的心灵，正感受着时代的风雨洗礼。

早晨，他像往常一样习武。晚上，在洋油灯下翻看心爱的书籍。

树欲静而风不止。外面的世界风起云涌。一个叫孙逸仙的广东人，目睹清王朝的腐败无能，弃医，依靠海外华侨的赞助和民主爱国人士的努力，发动了一次次的起义：镇南关、黄花岗……终于，在一九一一年辛亥革命的大潮中将清王朝大厦推倒。次年，中华民国建立。

可是，胜利的果实被袁世凯窃取了。这个在天津小站练兵起家、红顶子沾满了"戊戌六君子"鲜血的河南项城人，贪得无厌，做大总统还不过瘾，居然倒行逆施，在沆瀣一气的杨度等人的筹划下，做了皇帝。不过，八十三天之后，便在一片唾骂声中呜呼哀哉了！

此后，北洋军作鸟兽散。北洋政府的曹锟、冯国璋、段祺瑞等依靠帝国主义的支持，轮流坐庄。一时间，华夏大地，乌烟瘴气。

上层与下层严重脱节，在政权更替的罅隙里，乡村宁静的气氛也被打破了。杆儿（豫西南方言，土匪的意思）乘机四起，烧杀抢掠，百姓鸡犬不宁。北面的鲁山、西面的西峡，山高谷深，草深林密。大杆、小杆啸聚山林，盘踞此地，做起"山大王"，祸害四方。

自古以来，杆儿就是一个游离于统治者与被统治者之间的特殊群体。有的与朝廷分庭抗礼，劫富济贫，如北宋的梁山好汉；有的与官府勾结，抢劫、虐杀百姓。

一个月黑风高的春夜。

劳累一天的七里庄人，刚刚进入梦乡。忽然，村东头传来一声高喊："杆儿来了！"顿时，枪声大作，鸡犬狂鸣。不一会儿，全村男女老少像潮水一般涌向村外杨树林。

六德堂内一阵慌乱。彭修道勇敢地带领一家人躲到村外荆棘丛中，想到村中还有年老体弱的李奶奶、郭大爷，他又背着土枪回村了，直到大家安然无恙。

饱尝痛苦的庄户人开始联合起来，成立了一个自卫组织——红枪会。

侯集、草王庄、安子营……附近的村子都有红枪会的影子，他们宣传"吞符念咒，可避枪炮"，并在村里"广为设坛，练习红枪"，迷惑了不少村民。

见多识广的爷爷和彭修道都不信这些鬼话，劝说周围乡亲们不要上当，人哪有刀枪不入的呢。

一个深秋的早晨。

村民正在吃饭，一阵锣鼓喧闹声从村中传来，人们端着热腾腾的饭碗去看热闹。原来是几个红枪会的头头在表演节目。为首的老者缓缓地走到前面，口吐狂言："老少爷们，只要入了红枪会，老天爷会保佑你刀枪不入，不信试试！"说罢，让另一个同伙拿起一把刀砍向自己。果然，老头儿声不发颤，面不改色。"咦，真神了！"人群中传出阵阵惊奇声。

彭修道也在人群中看热闹，他眉头微微皱起："真的这么神吗？我不信！"于是，他悄悄走到老者身后，猛地撩起老者衣服，不禁大吃一惊，原来，里面裹了几层厚羊皮。

"快看，诓人的！"彭修道大声地喊道。刚才还信誓旦旦的老者，此刻像霜打的茄子，在众人的嘲笑声中，嘴里嘟囔着，灰溜溜地走了。

此后，红枪会的人都不敢来七里庄了。

"爆竹声中一岁除"，大年三十，噼噼啪啪的鞭炮声响彻不休。中国传统节日春节来了。

阴云密布的除夕黄昏，气氛显得有点沉闷、压抑。雪花在呼啸的寒风中飞舞着。

六德堂内，全家人围在一起包饺子。新年了，快乐是属于孩子的，两个弟弟嬉闹着，可是爷爷、父亲却愁容满面。

原来，几年来因彭修道和兄弟上学，粮食歉收，母亲王氏身体欠佳，无奈之下，彭家借了刘姓地主的高利贷，至今快两年了。每到年关，刘姓地主总来催账，不知今年能否顺利闯过这一关。正在父亲暗暗祈祷时，一声"彭如澜！过年了，还钱！"彻底击碎了片刻的希冀。

门外衣着光鲜、留着山羊胡的刘姓地主，带着几个狗腿子，高声地嚷嚷着。

院内寂寂无声。

叫声越来越高。没办法，王氏只好迈着小脚，颤颤巍巍地走到门外，满脸赔笑道：

"掌柜的，今年收成不好，娃儿又上学，过年的面也是借的。要不，过罢年，我送到家去。"

"少来这一套，不要哭穷，今天拿不来，你们的年就休想过！"山羊胡恶狠狠地威胁道，"说吧，给还是不给！"

藏在门后的彭修道再也忍不住了，推开屋门，疾步来到山羊胡面前，举起九节鞭甩了几下。

"你……你……你想干什么？"山羊胡被怒目而视的彭修道的气势震慑着了，结结巴巴地说。

"不要欺人太甚！欠账还钱是天经地义，但也不能不让过年。你们的良心给喂狗了，就知道要钱！再喊一声，我要你的狗命！"说罢，彭修道举起九节鞭，又挥舞了几下。山羊胡素闻六德堂彭修道的武艺，又看他一副豁出性命的架势，吓得跌跌撞撞地跑了。

冬天的一个上午，干冷的东北风肆意地刮着，大街上热闹非凡。高声吆喝的货郎，热气腾腾的饭铺……小城一片繁华的景象。

彭修道拉着弟弟宝兴的手，兴奋地走在熙熙攘攘的人群中。

忽然，前面两层木楼上飘着的"王记玉铺"旗子下，黑压压的人围成一片。

"走，过去看看！"走到跟前，只见一个年龄六十开外的老者，面对一个身着差役服饰的青年男子，不断作揖："长官，看在同乡情面上，你就给我吧，这可是我家的宝玉啊！"老人泪水涟涟，语声凄惨苍凉。

"此城归我管，爷爷我想拿就拿，老不死的，滚开！"差役粗声粗气，手拿着两块晶莹剔透的碧玉，一边谩骂，一边转身欲走。

"太不像话了！"

"光天化日之下，说抢就抢，没王法了！"

人群中愤愤一片，有的低声发几句牢骚，有的偷偷朝地上吐唾沫，有的攥紧拳头，腮帮子一鼓一鼓的。面对气势汹汹的无赖，人们也只能忍气吞声。

"休走！"彭修道怒不可遏，大声喝道。

那差役看来了一个管闲事的毛头小青年，鼻子里轻蔑地哼了一声，二话不说，握紧拳头，嘴里发出啊啊的叫声，像疯狗一般扑来。说时迟那时快，彭修道扎起马步，气运丹田，一个李逵劈柴的招式，将凶恶的差役瞬间击倒在地，然后骑在其身上，像武松打虎一般，左右开弓，抡拳就打。直到差役鼻青脸肿，连声求饶，交出玉石。

从此，彭修道的名字在小城再次刮起一阵旋风。

一九二一年春天，南阳一带久旱不雨，青黄不接。可是，官府的苛捐杂税照收不误。官逼民反，民不得不反。镇平城东小营一带的村民，拉起队伍揭竿而起，自号"白僧道"。他们浩浩荡荡，冲进县衙，打开粮仓，赈济灾民。

"白僧道"长长的队伍从村中经过时，彭修道正和家人在门前吃饭。他们手拿锄头、镰刀、长矛，不时还劝说村民加入。

彭修道不禁思绪翻滚：天下的穷人，只要团结起来，拧成一股绳，就一定能过上好日子。

哪里有压迫，哪里就有反抗，历史的脚步从来没有停止过。

第二章　恰同学少年

山河破碎风飘絮，身世浮沉雨打萍。

——文天祥

挥泪别乡，抵达天津，人生从这里转弯

一九二一年初秋的一天上午，七里庄东岗。

几朵灰色的云，低低地在天空游走。路旁的庄稼地里，枯萎的黄豆苗缩成一团，瘦骨嶙峋的高粱耷拉着脑袋。田野里一片枯黄。

坑洼不平的小路上，缓缓地走来几个大人和孩子。

这是彭如澜一家。

他们干什么去呢？

原来，这年春天，镇平一带几个月滴雨未下。靠天的村民，眼巴巴地看着自己的亲人一个个倒下，肝肠寸断，痛不欲生。

一时间，土匪四起，人心惶惶。

正在这时，远在外地教书的彭延庆给家里来了一封信。"家书抵万金"，彭如澜拆开信一看，不禁喜上眉梢。信中说，他已从河北省成安县携全家赴天津任职。得知老家一带旱灾和修道失学在家的消息，便修书一封，让侄子前去天津，谋个生路。

已是六十八岁的彭如澜走在前面，佝偻着腰，走几步，喘一下。

"隆兴啊，到天津后，不要荒废学业。"爷爷重重地咳嗽一声，语重心长地说，"进个学校读书是正事，不要怕吃苦。'吃得苦中苦，方为人上人'哪！"

"车上小偷多，要多长心。听你伯的话，闲时帮你伯多干点活，勤快点，不同在家。"彭延泰长长出口气，紧了紧肩上送儿子的包袱。

母亲颠着小脚，颤颤巍巍的，走得很慢。年届四十的她，鬓角已爬满了银丝，岁月的洗礼使她早已失去年轻时的风韵。

"孩儿啊，从小没出过远门，路又远，外面又乱，你这一走，不知啥时候能回来……"说着说着，眼泪簌簌地落下来。

孩子是娘的心头肉啊！

"冷的热的，要学会照顾自己啊！"母亲话刚一出口，泪水又淌下来。

前面就是去南阳的小路了。

母亲从夹衣中掏出一包沉甸甸的东西，外面裹了一块蓝布花格方巾，小心地塞到修道的包袱中。

"这是你妈的嫁妆钱，舍不得花，加上家中织绸积攒的，共十五块银圆。"父亲的语调深情而沉重。

两个弟弟拉着哥哥的手不放，依依不舍。

彭修道眼含热泪，缓缓接过沉甸甸的血汗钱，然后挎过父亲肩上母亲连夜赶做的新棉花被子，眼睛湿润了：

春日的早晨，彩霞满天，在蟒泉的竹林旁高声朗读《满江红》，爷爷站在一旁，捋着银须，颔首微笑；

夏日炎炎，一家人在爷爷的带领下，在溽热的田野里辛勤劳作；

秋夜，月上中天，万里如银，自己为省灯油，跑到院中读书；

冬日的晚上，漫漫长夜，一觉醒来后，只见昏暗的洋油灯下，劳累一天的母亲仍在纺线织绸；

儿时的伙伴，亲人的呵护，还有老槐树下那童年的梦想……十四年里一幕幕难以忘怀的情景，在眼前浮现。

正像诺贝尔文学奖获得者、法国诗人苏利·普吕多姆的一首诗描述的那样：

> 天空不再像一张平滑的帷幕，
>
> 叶儿不停地颤抖着飞舞飘落，
>
> 树丛掩映的林中小径上，
>
> 阳光的斑点已经黯然无光。
>
> ……

别了，生我养我的亲人！

别了，美丽可爱的故乡！

彭修道满含热泪，一步一回头，直到看不到爷爷、父母和弟弟的身影。从此以后，彭修道离开穷乡僻壤，来到繁华的都市，开始了人生的新起点。

乡村、都市，两个文化背景迥异的地域。

他，能适应吗？

秋老虎威力不减，乌发俊脸的彭修道，坐在车厢内用衣角不停地扇着。

火车外，是流动的风景。

火车内，是流动的社会，充满着喧嚣与躁动。

车内闷热，难闻的气味熏得人喘不过气来。过道上站满了人：衣衫破旧、两鬓苍苍的老者喘着粗气；满脸汗渍、目光柔和的小脚女人，怀里抱着哇哇大哭的孩子，嘴中念念有词不停地哄着；袒胸赤膊的中年男子，咳嗽着，一口一口地朝地板上吐着浓痰……

一个面容清瘦、架一副金丝边眼镜、知识分子模样的人，手里捏着一张报纸，津津有味地读着什么。

彭修道第一次听到了共产党、陈独秀的名字。原来，这年的七月份，中共一大在上海召开了。共产党，多么新鲜的名字，天下能共产吗？所有的穷人能吃饱饭不再挨饿吗？彭修道在车上一路琢磨着。

车到徐州，一个肥头大耳、阔佬模样的人，叼着香烟，吞云吐雾，呛得一位老者脸红脖子粗，实在受不了了，嘟囔了一句，那阔佬伸手就是一记响亮的耳光。

路见不平，拔刀相助！彭修道怒火中烧，拨开人群，一拳将那阔佬打倒在地，狠狠地替老者出了口恶气，直到乘警走过来。

在路上，看到汹涌奔腾的黄河，看到一望无垠、坦荡如砥的华北大平原，看到衣衫褴褛、拖家带口的灾民沿途乞讨，田野荒芜。他有些感慨：中华大地山川秀美，但帝国主义乌云遮天。他的心，被深深地刺痛了。

少年的心灵在成长，他觉醒了。

彭修道一路风尘，历时近一周，终于到达天津。

天津，意为天子经过的渡口。明永乐二年（一四〇四年），明成祖朱棣所赐名。它位于美丽的海河之畔、渤海之滨，以盐业发达而闻名。

扑面而来的都市繁华气息，让少年彭修道惊叹不已。只见湛蓝的天空下，高大古朴的楼群，宽阔平坦的马路，熙来攘往的人流。只是汽车横冲直撞，喇叭声像吆喝。

大侄子的到来，使伯父格外高兴，伯母、堂姐修英也很热情。几天后，经过奔走，彭修道成了南开中学的旁听生。

南开中学，是著名教育家严范孙和张伯苓创办的，以"允公允能，日新月异"为校训，是北方一所名牌中学。

教学楼里，传来琅琅的读书声，绿草如茵的草坪上足球飞来飞去，活泼可爱的少女夹着书本匆匆而过。

彭修道用惊异的目光打量着这个崭新的世界，内心一阵阵悸动。

旁听的费用不菲，没过多久，因彭延庆经济拮据，彭修道不得不辍学了。好强的他，想起来时爷爷和父亲的嘱托，决定到外面找些事做，以减轻伯伯一家的负担。

对于一个少年来说，这样的现实多少有点残酷，可人生就是这样，无情的命运在折磨考验着他。"所谓自力更生，其中不知受了多少不堪的苦头。"彭修道后来回忆道。

就在这阴霾重重之际，命运的上空突然射出灿烂的光芒。一天上午，族叔彭禹廷从外地来到天津。

彭禹廷，一八九三年出生，原名彭延忠，自幼聪明好学，辛亥革命后到北京师范大学学习，毕业后回南阳任教。一九二一年十月认识了驻扎南阳的一位师长，并深受其赏识，被任命为随身秘书。从此踏上了军旅生涯。

此时，彭禹廷随部队刚到北京，因公务出差到天津，听说族兄彭延庆也在天津谋职，便顺道来探望一下。不料，在这里碰上二兄延泰的长子修道。

"几年不见，隆兴长这么高了！怎么样，家里还好吗？啥时来天津的？"彭禹廷军人作风，直来直去。

对于这位气宇轩昂、学问不浅、在南阳一带颇有声名的族叔，彭修道仰慕已久，今日在他乡相遇，心情格外激动。

"五叔好！"彭修道走上前去，微笑着鞠躬道。

喝过一阵茶之后，彭延庆皱着眉头，把彭修道来天津的前前后后说了一遍。

"哦，这兵荒马乱的年月，能出来就不容易。隆兴，你有什么打算？"彭禹廷放下茶杯，目光中透出关切。

"男子汉大丈夫，穷则独善其身，达则兼济天下！我要像岳鹏举那样精忠报国，做一个对国家有用的人！"彭修道掷地有声地说。

彭延庆和彭禹廷相视一笑，被彭修道的志气和抱负所感染，流露出赞许的目光。

彭修道走过来，给二人又倒满了茶水。

"庆弟，这孩子有才气，又有志气，失学太可惜了！要不这样，西北军有子弟学校，让隆兴跟我到北京去上学，如何？"彭禹廷一边饮茶，一边用征询的语气问道。

"中是中，怕给你添太多麻烦。"彭延庆面带忧色。

"看看，见外了吧！我小时候如澜六伯整天教我。不用客气了，隆兴明天就和我一起走。"彭禹廷爽快而坚定地说。

就这样，一九二二年年底，彭修道随五叔彭禹廷进了北京城。

恰同学少年，危难时刻，校长伸出援助之手

北京，一个文化底蕴厚重的地方。

今天，房山区周口店的龙骨山，就有几十万年前原始人的遗迹。两千多年前，有了文字记载。周武王灭商后，封召公于燕，后燕吞并蓟国，建都蓟（即北京）。秦始皇统一六国后，这里是三十六郡之一广阳郡的治所，唐朝时叫幽州，元朝时称大都，明军进入大都，改称北平。明成祖朱棣即位后，始称北京。

从军事地理学角度看，北京，北靠天然屏障燕山和雄伟的万里长城，可防止北面来敌的攻袭；南视千里无垠的华北大平原，步兵、铁骑纵横驰；东靠大海可居高临下，易守难攻，位置及其重要。元、明、清统治者

都定都于此，是有一定道理的。

一九二八年六月，北伐军进入北京，奉军退回东北。七月，蒋介石在西山碧云寺举行北伐胜利祭灵大典。

正是在这座古城，少年彭修道的命运改变了。

彭修道来不及细细打量这座古都，就以冯玉祥陆军第十一师官佐子弟的名义入学了。

这所学校是冯玉祥在湖南常德创办的。原名叫"陆军第十六混成旅官佐子弟学校"。那时，冯玉祥任十六混成旅旅长。

一九二一年八月，冯部被扩编成第十一师，学校改名为陆军第十一师官佐子弟学校。后迁至北京崇文门一个叫方壶斋的地方。由于方壶斋地方较小，不久又迁到西直门南小街井儿胡同。由于办学规模不断扩大，一九二四年春夏之交又迁至南苑团河，改称育德中学。

团河行宫建于乾隆三十七年（一七七二年），是清代皇帝打猎休息的场所。院内古色古香，参天的柏树耸入云霄，翁郁森然。红砖绿瓦，金碧辉煌。轩窗掩映，曲径通幽。小鸟啁啾，更添几分静谧。

校长是来自安徽合肥的余心清。冯玉祥在其回忆录《我的生活》中这样评价：

> 余为美国留学生，专攻教育，办事甚认真，极小之事亦不放过，故当时曾造就出不少的有为青年。

因此，他深受冯玉祥赏识。当上校长后，践行校训"勤工苦读"。

中华人民共和国成立后，余心清曾任中央办公厅副主任，政务院机关事务管理局局长等职。

"学校生活完全是军事化的。每天除了学习与普通学校一样的课程外，还要出操、打靶，进行野外战斗训练。平时穿军装，出入校门要请假，管理很严。吃的是糙米、窝窝头。另外，每人还要学一门手艺，如木工、皮匠、缝纫。"彭修道的育德同学王志远回忆道。

"上学如投军，吃粗粮，整天操练，唉，活受罪呀！"一天早晨下操后，一位白白胖胖的学生发起了牢骚。

"现在受点罪算什么，将来做大官，那罪就没白受呢！"一个矮胖的学生得意地说。

彭修道也在人流中，听着同学们的七嘴八舌。晚上，他在日记中这样写道："在古都学习，先感不适，久之，方觉趣味。木工、篾艺、皮鞋等手工，于生存实乃本领。冯将军倡手艺，高明也。"

青年时期正是铸就一个人人生观、价值观的关键时期。育德中学军事化的生活，对彭雪枫性格、举止的影响是不言而喻的。后来他衣着整洁，表情严肃，乃至批评人时的严厉，都可以从这里找到蛛丝马迹。

课余去图书馆，《语丝》《新青年》等刊物别具特色的封面设计，一下子就吸引住了他。他打开一看，不禁被耳目一新的内容所吸引。

第一次知道了一位来自江南水乡绍兴、名叫鲁迅的作家。

他的现代白话文《阿Q正传》文字新奇，结构独特，特别是主人公的"精神胜利法"让彭修道的心灵激荡不已。他深刻地感受到时代的沉闷与社会的压抑。

北大教授李大钊，河北乐亭人，共产党的创始人之一。"试看将来的环球，必是赤旗的世界"的铮铮誓言，如咚咚战鼓敲响了彭修道沉睡的心灵。《共产党宣言》对将来的预言，更坚定了彭修道的信心。

彭修道宛如一只辛勤的小蜜蜂，飞入了色彩斑斓、芬芳扑鼻的百花园。

阳春三月，桃花灼灼，杨柳依依。

一个星期天上午，彭修道领着弟弟彭修敏去看望忙于公务的五叔。

高大巍峨的城楼、古朴厚拙的城墙、小贩高声吆喝的叫卖声……繁华的市面，让熙来攘往的小脚女人们、孩童们兴奋地指点着，谈论着。可是，一转弯，彭修道就皱起了眉。只见城楼下一个个皮包骨头的黄包车夫拉着破旧的车子，从眼前缓缓而过，一个，两个，三个……

"哥哥！看那个人！"彭修敏手指着前面几米外一个衣着破烂、面黄肌瘦，看样子大约有十多岁的男孩，他正站在自己的车旁，呆呆失神。

彭修道心里一阵发紧，他拉着弟弟的手，走上前去。

"你是哪里人，小兄弟，为什么这么小就出来了？"

"家里穷，没办法。"

彭修道想到自己十四岁那年辍学在家的经历。望着耸立在眼前的高楼大厦，阔佬们出出进进，彭修道咬咬牙，把准备坐车的钱全部给了小车夫。

天有不测风云。

爱才的五叔对彭修道的偏爱让婶子和堂姐有点不高兴，五叔为了息事，无奈之下中断了对彭修道的供给。

命运又一次考验着年少的彭修道。远离家乡的他，失去了五叔的帮助，谁还能对他伸出援助之手呢？他茫然了，暗暗地流下了伤心的泪水。

"怎么了？彭君，这几天看你上课无精打采的，眼睛红红的。"

"彭君，有什么困难，说出来，都是同学嘛！"

由于彭修道在学校成绩突出，为人仗义，威信极高，同学们亲切地叫他"彭君"。

彭修道垂下头，嗫嚅着把事情的来龙去脉说了一遍。

"嗐，这算什么，人非草木，孰能无情？古人还路见不平拔刀相助，何况咱们还是同学呢。今天你遇到了困难，大家帮一把应该的！"一传十，十传百，班级同学纷纷伸出援助之手。

富有爱心的余校长闻讯，当即决定让彭修道课余到育德小学教课，每星期七小时，每月十块大洋。

就在这时，城内传来了令人兴奋的消息：曹锟、吴佩孚掌控的北京政府被冯将军率军推翻了，末代皇帝溥仪也被逐出皇宫。

消息传来，全校一片沸腾。

原来，在一九二四年九月直系军同张作霖的东北奉系爆发了第二次战争。战争总是血腥的，富有正义感的冯将军不愿看到血流成河，遂率部从古北口、密云前线回师京城，发动了政变。并把自己的军队改为革命军，以告别过去。

冯玉祥向远在广东的孙中山发出邀请。深谋远虑的逸仙先生，抱病再度出山。

一九二四年十二月三十一日下午，北京。

凛冽的寒风越过燕山山脉，肆意刮着，铅云低低徘徊着。街上人头攒动，军人、学生、工人、孩子……彩旗招展，欢呼声此起彼伏。来自各界的代表，手执横幅大旗，层层叠叠，上面赫然写着：北京大学热烈欢迎逸仙先生！民国万岁！

在离火车站不远的前门大街，来自育德中学的代表队伍格外醒目。一丈有余的红布横幅上有一幅小小的白色耶稣像，下面写着：民主共和万岁！

中西合璧，令行人驻足。

彭修道也在队伍中。他齐刷刷乌黑的短发，像野草刚刚冒出，显然是刮过光头不久，这和同学们没有两样。厚厚的黄色棉大衣，柿饼般大的纽扣，光亮如玉，这是西北军的军服。寒风中，英俊刚毅的脸上写满了激动、期待。

此刻，彭修道的内心开始翻滚起来：这个送清王朝入土的伟人，他的风采如何？他那扭转乾坤的巨手，还能挥去盘绕在穷人头上的乌云吗？

孙中山终于来了！

下午四时许，在护卫人员的簇拥下，在贤淑端雅的夫人宋庆龄的陪伴下，孙中山走出车站。

他一袭黑衣，脸色苍白，将近花甲之年的他，显得有些虚弱。他缓缓环视群情激昂的民众，挥一挥手，便钻进了锃亮的黑色轿车，在如山摇地动的声浪中渐渐远去。

抵京后的孙中山，忙忙碌碌，于一九二五年三月十二日，因肝癌在北京协和医院去世，享年五十九岁。弥留之际，他抱憾地留下"革命尚未成功，同志仍须努力"的名言。

这位民国之父，以其屡败屡战的精神，感召着一批批革命志士，终于颠覆了两千多年的帝制。这是他载入史册的最大功绩。

他提倡的民生（什么是民生？民生就是人民的生活，社会的生存，国民的生计，群众的生命。——孙中山语），直到二十一世纪的今天，还是共产党人给人民谋福祉的理念。

噩耗传来，山河呜咽，举国同悲。育德中学的全体师生佩戴黑纱，深切哀悼。正当国人悲痛之时，震惊中外的五卅惨案发生了。

一九二五年五月三十日，上海工人、学生为抗议举行游行示威，遭到英帝国主义者的枪击，造成数十人伤亡。一石激起千层浪，愤怒的火焰迅速燃遍全国。中共立即号召上海举行工人罢工、学生罢课、商人罢市的"三罢"斗争，抗议帝国主义的野蛮行径。消息传到北京，在北大教授李大钊的组织下，二十万群众冒雨走上街头。

育德中学也不甘落后，成立了学生会。由于彭修道学习成绩优异，思想进步，待人诚恳，加上组织能力强，大家一致推举他为学生会会长。

彭修道组织张维翰、牛连文、赵子重、郭英等同学早出晚归，到学校附近的团河、黄村张贴标语。雪白的纸上写满了愤怒的心声：

"打倒反动军阀！"

"帝国主义滚出去！"

"同胞们，团结起来！"

初夏的阳光炙烤着，杨柳纹丝不动。彭修道大汗淋漓，站在主席台上，望着台下愁苦的脸，大声地说：

"当下，虎狼当道，山河破碎，吾四万万同胞生活在苦海中，牛马不如。政府当局视国民生命如草芥，上海滩血流成河，一日不除豺狼，国无一日安宁。"

"父老兄弟姐妹们，团结起来，打倒帝国主义！"

彭修道举起拳头，台下群情激昂，振臂高呼。人群中一个身穿白褂子的中年人，颔首微笑，掌声格外响亮。

原来，一个月来，彭修道鼓动性强、文采感人的演讲，令同学们深深折服。消息传到北京团地委书记唐从周那里，他慕名前来聆听，果然名不虚传。唐从周站在阳光里，被深深地感染了：

"彭修道的确是一位不可多得的优秀青年！"

步行回学校的路上，稳重的唐从周望着彭修道，真诚地说："修道同学，愿不愿意加入共青团？"

"当然愿意，团是党的后备军，党为天下穷人谋利益，只是恐怕我不够格。"

"谦虚了，中国正需要你这样的优秀青年，我批准你加入！"

"太好了，我愿在团的领导下，为同胞谋福祉！"

"散兵游勇，容易被敌人一一击破，小溪只有汇成江河，才能冲毁堤坝。"

共产主义青年团，宛如一把熊熊燃烧的火炬，把彭修道的心照亮了。

拜堂之日，不知去向，夜色中，偷偷跑了

一九二四年十二月隆冬的一天。

清晨的第一缕阳光，亲吻着青青的麦苗。淡淡的白雾像仙女的袖纱，缠绕在村庄的脖颈上。

一队娶亲的队伍，簇拥着大红的花轿，吹吹打打走向七里庄。

小花轿颤颤悠悠地被抬到村西头六德堂大门口。顿时，雷子炮和百响挂鞭响天震地，唢呐齐鸣。两位花花绿绿的伴娘，迎了过来，掀开帘布，只见蒙着红盖巾的新娘，身材窈窕，玉手纤纤，皮肤白皙，彩绸袄鲜艳夺目。

新娘是邻村的，叫和秀琴，芳龄十七，是十里八村数得着的姑娘。不仅人长得俊，而且心灵手巧，绣花织绸，样样在行，可谓伏牛山下一朵含苞待放的鲜花。地主子弟差使的媒婆踏破门槛，也没打动姑娘的心。可七里庄的姨奶提到彭修道后，姑娘的芳心宛如平静的水面荡起了圈圈涟漪，俊美的脸上泛起两朵淡淡的红晕。

姑娘的默许，让父母看在眼里，喜在心上：姑娘真有眼光啊！

花好月圆的夜晚，她常常一人坐在窗前，满脸娇羞地一针一线绣着鸳鸯戏水枕巾，等着出嫁那天带去。

她早已把一颗芳心和年少才俊彭修道紧紧地拴在了一起。

彭如澜、彭延泰、王氏笑呵呵地站在门外，应酬着前来看热闹的乡亲们。

新娘下轿，要拜天地了，可站在面前的竟然是彭修道的表姐。

新郎彭修道早跑了！

原来，不久前的一天，正在育德中学求学的彭修道，突然收到一封家

书，信上说爷爷病重，危在旦夕。

接到信后，彭修道心急如焚，立即请假，风尘仆仆地赶回家。

可是，一到家，彭修道如坠雾中。只见爷爷笑逐颜开，一点也不像生病的样子。仔细一问，原来说好亲事的姑娘家里不断催促成亲。情急之下，彭延泰便谎称父亲病危，让彭修道千里迢迢地赶回来。

饭桌上，彭修道低着头，一声不吭，问了半天，才嗫嚅道：

"爷，孙子正在求学。您不是从小就教育我，国家国家，先有国后有家吗？"

"理是那个理。要知道，庄上和你一块儿长大的，都娶妻生子了。过一年大一岁。男大当婚，女大当嫁。叫你回来，圆了房，大人们也省心了。"

彭修道自小敬畏爷爷，但仍心中不愿。愣了一会儿，冷不丁地冒了一句："这事不中！"

"你再说一句！不孝有三，无后为大。"彭延泰脸色一沉，放下碗筷，忽地站了起来，"万事俱备，就等明天拜堂了。现在退亲，你让我们的老脸往哪儿搁？你对得起你西庄的和大伯吗？"

"我与和家姑娘从没见过面，相互不了解，怎么结婚？再说，好男儿志在四方，书还没读完，我不愿意过早成亲，让家室拖着手脚。"倔强的彭修道举出许多道理，试图说服父亲。

知子莫若母。王氏看在眼里，已明白儿子的心思，温语规劝道："隆兴啊，人家和家闺女除了不识字，心地、模样、针线活儿，哪一样不好？世上没有十全十美的人，你就将就点吧！"

大人们好话说尽，彭修道就是不松口。看儿子这么犟，辜负了长辈的一片心意，王氏不禁落下眼泪来。彭修道是个孝子，看到母亲如此难过，自己也不好受，便退了一步，暂时答应下来。

晚饭后，彭修道走出屋，徘徊在竹林的小径上。

终于和日思夜想的亲人团聚了，只是爷爷须发皆白，身体明显苍老了。可怜天下父母心，父母是疼爱自己的，如果不同意这门婚事，会令他们伤心。可是，自己已经发过誓了，要把自己的一切交给党。如果结婚成家，有了羁绊，又怎能带领别人去推翻旧世界呢？

他长长叹口气。

遥望深蓝色的夜幕，每一颗星星，都发出自由而温暖的黄光；远处，影影绰绰的村庄，像草原上的夜行人，孤独地沉思着。一阵凛冽的寒风吹来，竹林沙沙作响，似乎在嘲笑他。

"不行，我要离开！"

于是，就在这个夜晚，趁着浓浓夜色，彭修道离开了故乡。

回到学校后，他给爷爷、和秀芹各写了一封信，再次提出退亲。彭修道以为此信一去，就万事大吉，不料，和秀芹却是个刚烈女子：

"嫁出去的姑娘，泼出去的水！我和隆兴的亲事，十里八乡谁不知道！他想退就退了？"

认死理的和秀芹，苦苦守候。直到一九四四年九月，彭雪枫血洒豫东以后，她还在尽儿媳的义务，默默地伺候着公公。

中华人民共和国成立后，原新四军四师政治部主任、已是河南省委第一书记的吴芝圃，把彭延泰、和秀芹接到郑州。彭延泰担任河南中医学院名誉院长。和秀芹也未改嫁，默默地度过了余生。

塞外清风，磨砺了一颗稚嫩的心

一九二六年元旦，冯玉祥被迫通电下野。国民军西撤绥远，育德中学也随之撤出。

三月二十八日下午，天气阴沉，细雨淅沥。西直门火车站。

油渍满身的蒸汽列车，喘着粗重的白气。一队队衣着整齐的士兵，在白气中穿梭。一群群惊慌失措、大声嚷嚷的育德学生，拥向车厢。

"同学们，不要乱走，按车厢号上车！保持队形！"彭修道手持校旗，大声地喊着。

此时，校长余心清无心校务，丢下一副烂摊子，漂洋过海到美国去了。

学生会成了学生们的主心骨。

春寒料峭。夜晚，车厢内寒风飕飕，彭修道和其他几位同学及时送来馒头、开水、咸菜……入夜，他又打着马灯，细心地察看同学们冻着没有，帮他们掖掖被子，盖盖衣服。

三月三十一日晨车到张家口，晚上又开车西行。半明半晦的月光娘娘代替了太阳神来执掌太空。甫出张家口所走的一截道路多半一边是峭壁似的高山，一边是绅带般的河流。忽暗忽明的月光洒在水里，破碎的银子似的，撵着我向前一块跑。车走慢时河流的唰唰之声与火车的轧轧之声相和。我站在车门之外，昂首看看险恶的峭壁，我害怕它；俯首看看温和的河流，以及随流追着我们的月光，那柔顺而妩媚的月光！我怜伊，爱伊，不忍离伊！知趣的春风，吹得我的鬌发飘扬，心旷神怡，神经爽然。这时的我呀，爱怜世上的一切，同时又忘掉世上的一切！

这是彭修道一九二八年发表在《国闻周报》上的《塞上琐记》中的一段文字，真实地描述了当时在列车上的所见、所闻、所感。

文字流畅轻灵、细腻婉约，凸显二十世纪三十年代文坛新潮派的风格。

"我们终于到喽——"人群中发出一阵欢呼声，列车长长嘶鸣着，放慢脚步，于四月一日晚到达绥远的归绥（今呼和浩特市）新城。

归绥由新城和旧城组成，一九二八年设省后为绥远的省会，一九五四年改称呼和浩特市。远远望去，宛如绿洲中的一叶扁舟。

初来乍到，最吸引彭修道的，是在这个苍茫的大草原上，回荡着一曲曲缥缈苍凉的草原之歌。

辽阔的歌声，仿佛不是对人唱，而是对天唱，对地唱，唤起宇宙、大地的灵魂，勾起游子思古之幽情。

实际上，这是牧人的灵魂与天地的对话。

蓝天、白云、小溪，洁白的蒙古包，成群的牛羊，如茵的草原，彭修道想起读过的《敕勒歌》："……天苍苍，野茫茫，风吹草低见牛羊。"

学校撤到新城，校舍也是临时的。

闲暇之余，彭修道和同学们谈古论今，漫游各地，体验异域的风土人情。

一个碧空如洗的丽日，彭修道约同学郭英等凭吊了王昭君的青冢。"一去紫台连朔漠，独留青冢向黄昏。"大诗人杜甫的怅叹，让彭修道对此处心仪已久。

随后的日子，他们看戏，逛庙会。台上咿咿呀呀的蒙古族演员，吸引了方圆几十里的牧人。

台下熙熙攘攘，黑压压站满了形形色色的观众：有衣着光鲜、骑着高头大马的，也有衣服破破烂烂、挤在人群中踮脚的。

初春的草原，风还有点硬。戏中，黑脸白脸的程式化表演，大团圆式的结局，似乎是预料之中的，成了积淀在老百姓心中的固有模式，渗透着民间的价值取向。

青春的心灵沐浴了塞外的民间文化，也感受到了人间冷暖，在《塞上琐记》中，他这样写道：

> 我想，咱们人类，无论怎样劳辛，势必得有点娱乐相调和，也不至于感到人生的无味。然而现实界，多半又是相反！做工的成年成月得不到休息的空儿；享福者彻年彻月的淫乐，不受一点儿的累。天地般的悬殊！这怎能会不激起阶级意识来呢？

就在这时，传来令人震惊的消息。

八月，国民军作战失利，溃败南口，撤向绥远。兵败如山倒，不久，绥远被晋军占领，国民军又西迁包头，育德学校的师生也随军至包头。旋即，国民军又撤出包头。

学校宣布解散。军官子弟生走了，无心久留的老师各奔前程。不得已，彭修道和学生会的同学商量后，带着剩下的二百余名学生又返回了归绥，暂住在旧城一座破败的喇嘛庙中。

那破庙年久失修，夕阳残照中，晚风呜咽，风吹铃响，乌鸦悲啼，让人心生无限的凄凉。

生活没有着落，他们只好与喇嘛相依为命。

"从北京出来，就没消停过，什么时候是个头啊？"

"吃没吃，穿没穿，时间长了，那还不等死啊！"

……

听着愁容满面、目光呆滞的同学们的一声声叹息，彭修道内心生出无限惆怅。是啊，举目四望，四面皆黑，路在何方？

一天中午，一个个同学端着饭碗叽叽喳喳向前院走去，彭修道没有心情，呆坐在一边。

吴清海走过来说："走，修道，借酒浇愁去！"说着，拉起彭修道、王志远、赵子众等人，说说笑笑来到了城边的一家饭馆。

也许是羁旅异乡的苦闷，也许正是热血沸腾的年龄，酒酣耳热之后，几分醉意的路庭训涨红着脸，结结巴巴地说："同窗一场……不知日后……何去……何从，不如……咱哥几个……来个桃园结义，结拜为……弟兄，如何？"

话音刚落，面容清瘦的郭武林端着酒杯站起来说："在家靠父母，出门靠朋友，这兵荒马乱的年月，互相有个照应。"

"我愿意！"

"我赞成！"

大家纷纷站起来，慷慨激昂，七双滚烫的手已紧紧地握在了一起。

就剩下彭修道还坐在那里。

"中是中，但不能哥儿们意气，不分好坏，两肋插刀！"彭修道缓缓站了起来，若有所思地环视一周，"咱们结拜弟兄，不能光想着自己，要想到天下穷人，我从小就仰慕岳飞精忠报国，想像他一样做一个有抱负有理想的热血男儿，建功立业，不枉此生！"

"说得好！说得好！"

接着，八人按古代结拜仪式，互相敬酒施礼，然后以换帖的方式，按年龄顺序结成金兰之交。

世间最美好的东西，莫过于有几个心地很正直的朋友。青春的激情在燃烧，在飞扬，草原的天格外蓝了，破庙也似乎变得可爱了。

南方的北伐军势如破竹，国内一片欢呼。流落异乡，摆在同学们面前的现实问题是吃饭和安全。彭修道利用此机会，向绥远督办商震提出交涉。

商震，一八八八年出生于河北保定，十七岁入保定陆军学堂。其间结识冯玉祥，并在冯部任职，后来投靠阎锡山，得到重用。

在商震的办公室内，彭修道不卑不亢，娓娓道来：

"商将军，西北草原民风淳朴，广大同胞渴望安居乐业，贵部也做到了不扰民，受到拥戴……我想，冯将军您是了解的，扶持教育，深得民心……何况我们是一群正在求学的学生，无力养活自己，还望将军多多体谅！"

商震靠在太师椅上，眯着眼，不时地微微颔首。突然，他睁大眼睛，问了一句：

"你家长是谁？"

"彭禹廷！"

"哈哈，彭锡田啊！我知道，我知道。"

望着这群后生，最后，这位昔日冯玉祥的部下，感念往昔，慨然答应解决几节火车车厢和路费。

这晚的月光，特别的皎洁；由丛林中透出的白线，缠着了车中的我们。火车也特别的快，小站也不停留；好像火车已经体会出我们归心似箭的意思了吧？都含着微笑的期待，期待次日的抵京！久别重逢的北京呀！我们又见面了！

几个月的身心疲惫被激动、喜悦之情一扫而光。在回京的路上，青春的心灵宛若在寒冬中遇到小阳春，轻松，微甜。

游子归来的心情啊！

光焰万丈，汇文燃烧青春

九月下旬的一天，北京，汇文中学。

阳光灿烂，鲜花怒放。

古朴别致的教学楼三楼，靠东头的三间明亮教室里，国文教师在讲台上大声朗读着王安石的《游褒禅山记》。

一抹金色的阳光探头探脑，越过紫红色窗棂，轻轻地吻在了靠窗的一个学生身上。只见他神情专注，不时地记着笔记，记到精彩之处，棱角分明的脸上会漾起一丝笑意。

他，就是彭修道。

从塞外归来，因育德中学停办，彭修道和同学们过着失学的日子。后来得知，原来育德中学的教务主任周祝三老师，此时任汇文中学的教务主任。在周老师的帮助下，彭修道顺利转入汇文中学读书。

人生充满了偶然，而偶然中有必然。彭修道在育德中学的出色表现，像一支多彩的笔，画满了周祝三记忆的底板。美好的记忆，让周老师毫不犹豫尽己所能地帮助他。

而更令彭修道激动的是，就在这时，让他为之奋斗的党，决定让他担任汇文中学支部书记。同时，他还被任命为东城区负责人之一。

想到伟大的党，他不禁思绪翩翩，心潮澎湃，记忆的车轮仿佛又转回到了塞外。

那是一个黑漆漆的夜晚，凄厉的北风呼呼地刮着，草原的夜晚披上了一层深邃、神秘的面纱。远处牧羊犬的叫声，增加了夜晚的寂静。古庙内，灯光暗淡，同学们疲倦地躺在一起昏昏入睡了。彭修道捧着一本《宋词选》在灯光下认真地看着。忽然，门口传来几声轻轻的呼唤："修道，修道……"定睛一看，原来是育德中学教地理的刘老师。

"刘老师，这么晚了您怎么来了？"修道从床边走过来，小声问道。

"走，到外面说。"说着，刘老师神秘兮兮地拉着修道往外走。

走到墙角处，他停下来，伏在彭修道耳朵旁道：

"告诉你一个好消息，你被批准为中国共产党党员了！"

"真的吗？"

刘老师笑着点点头。

"太好了！"

望着刘老师远去的背影，彭修道的眼睛模糊了。他想到幼年时想像岳飞一样的金戈铁马报效国家的梦想，想到在北京育德校园内指点江山、激扬文字的岁月，冥冥之中，仿佛有一双温暖的大手向他伸来了。

仰望沉沉夜空，星河灿烂，流星飞过，是星星在悄悄地倾吐着心里话，仿佛在为他喝彩，为他祝贺！

彭修道失眠了。

汇文中学创建于一八七一年，是一所由美国基督教美以美会在崇文门所建教堂之附设蒙学馆。祈祷的文辞，常常见于灰色的校园墙壁上。师生见面，表情温和，彬彬有礼，连走路都有点小心翼翼的，浓浓的宗教氛围裹着一颗颗青春的心灵。校园内，鲜花丛丛，古槐参天，静谧宜人。

这是一所古老而美丽的校园。

周末，傍晚，斜晖脉脉。

彭修道和王志远、郭武林几个好友说说笑笑，从北楼出来去图书馆看书。北楼紧挨教学楼，是一座旧楼。楼内灯光暗淡，灰褐色的墙体斑斑驳驳，点缀着些泥污。家庭经济紧张的同学都住在此楼。穿过一条弯弯曲曲的石子小径，是一条马路，只见一辆辆乌黑锃亮的小轿车大摇大摆地横冲直撞，喇叭声此起彼伏，刺耳逼人。

"这帮混蛋，到校园内逞威，哼！"王志远愤愤地骂道。

这是城内有钱有势的学生家长来接孩子回家过周末的。这些学生大都住在西楼。西楼是座新楼，四周鲜花簇拥，芬芳扑鼻，在校园静僻的一角。

"军阀混战，民不聊生、地主、资本家剥削劳动者，天下四面皆黑，校园也不干净啊！"彭修道长叹一声。

图书馆内，灯火通明。

一排排木椅子上端坐着一个个熟悉的身影，仔细一看，大都是北楼的学生。彭修道喉咙噎了一下，一股复杂的东西涌上心头。

他慢慢地翻开《汇文校刊》。忽然，一个醒目的标题——"声讨罪行为国请命，谢戡唐耀昆两君热血洒京城"让他大吃一惊。细细看去，原来，一九二六年三月十八日，北京总工会等团体和学生五千余人，在北京举行大会，抗议帝国主义的罪行，遭反动军警的血腥镇压，死伤二百余人，史称"三·一八惨案"。而在伤亡者中就有汇文中学的谢戡和唐耀昆两位同学。

自由之代价，血与泪也！彭修道感到胸中憋闷，一股悲愤潜滋暗长。他不禁为汇文的大勇而赞叹。

夜深了，楼梯内传来清脆的铃声。闭馆了。

同学们谈笑着，三三两两走出图书馆。

"修道，我看你一会儿眉头紧锁，长吁短叹；一会儿笑意微微，连连点头。又想什么了？"在校园深处的小径上，郭武林好奇地问道。

"谢、唐让我敬佩！我想这样做……"说罢，彭修道朝郭武林耳语一番。

"修道总是超前一步，我赞成！"

"你们两个在嘀咕什么呀？"王志文凑过来。

"哈哈哈……"

两天后的一个中午，学校食堂门口。

一张醒目的红纸黑字海报，吸引了端着饭碗的过往同学：

汇文学艺读书会入会启事

本会同窗热爱读书，喜爱文艺，为开阔眼界，愿与有志于吾国传统文化之发展，文学事业之传承的同窗志士切磋技艺，共谋同长。男女之生，皆为欢迎之列。

地点：北楼302房间

联系人：王志远

民国十五年九月二十二日

不久，一些热心的学生纷纷加入。王志远、郭武林为正副会长，彭修道暗中指导，学校的地下室、校园亭子里，留下了他们串串坚实的足迹。

一个周末的黄昏，阴云密布，细雨淅沥。

七八名会员如约来到公园的小亭。早早来到的彭修道把刚刚出版的《向导》周刊拿出来，轻轻地朗读起来："诸君，秦朝农民起义将领陈胜有句名言——王侯将相宁有种乎？我们都是父母生，为什么地主、资本家作威作福，而穷人干受罪？根源就在于这是个不合理的社会！"

彭修道声语激切，愤怒的拳头在空中挥舞着。

一群激情燃烧的青春少年，畅谈理想的人生，抒发鸿鹄之志。中国古代知识分子"先天下之忧而忧，后天下之乐而乐"的传统品格，"天下兴亡，匹夫有责"的爱国情怀，激发着那一代青年的忧患意识，与青春、热血、责任、使命熔铸在一起。

历史总有扑朔迷离的地方。

二〇〇八年金秋时节，我前往汇文中学采访。在校档案室，当我打开纸页发黄的校友录浏览时，结果让我大吃一惊，在密密麻麻的名字中，根本就没有彭修道这个人！

但学校确实有"雪枫班"，校园中还有其塑像。

带着疑问，我走访了学校相关人士，回答是："可能改名了，他是地下党，隐蔽很深，但在汇文的经历是真实的。"

美丽同窗，莞尔一笑，拨动了彭修道的情感之弦

十八九岁，正是激情迸发、青春萌动之时，彭修道也不例外。这时，一个身材婀娜、皮肤白皙的女孩，走入了他的视野。

她，叫李桂敏。

在育德中学时，他们是同学，后来又一起转入汇文中学。"巧笑倩兮，美目盼兮"，加上相似的经历，两颗火热的心迸出了爱情的火花。

月上柳梢头，人约黄昏后。

初秋，幽静的公园深处，清风徐徐，树影摇曳。初次约会，气氛显得有点沉闷。两人都低着头，默不作声，而心里都仿佛揣着一头小鹿，咚咚乱跳。

小路两旁，杂草的芬芳和着泥土的潮湿气息，交织在一起，蒸腾着，荡漾着，沁人心脾。

"桂敏，你对眼下局势有什么看法？"彭修道清了一下嗓子，首先打破沉默。

李桂敏一听，把头扭向一边。

"彭君，你说这菊花好看吗？"

女孩子对政治总是不太感兴趣，爱美则是她们的天性。也难怪，自己上来就是一个大话题，的确有点突兀。彭修道不好意思地挠了一下头，随口道：

"当然好看，只是……"

"只是什么？快说！"李桂敏扭过头来，追问道。

"只是秋天来了，好景不长啊！"

"你说话总是带哲理似的。"李桂敏撇了一下嘴。

"好，好，不谈这个，不谈这个，说一下文学。"彭修道苦笑地摇摇头。

李桂敏娇嗔一笑："这还差不多！"

两人走出公园时，已是月上中天。

慢慢地，彭修道和李桂敏约会的次数多了起来，月光下，小河旁，树林里……都留下过他们的足迹。

彭修道如沐春风，徜徉在爱的海洋里。

他从交谈中得知，李桂敏的父亲是一家食品厂的工人，母亲是个家庭主妇，上面还有一个哥哥，全家四口靠着父亲微薄的收入生活，日子过得紧紧巴巴。但她的表叔是西北军的军官，不忍看侄女辍学，在表叔的支持下，父亲勉勉强强送李桂敏上了学堂。不上则已，一上则一发不可收拾。谁说女子不如男？李桂敏学习之余，还到别人家打零工，以减轻家庭负担。

的确是一个令人心仪的女孩！

一九二六年，风起云涌的一年。

北伐军节节胜利。十月底，北京的大学生、中学生在中共北方区委和李大钊的领导下，掀起响应革命的风潮。

汇文中学的学生在彭修道的组织下，走上街头，声援如火如荼的革命。不料，一天刚出校门，遭到校长高凤山和学生会会长的拦阻，彭修道立即决定组织罢课。学生像浪潮一样涌向校长办公楼。

"罢免学生会会长！"身材高大的王志远站在最前面。

"罢免学生会会长！"

呼声如潮，一浪高过一浪，回荡在校园中。

"同学们，学习是第一要务，请诸君辨清方向，回去吧！"一袭长袍、架着一副茶色眼镜、神情漠然的高凤山正欲转身，一个激昂的声音从人群中传来："请校长大人等一等！"大家纷纷闪开，一个浓眉大眼、目光威严的学生走了出来。

"校长大人，学生读书学习，天经地义。可是，山河破碎，列强走狗横行霸道，吾同胞身处水深火热之中，学生安能学习？为国请命，自古皆有，戊戌君子，五四志士，凡有良心的中国人，能熟视无睹国家的惨状吗？同学们，答应不答应？"

彭修道满眼怒火，逼视着耷拉下脑袋的高凤山。

"打倒反动军阀！"

"驱逐帝国主义！"

学生会会长终于被罢免了，校园里一片欢腾。

人群中，彭修道看到一个熟悉的身影——李桂敏。

十月的香山，层林尽染，像一片火红的海洋。

香山，位于北京西郊，属燕山余脉，因秋日红枫漫山遍野而闻名。中华人民共和国成立后著名散文家杨朔的散文《香山红叶》更使香山蜚声中外。孙中山先生的灵柩曾停放地——碧云寺，安卧在山脚下。

一个阳光明媚的周日上午，彭修道和彭修敏从西直门乘坐牛车，前往香山游览。

碧空、白云、清风、群山……望着眼前动人的美景，彭修敏欢呼着，奔跑着……彭修道也被深深地吸引了，在层峦叠嶂的山中，但见游人如织，前者呼后者应，笑声回荡在山谷中。

在一片高大的枫树林中，两人累了，靠在一起休息。

"哥，唐朝有个诗人写过一首枫叶诗，叫什么？"

"哈哈，那是杜牧的《山行》。'停车坐爱枫林晚，霜叶红于二月花。'"

"无边无际的枫叶真美啊！"彭修敏赞叹着。

"是啊，古人有悲秋的传统，秋天一片萧瑟，花木凋零，文人就伤感不已。但这红枫则相反，越到深秋，颜色愈美，像一个饱经风霜的长者。雪花飞舞的时候，万木枯萎，只有它显得那么迷人，它的品格那么高洁，令人敬仰。"

修道，暮气沉沉；雪枫，多么闪亮的字眼！要是叫雪枫……鲁迅不是有几十个笔名吗？

彭修道眉头紧蹙，在林子里来回踱着，思忖着。

"哥，在想什么呢？"

"我把名字改为彭雪枫，好听吗？"

空谷传来长长的回音："太——好——听——了——"

只是名字正式改为彭雪枫，是一九三○年被中央派往鄂东南途中的事了。名字的变化，显示着青年彭修道人生追求的变化。

一九二六年冬，寒夜，北京。

寒风呼啸，雪花飘飘。空旷的大街上，行人寥寥。黑乎乎的胡同里，传来老更夫长长的声音："家家闭户喽——"

一条离前门大栅栏不远的胡同里，几个飘忽不定的身影在张贴着一张张硕大的标语：打倒军阀！帝国主义滚出中国！

这是彭修道和他的同学们。

"抓住他！抓住他！"

"啪，啪！"突然，一声声号叫声和刺耳的枪声交织在一起，划破死一般寂静的夜空。

声援革命，传播共产主义……理想的火光照亮了这片厚重的土地。在汇文中学期间，生命的火焰熊熊燃烧，彭修道是充实的。但是，校方露出了狰狞的面目，反动政府的爪牙也虎视眈眈。为了安全，彭修道和他的好友们在一九二七年初转入北京今是中学。

今是中学也是冯玉祥创办的。名字源于东晋大诗人陶渊明所写的"实迷途其未远，觉今是而昨非"。不久，彭修道被任命为今是中学党支部书记。

一九二七年，是中国历史上鲜血四溅的一年。

初春的北京，笼罩在一片乌云中。

一个阴沉的黄昏，中共创始人之一的李大钊被张作霖逮捕，侮辱和折磨没有改变他坚定的信仰，恼羞成怒的军阀于四月二十八日残忍地将这位北大教授送上了绞刑架。

四月十二日，国民党反动派撕下假惺惺的面纱，挥刀砍向一个个共产党人，屠戮开始了。顿时，上海滩血流成河。

血雾，没有遮蔽共产党人的眼睛。

一九二七年八月一日凌晨，南昌，周恩来、贺龙、叶挺、朱德、刘伯承组织领导起义军，向国民党反动派打响了武装反抗的第一枪。

八月七日，汉口。

中共中央召开紧急会议。会议确定了土地革命和武装反抗国民党反动派的总方针。

一九二七年三月，彭修道参加了中共北方区委发动的"北京南苑农民暴动"，但最终以失败而告终。

山雨欲来。古城的夜晚阴森森的。大街小巷内，反动军警尖厉的警笛声不时响起，一个个共产党人相继被捕。彭修道的处境已十分危险。

万般无奈，在好友的护送下，他依依不舍地离开了北京。

第三章　另一片天地

你紧紧压住我，黑暗的手，
沉重地在我的头上停留。
可我要勇敢地给自己戴上花冠，
我发誓要挺着，绝不悲愁。

——海顿斯坦

生活落魄，卖文为生

深秋，黄昏，天津。

车水马龙的海河路旁边一个小公园内。

暗淡的灯光有气无力，冷漠地望着来来往往的行人。光脚的人力车夫大汗淋漓，喘着粗气，向前飞奔；阔佬的汽车喇叭声在耀武扬威。此时，路边的长椅上坐着一位面容憔悴、目光坚定而有一丝忧郁的长发青年——他，就是彭修道。

望着来来往往的车与人，眼前浮现出一个月来的生活碎片。

乌云笼罩的北京城，令人窒息。面目狰狞的黑暗势力时时觊觎着共产党人。无奈，他离开北京后暂居在天山路的伯父家，有时，天津、北京两地的地下组织活动要参加，常常奔波于两地之间。

苦闷之际，唯一能给他精神慰藉的，是李桂敏甜甜的笑靥。

这时，李桂敏一家已回到天津。她过得好吗？学业怎么样？很久没联系了，彭修道决定去看看。

按照李桂敏昔日的讲述，在一条幽深的巷子里，彭修道停下脚步。他迟疑了一下，轻轻叩响了一扇木门。不一会儿，门吱呀一声开了。

"您找谁？"开门的是一个头发花白的老大娘。一问才知，她就是李桂敏的母亲。

说起李桂敏，老人难过地低下头，红了眼眶：

"桂敏，她……她不在了。"

"什么？"一句话如晴天霹雳，让彭修道惊呆了。他结结巴巴道："这……这不可能！"内心的混乱、惊愕与悲伤一齐涌来。

"孩子，桂敏病重之际，说你是一个好人。"

许久，彭修道从悲痛中缓过神来。他难过地辞别了李桂敏的母亲，跟跟跄跄地向回走去。

恋人的离去，给他一个意外的打击。可是，命运就是不公，等待他的是一连串的霜和冰。

一个秋雨淅沥的晚上。饭毕，彭延庆沉默不语。

许久，他带着责备的口吻低声地对彭雪枫说："家里让你出来，为的是将来有个稳定工作，你整天跑来跑去为哪个？危险不说，青春年华也容易耽搁呀，图个啥？"

望着双鬓斑白的伯父，彭修道内心翻江倒海。是啊，小时候伯父在草王庄的教诲，一九二一年离开七里庄时爷爷的嘱托、母亲的叮咛……往日的一切像电影一样在眼前闪现。可是，党旗下的誓言，又让他头脑清醒起来。

"人各有志，既然选择了就不后悔，为大多数人谋利益，我认为值！"彭修道目光坚定地望着伯父说道。

"说得轻巧！食色，性也。连饭碗都没有，还谈革命，革谁的命？"昏暗的灯光下，文弱的彭延庆，青筋凸起，声调也高了。

"革地主老财、资本家、反动军阀的命！推翻这个腐烂的社会，就是血洒疆场，我也在所不惜！"彭修道有点激动。

"你这娃子怎么这么犟？！"

夜深了，路上行人渐稀，枯黄的梧桐叶簌簌落下，发出凄凉的叹息声。彭修道迈着铅一般沉重的步伐，无奈地向租住的小屋走去。

不久，蜚声国内外的《大公报》招聘校对，彭修道怀着无限的热望兴冲冲地参加了考试，"然而人多和没面子，落选了！"彭雪枫一九四二年三月十九日在给爱人的信中这样回忆道。

"文人报国无他物，唯有手中笔如刀。"落难之际，他想到南宋时期流浪街头"奉旨填词"的柳三变。个性倔强、爱好文学的彭修道，把自己在塞外的所见所闻所感，整理成文字，起名为《塞上琐记》，满怀希冀地投寄给《国闻周报》。

一九二八年三月八日，该刊连续七期，连载了这篇文章！看着一个个用心血凝聚而成的铅字，彭修道的眼睛湿润了。

全文共二十小节，包括《首次出塞》《土人的风俗》《昭君坟》《大青山焦赞墓蜈蚣坝》《大同城的迫击炮声》《重过居庸关》等，计两万余字。

看着这充满生命苍凉和异域风情的标题，不禁令人好奇，让我们走近彭修道，去看一下他在想些什么：

> 我呆呆在河边站着，痴思凝想；好像怀抱着我的爱人，手
> 握着我的朋友；见到世上我所爱之一切的人！仿佛山也在为我含

笑，水也在为我歌唱；杨树为我奏乐，太阳为我击掌了！（《山庙里的小和尚》）

静静听去，那牧者的吆喝声，也极悠微的传到耳鼓；间或又听到粗大的马嘶声，极为悱恻的马嘶声！使我不期然而然吟哦着"塞外草衰，牧马悲鸣"的李凌将军的句子。啊！这是多么生动而悯伤的一幅图画啊！（《牧马悲鸣》）

此次之游，使我得了不少的见识和感想。像绥远的这些同胞们，山东、河南等省，也何止千万？总是抱着那"宿命论"的传统思想；听天由命，人力不可强的老调！（《蒙古牧场》）

简洁省净的文笔，抒情的笔调，深刻的生命感悟，流露出二十世纪三十年代前后风华正茂的彭修道，对大自然的赤诚、喜爱，对历史、草原文化的认同，对人生社会的哲理式思索。

此时，二十一岁的彭修道，对生命的感悟到了一个新的境界。

桑梓情深，丝瓜秧下，与五叔畅叙明志

由于大革命失败，国民党趁机大肆搜捕共产党员，再加上在天津生活困难，一九二八年的夏日，彭修道决定回故乡，暂避一下风头。

刚走出人声鼎沸的南阳车站，便传来一声熟悉的呼喊："哥！我是宝兴！"几年不见，快要和自己一样高的二弟映入眼帘。

原来，伯父已修书一封，告知家中父亲和弟弟，自己要回家一趟。兄弟相见，话语熙熙，分外亲热。

冷清的街道上，行人寥寥。衣衫褴褛的穷人，四处乞讨。几年过去了，南阳仍是一幅萧条破败的景象。路过卧龙岗时，一队面色漠然的士兵

松松垮垮经过，彭修道神情严肃，气愤地说："旧军阀还没有打倒，新军阀又起来了，蒋介石抱着孙中山作招牌来剥削百姓，河南的人民更苦了。"宝兴懵懵懂懂地点着头。

回来了。

站在童年伴读的蟒泉边，但见水清澈如镜，潺潺歌唱；清清的竹林，苍翠茂盛，微风拂过，沙沙浅吟。高大的桑树，擎起成片的阴凉。站在日思夜想的地方，彭修道神思翩翩，忘情沉醉。

只是爷爷更苍老了一些，黧黑的脸膛上布满了皱纹。"回来就好，回来就好！"父亲、母亲喃喃道。这让彭修道多少有些心酸。

"隆兴回来了！"消息像长了翅膀，在村中传开。

夏夜，一弯新月悄悄爬上来。淡淡的雾霭像一条条绫纱缠绕着七里庄的上空。

忙碌了一天的老少爷们，光膀赤脚，端着饭碗，摇着芭蕉扇子，乐呵呵地来到六德堂的门口，乘凉聊天。

和秀琴左手掂着一只高粱莛儿锅箅，右手举着一个西瓜，热情地招呼大家吃西瓜。此时的和秀琴已来七里庄四年了，孝敬父母，关爱兄弟，深受彭家老小的喜爱。只是素有大志的彭修道对这个小脚夫人敬而远之。

"隆兴，讲讲外面的世界，让我们也长长见识！"童年伙伴石头，一脸连腮胡，十几年风吹雨打，像个老头似的。

"隆兴，秀琴还等着你呢，还没喝你喜酒呢！"邻居婶子笑嘻嘻地打趣道。

彭修道见大家兴致很高，清了清嗓子，深情而伤感地说："出去几年，外面的世界和家乡相比，一样让人心痛，大城市是军阀头子、资本家等有权有钱人的天下，农村是地主老财的天下，天下乌鸦一般黑呀！"

"那咱们穷人永远就做牛做马了？"

"不！"彭修道大手一挥，"人心齐，泰山移，只要大家拧成一股绳，咱庄九十多户人家，推翻两三家地主，那还不是易如反掌！"

他神情激动，顿了一下，继续道：

"看看咱们北边的邻居苏联，列宁领导十月革命，人人有面包吃，有喷香的牛肉吃，有甜酒喝。可咱们呢？劳动一年，不够交租！"

大伙儿带着羡慕的目光认真地听着。

夜风起了，月儿下去了，杂草中的小虫在悄悄地低吟。

"隆兴，你五叔早回来了，现在侯集区当区长，搞啥'乡村自治'。你五叔待你恩重如山，你应当去看看！"第二天早饭后，爷爷特意嘱托道。

"真的？"彭修道一阵惊喜，"想不到能在家与五叔相聚。"他扔下饭碗，二话不说，便直奔侯集而去。

彭禹廷在西北军干得好好的，怎么回来了呢？在《李宗仁回忆录》中这样写道：

> 据说自民元鼎革以来，豫西的内乡、镇平等七县即以多土匪著称。官兵不时来剿，亦属无效。一九二一年前后，西北军张之江部有秘书长某，系豫西人。因感于故乡糜烂，盗匪如毛，乃愤然辞职，还镇平县故乡，办理民团防匪。

文中所指的秘书长某，就是彭禹廷。原来，彭禹廷因老母去世，回来奔丧，但看到故乡乌烟瘴气，旋即改变了主意。

彭禹廷的"乡村自治"，探索中国发展的新道路，轰动一时，吸引了包括后来著名的晏阳初及东南亚的一些爱国人士。他们不远千里，来到镇平学习。彭禹廷成为当时的风云人物。

侯集距七里庄八里地，半晌的工夫就到了。

在丝瓜飘香、青藤绕墙、桐叶撒凉的院子里，彭修道见到了敬仰的五叔。自北平育德中学解散以后，叔侄二人一别就是几年，今天在故乡相聚，彭修道心情格外激动：

"五叔，这几年你瘦多了，头发也白了，是不是思虑太重了？"

"是啊，子在川上曰：'逝者如斯夫！'生老病死乃自然规律，谁也无法抗衡啊！"五叔感慨地低下头。

"那更应该抓紧时间，干出一番惊天动地的事业！"彭修道走过来给彭禹廷倒了一杯柳叶茶。

"天行健，君子以自强不息。天下兴亡，匹夫有责。特别是在这个乱糟糟的世道，积极入世去建功立业，是每一个热血男儿责无旁贷的事情！"

彭修道微微颔首，神情专注地听着。

"可是，自古以来忠孝两难全啊！你奶奶去世，古人有守孝三年的习俗，连那曾文正（曾国藩）那么大的官也是如此，何况我呢？"

两鬓潜生白发的彭禹廷，呷了一口茶，无奈地长叹一声。

"回来之后，看到杆子横行，官匪勾结，民不聊生，与我走时没有两样，我的心就像被刀割一般。"

点点阳光，透过婆娑的叶子，轻轻地洒在彭禹廷愤怒的脸上。

"西北军，阎锡山，都是军阀，南京的蒋介石已建国民政府，东北胡子王——张作霖也依靠小日本虎视眈眈，军阀之间得陇望蜀，战争是难免的。与其帮衬别人做炮灰，不如自己在家乡搞自治，为乡亲谋福祉，痛痛快快地干一场！"

彭禹廷攥着拳头，奋力在空中挥了一下。

一只乳白色带黑点的蝴蝶，在丝瓜叶间翩翩起舞。

金色的小蜜蜂也在嗡嗡鸣唱。

"我自小就敬重、欣赏五叔的做法。可是，老吾老以及人之老，幼吾幼以及人之幼，天下受苦受难的人，不仅仅是咱们镇平的乡亲，还有全中国四万万同胞，大家联合起来革地主老财、资本家、军阀的命，人人有饭吃，有衣穿，有房住，那才是真正的共产主义！"彭修道神采飞扬，深情地说道。

"康有为写下《大同书》，孙中山倡导'天下为公''三民主义'，到现在不还是这个样子吗？实现不了，还谈马克思的共产主义吗？都是乌托邦！"

彭禹廷顿了一会儿，瞟了一眼爱侄，继续说道：

"中国现在还是像中山先生说的，一盘散沙。小农经济太重，官场钩心斗角、贪污腐败，死人拖着活人。我出去这么多年，算是看透了！"

彭禹廷叹息一声，背着手，来回踱着。

"五叔，有句话叫'为者常成，行者常至'。我想，只要选定目标，锲而不舍地去做，总有一天会成功的！"彭修道激动的脸上写满了自信。

一阵沉默。

"乡村自治已经搞起来了！方圆几十里，路不拾遗，夜不闭户，你回来当南区区长吧，我帮着你干！"彭禹廷忽然扭过头来，兴奋地说道。

"回来？你的地盘有多大？'乡村自治'能解决多大问题？"

交谈中，两人分歧很大。

从言谈中，彭禹廷隐约地感觉到，彭修道有可能是共产党的人了。

"好，你在外轰轰烈烈闹革命，我在家乡为江东父老保平安，来个遥相呼应！"最后，彭禹廷来了这么一句。

说完，两人哈哈大笑起来。

晚上，叔侄两人盘膝而坐，一直谈到东方鱼肚白。

不久，彭修道和南阳地下党的负责人郝久亭取得了联系。一行人一起到镇平北边的乱权崖、凉水坪等地察看地形，准备将来在此地开展革命活动。

在家乡的日子里，彭修道遍访亲朋好友，把革命的真理广泛传播。

大雁南归。又是一个金色的秋天。

秋风拂在脸上，已有一丝凉意。无垠的青纱帐，像一片绿色的海洋。飞鸟在金黄的田野里高歌着，盘旋着。

踩着田间小路，在通往南阳的东岗上，一家人依依不舍地送彭修道回天津。

"隆兴，兵荒马乱的年月，自己要照顾好自己啊！"母亲关切地嘱咐道。

正在话别之际，忽闻身后几声马嘶。彭修道回头一看，只见远处几匹枣红色高头大马飞奔而来，扬起阵阵尘土。

马到跟前，定睛一看，原来是五叔和他的三四个随从。

"我也来为修道送行！"彭禹廷飞身下马。

"五叔，没去向您辞行，别生气！"彭修道走上前去，歉疚地说。

"见外了。本来，想让你和我一起干，但你有你的抱负，我拦不住你。好男儿志在四方！开弓没有回头箭！既然选择了为穷人打天下，就不要怕吃苦，咱七里庄的娃子是好样的！"五叔亲切地拍拍彭修道的肩膀。

一行人缓缓向前走着。

风，轻轻地打着旋儿，卷起干枯的杂草，又轻轻地落下。

到了十字路口。爷爷颤抖着嘶哑的声音，满脸忧虑地问："隆兴，这回一走，啥时候能回来呀？"

望着眼前的亲人，彭修道眼圈有点红了，顿了一下，抬起头，坚定地说："天翻地覆，河水倒流！"

自此，少小离家的游子，再也没有回来过，直至一九四四年血洒豫东大地。

风尘仆仆，辗转于汴京、扶沟、北平

一九二八年深秋，傍晚，天津，华灯璀璨。

在贵州路的一家"狗不理包子"小店内，两个英俊儒雅的青年倚窗而坐，边吃边说。一个是彭修道，另一个个子稍高的是他育德中学时的同学——山东的张维翰。

这是张维翰为好友返回天津特意安排的洗尘宴。

"修道，此次回乡收获颇多吧？"张维翰兴奋地给彭修道倒了一杯黄澄澄的海河牌啤酒。

"庆父不死，鲁难未已！"

"从何说起？"

"当前，军阀混战，土匪横行，普天之下，没有太平日子，遭殃的是黎民百姓啊！"

窗外的霓虹灯光透过明净的玻璃，轻轻地吻着两张关公脸。

"修道，告诉你个好消息，咱们敬仰的冯玉祥将军在你的家乡河南开封办了一所学校，名字叫训政学院，你猜校长是谁？"

张维翰歪着脑袋，笑嘻嘻地卖了一个关子。

修道微笑着，摇了摇头。

"余心清校长！"

"啊！"彭修道顿时瞪大了眼睛，惊喜地叫了一声。脑海中一张慈祥的笑脸与育德中学的回忆碎片连在了一起。

也许是无处可去，也许是对余校长的感念，彭修道决定，和同学一道奔赴开封。

在拥挤的列车上，几个青春似火的学子，高声吟诵着"仰天大笑出门去，我辈岂是蓬蒿人"的诗句。虽然有点狂放，但年轻人迸发出的热情与活力，还是感染了周围人。

彭修道、张维翰、牛连文一行，取道郑州，抵达古城开封。

开封，位于古道黄河岸边，古称汴梁、汴京。站在北边高高的黄河堤坝上鸟瞰，开封就像缎巾上一块五颜六色的图案。

大运河穿城而过，曾使这里风光无限。但历史是无情的，元朝以后，历史的喧嚣伴随着相国寺的悠悠钟声，载入今人温馨的想象与向往中了。

开封训政学院创办于一九二八年，起初叫河南训政学院。分设两个班，一个是行政班，以培养县长为目标；一个是专修班，以培养科长为目标。下设政治、法律、教育、建设四科。彭修道考入的是政治专修班。

与训政学院同学留影。前排左起：彭雪枫、
张维翰、王志远、牛连文、赵子众

专修班课程繁多，经济学、统计学、基本的法律知识等均要涉猎。虽然课业枯燥些，但很实用，加上育德的同学又走在了一起，生活别有一番情趣。

彭修道、牛连文等十余名青年学生，与那些暮气沉沉、整日做升官发财梦的国民党学员相比，显得很有朝气。大家团结一致，关心时局，阅读进步书籍。

黄昏时分，几个人相邀一同登上铁塔、龙亭，畅游佛教名刹相国寺，感受那如画的风景，想象那段沧桑岁月。

阴霾重重中，暴风雨来了。一九二九年五月，冯玉祥与蒋介石的矛盾已白热化。战争一触即发。最后，惯用手腕的蒋介石，收买了冯的两名得力干将韩复榘、石友三。韩复榘率部在洛阳与冯玉祥的孙良诚部发生激烈的战斗。同室操戈，历史的玩笑就是这样开着。在四面楚歌中，冯玉祥无奈地宣布下野，长叹一声，到泰山静养读书去了。

失去冯将军的支持，训政学院就像没娘的孩子，也随即停办。

人生再次面临选择，路在何方？夕阳西下，在弯弯的校园小径上，几个人低头徘徊着。

"去我家乡吧，那里有地下党组织！"路庭训目光晶亮，望着大家道。

"可靠吗？"彭修道问。

"放心吧。"

在一棵参天如盖的老槐树下，几个人经过一番讨论，决定兵分几路：彭修道、路庭训、赵子众去扶沟县，寻找党组织；张维翰、牛连文二人去柘城，联络进步青年，开展革命活动；其余同学返回故里，伺机而动。

彭修道三人天不亮出开封城，向南步行百余公里。黄昏时分，到了豫东大平原上一座小城——扶沟。

扶沟，古称桐丘，因东有扶亭，西有水沟而改名。后来因出了一位抗日民族英雄吉鸿昌而蜚声中外。

他们住在路庭训的家中，不巧的是，当地共产党组织遭到破坏，支部书记吕调阳被捕入狱，委员施于民、高光逃离。

希望再次破灭了。

住了二十多天后，彭修道带着失望的心情，和路庭训全家告别，回到了北平（一九二八年，北京已改名北平）。

一气之下，顶了伯父一句："革命不是为小家！"

一九二九年七月，烈日如烤，知了声声。

沙滩，红楼掩映在摇曳的翠叶中。

北京大学一层教室内，几十名青年学子挥汗如雨，正在奋笔疾书。原来，这是民国大学文学系设在这里的考场。

北大，这个五四运动的弄潮儿，张开热情的双臂，笑迎四处漂泊的彭修道。

穿着一身洗得发白的蓝布衫的彭修道，坐在第一排靠门口处，几个月来的奔波，让他的脸庞消瘦得可怕，可他专注的目光，熠熠生辉。他一会儿皱着眉头，一会儿奋笔书写。身旁站着一位身穿白色长衫的小个子监考老师，手捻胡须，走来走去。

两周后，喜讯传来了，彭修道被文学系录取了！可是，不菲的学费，让身无分文的他望而却步。

傍晚，古老的城墙脚下，徘徊着一个忧心忡忡的风华青年彭修道。

出来已经不容易了，到哪里去筹这笔费用呢？命运似乎又开始考验他了。

深秋的下午，斜阳洒在落叶纷飞的公园小径上。一脸忧虑的彭修道，踽踽独行。"北平啊，难道就没有卧龙岗人的一席之地吗？"苦闷的潮水时时拍打着心灵的堤岸。

此时，大学均开学了。考中的学生一个个兴高采烈，欣然跨进心仪的学堂。可他经济拮据，止步于校门外，只能在租住的小屋里写点小文章，赚点稿费勉强度日。烦闷之时，到公园转转，聊以自慰。

因为囊中空空，有时一天只能吃一根黄瓜和几个烧饼。小屋背阳，阴冷潮湿，但这并没有磨灭彭修道的意志。

早晨，幽深的胡同内，传来小贩长长的叫卖声："酸甜的豆汁嘞——"还有卖煤驼队叮叮当当的驼铃声。他迅速起床，直奔西单商场的地摊。

凌乱的书刊中，《语丝》《骆驼草》《进步青年》……彭修道一站就是几个小时，直到小贩嚷嚷着收摊儿。

精神的富足掩盖了辘辘的饥肠。

党组织知道彭修道的窘状后，建议他到天津的伯父家暂住几天。恰巧这时，二弟宝兴也来到了天津。傍晚时分，在昆仑路伯父家的小四合院中，兄弟俩相见了。

"宝兴，你咋也来天津了？家里咱爷、咱爹他们身体好吗？"望着衣衫破旧、面带倦色的二弟，彭修道又惊又喜。

"河南今年闹旱灾，颗粒无收。咱庄也饿死了许多人。爷爷让我出来找你，找个出路。"面色苍白的宝兴有点哽咽，眼圈红了。

"那咱家呢？"彭修道急切地问道。

"爷爷得了肺结核，爹身体也不好……呜呜……"说着，宝兴放声大哭起来。彭修道慢慢走过来，难过地抱着二弟的肩膀，泪水簌簌地落下来。

"哭就是办法吗？得想个门路，渡过难关。"伯父坐在藤椅上，苦着脸，连连叹气。

"光知道闹革命，连自己饭碗都成问题了，咋顾家呢？再说，这是件危险的事情，共产党掉头的还少吗？"

伯父语调严厉，声音提高了不少。

"既然选择了革命，就不怕牺牲，革命不是为了小家！"

倔强的彭修道回了一句。

不久，彭修道搬出伯父家，住进法租界。所住之处有着阴森的屋顶、长长的走廊、狭小的房间，走在里面，空气中弥漫着一丝丝发霉的气息。彭修道时时感到一种窒息、耻辱感。这本是帝国主义列强侵略中国的产物，自一八四〇年鸦片战争以后，张牙舞爪的列强到处划租界，今天自己却以它为屏障而栖身，彭修道感到心在流血。可是，人在屋檐下，不得不低头。

一个秋雨淅沥的深夜，彭修道参加完党组织的会议后，独自一人往回走。黑咕隆咚的走廊里，寂静得掉根针都能听见。冰冷的壁灯露出淡淡的诡秘的光。"门怎么开了？"走到门口，彭修道发现屋门莫名其妙地开了。"走时可是好好的呀！"他顿生疑窦，于是忐忑不安地轻轻推开黑漆漆的木门，拉开电灯一看，不禁大吃一惊，只见屋内一片狼藉，床上、地下到处是凌乱的衣服、书本，同屋几个室友也杳无踪影。

一种不祥的预感闪入脑海。

马上离开！彭修道疾步往外跑，前脚迈出大门，便听见身后几个租界警察厉声地叫着："抓住他！"

处境岌岌可危！

党组织决定，派彭修道和他的育德中学校友过家和，一起到山东军阀刘珍年处搞兵运工作。刘珍年时任国民革命军第二十一师师长。

刘珍年，祖籍河北，老奸巨猾，是个杀人不眨眼的家伙。号称"胶东王"，原是东北奉系军阀张作霖的部下，一九二六年到山东投靠张宗昌，后又倒向蒋介石。在军阀林立的夹缝中苟全性命，投机钻营。惯于过河拆桥的刘珍年，在羽翼渐渐丰满后，遂将张宗昌一脚踹出山东。

他妄想称霸山东，于是到处招兵买马。一方面收容各地的土匪、流浪汉，一方面还狡猾地求助于共产党。

天津塘沽港码头。人头攒动，声语依依。

嘟——一声汽笛长鸣，身着蓝棉布长衫的彭修道和过家和激动地站在甲板上，回头拼命地挥着手，与送别的友人告别。

碧空如洗，沙鸥翱翔。水天相连，浩渺无垠。凝眸处，骇浪如奔，像一道道美丽的彩虹，在碧波中绽放。

望着无垠的大海，彭修道深深地陶醉了。海岸边错落有致的房舍越来越模糊了。

别了，天津！别了，第二故乡！

彭修道的眼睛有点湿润了。

黄海之滨，青春激扬，无奈，浊浪滔天

傍晚时分，船到了烟台。

头枕黄海波涛的烟台，就像山东半岛的一颗明珠，吸引着两位游子。两人来不及细细欣赏，便投入繁忙的工作了。

彭修道被分在刘部二十一师政训处，处长是刘珍年的胞弟刘锡九，此人是黄埔军校四期毕业生，共产党员。一九二七年大革命失败以后，中共便把烟台作为发展革命的又一阵地。此时，中共烟台地下组织已建立军事、地方、警察三个支部，统一由中央军事特派员胡允恭领导。

烟台的地下党工作开展得有声有色，已创办《胶东日报》(后改为《胶东新闻》)和平民夜校（分男校、女校）。彭修道被分配到平民女夜校教文化课，宣传马列主义，同时还发展地下党员。学生大都是织网、绣花的女工。

夜幕如幔，繁星闪闪。

丁零零，丁零零，一阵铃响，一个矫健挺拔的身影，出现在灯光下的讲台上。

"各位姐妹，本人名叫彭修道，河南南阳卧龙岗人也。卧龙岗，就是三国时蜀国军师诸葛亮早年生活的地方，诸葛先生系山东琅琊人氏，后来因家庭贫穷到了河南，说来也是你们的老乡。其实，俺的家乡离卧龙岗还有三十里，只是沾诸葛先生的光。"说完，彭修道转身在黑板上写下自己的名字。

真诚而幽默的开场白，让台下一个个女生脸上，漾起微微笑意。她们不禁被眼前这位英俊儒雅的老师吸引了。

"大家风华正茂，正是学习知识的好年华。可是，咱们却不能像地主、资本家的小姐一样，去洋学堂学习，而是整日为了饭碗，起早贪黑。"

全场鸦雀无声。

几节课过后，青春的羞涩与陌生感渐渐隐退。下课了，大家带着满腹的疑问，围着彭修道询问，倾听革命的道理，久久不愿离去。

火种的光焰，很快照亮了这些学生心中黑暗的一隅，沉睡的心，渐渐苏醒了。一九三〇年一月，几百名织网女工走上街头，抗议工头、资本家的欺压、剥削。受其感染，一至二月，烟台印刷全行业工人走上街头，举行罢工。

星星之火，点燃了军队、学校、医院、工厂、郊区、农村……

烟台的革命风潮引起了南京蒋介石的注意，遂派特务曹日轮、刘治俭到刘珍年部任职，对刘与共产党的活动暗地进行监视。不久，又指名道姓，令刘珍年驱逐彭修道等人。

一向见风使舵的刘珍年，采取折中主义，给彭修道等人发放五十元路费，"礼送"其出境。

不久，彭修道被党组织派往烟台近郊福山、古现一带，以小学教师身份为掩护，继续从事党的地下工作。

乌云笼罩，人心压抑。每天，望着台下一双双清澈而渴求知识的眼睛和一张张因营养不足而发黄的脸，一阵阵心酸涌上彭修道的心头。

想到自己苦难的少年岁月，想到离家之后求学的艰辛，再联想到几个月来军阀的卑劣行径，他有感而发，编了一首《新军阀》儿歌：

新军阀，瞎胡闹，贴标语，喊口号，救国救民做不到，伸着巴掌把钱要。

很快，这首朗朗上口、言简意赅的小诗，在福山一带传唱开来。

黑夜，沉沉的，像无边无际的巨幔。彭修道顾不上一天的劳碌，匆匆吃了几张煎饼，便深一脚浅一脚地直奔农民夜校教室，那里有几十名农会学员在焦急地等着他。

"彭先生，地主整年叫俺在田里劳动，一年到头，还不够吃，咋办呢？"一个坐在前排、长着连腮胡的男子，愁眉苦脸道。

"是啊，彭先生，咱庄稼人啥时才能熬出苦海呀？"众人齐声附和着。

彭修道眼前浮现出故乡的情景：毒日头下，一个个赤膊光背的乡亲，头戴旧草帽，在绿油油的地瓜田间，侍弄着秧子，汗珠密密麻麻浸满黑油油的脊背。而村上的几家地主摇着蒲扇，在自己庭院的老槐树下悠然自得地纳凉。

他想到了在故乡辍学劳动时的情景。

"乡亲们，咱们要劲儿往一处使，拳头攥紧，地主老财们像秋后的蚂蚱，也蹦跶不了几天了！"望着台下黑压压的人群，彭修道激情地说道。

"对，打倒地主老财！"

"分田分地！"

夜阑人静，湿冷的海风透过窗棂，吹着灯下苦苦思索的彭修道。

夜，沉沉地睡去了，院中枣树的枯枝，在疾风中呜咽着，黄海的涛声依稀可闻。

正当发动农民抗租斗争有点眉目的时候，一天上午，正在上课，一个衣着紫色缎子袄、头戴瓜皮帽的李姓地主，突然闯进教室，气势汹汹地说："对不起，这里不需要你了！"说完，啪的一声，从口袋掏出一把银圆，重重地拍在桌上。顿时，教室内剑拔弩张。

这个家伙，以前打过几次招呼，今天终于撕下伪善的面纱。彭修道愤怒地望着对方，扬手把银圆狠狠地摔在地上，夹起书本，扬长而去。

教室内乱作一团。学生们哭着奔出来，拉着他的手，哽咽无语。彭修道被深深地感动了。青春的泪水，是真诚的。他依依不舍地与夜校学员挥手告别。

彭修道走了，但火种留下了。抗战时期和解放战争时期，胶东发展成了共产党领导下的一块坚实的根据地。

刘珍年已经露出狰狞的面目，党在烟台地区的工作不断遭遇挫折。路在何方？

中央军委委员、后为红二方面军副政委的关向应，这时来到烟台。他带来了军委的指示，同意彭修道撤离去上海。

第四章　杜鹃花开了

去问开化的大地，去问解冻的河流……

——艾青

不恋繁华，看山恰似走来迎

上海，时髦、华艳、张扬，这个素有"十里洋场"之称、带有异国情调的城市，果然名不虚传。

银光闪闪的黄浦江上，一艘艘外国轮船耀武扬威地游弋着，声声恣肆的长鸣，引来游人的指指点点。外滩，幢幢哥特式楼房鳞次栉比，路灯高悬，马路如带。人力黄包车、来往的公交电车与乌黑锃亮的轿车交织着，声浪聒噪。

上海，因临长江入海口而得名，素有"东方巴黎"的美誉，是闻名世界的国际大都市。租界设立，列强如狼似虎，蜂拥而入。令每个中国人都愤愤不平的"华人与狗不得入内"的牌子，就在上海外滩的公园里赫然竖立着，它像一个耻辱柱钉在华夏儿女的心中。

上海也是红色摇篮。一九二一年七月，代表了全国五十多名党员的十三名马克思主义信徒，在法租界望志路一栋装有黑漆大门的灰红色房子里，宣告了一个新政党的成立。

一九四九年五月，雄师狂飙的中国人民解放军第三野战军，以两个兵团八个军（后又加入二十三军、二十五军，共十个军），约四十万人对上海国民党军进行围攻。其中，二十三军就是彭雪枫的四师一部发展而来的。

嘟——随着一声长鸣，火轮靠岸了。

一九三〇年二月，彭修道在外滩渡口下了船。来不及细细欣赏外滩的景致，便坐黄包车直奔军委报到。

灰褐色小楼里，彭修道坐在一楼客厅的茶几前，喝着龙井茶，忐忑不安地静候周恩来的到来。

不一会儿，一阵重重的脚步声从楼上传过来。

"修道，可把你盼来了！怎么样，路上顺利吗？"微带笑意的周恩来和两位工作人员从楼梯上走下来。

三十二岁的他，着一身深蓝色的中山装，浓眉朗目，热情而富有智慧。在烟台时听同志们说周恩来是美男子，今天相见，果然气度不凡。

此时的周恩来，任中央政治局常委、中央军委书记。他春风般的话语，让彭修道的心中腾起温暖的细浪。

"还行，就是海上风大浪高，颠簸得厉害，不过，幸好船开得快，要不然……"说着，彭修道用手指了指肚子。

"哈哈，修道说话还蛮有趣的。"周恩来双臂一抱，仰头大笑。接着，他从一个小藤筐里拿了一个橘子，剥了，递给彭修道："这几年，你在北方受了不少锻炼，也吃了不少苦啊！"

"没啥，没啥，干革命哪有不吃苦的。我又不是林黛玉，弱不禁风，你看！"说着，彭修道将起蓝布袖管，露出一节坚实的胳膊。

"哈哈，好！不过，话是这样说，实际真是不容易，你受的委屈，我都听说了。"善解人意的周恩来眉毛一扬，目光中充满了关切。

一阵沉默。

过了一会儿，彭修道抬起头，表情坚定地说："开弓没有回头箭，既然选择了，就干到底！"说完，还举了一下攥紧的拳头。

"这话说得好！有志气！"周恩来竖起大拇指，站了起来。

"你小超大姐常常提到你。哦，对了，晚上我们还要为你接风洗尘呢！"

原来，彭修道早在天津南开求学时，就认识了邓颖超。邓颖超在五四时期已崭露头角，在天津已小有名气。那是一次学校大会，邓颖超受校长张伯苓的邀请，为同学们讲述毕业以后的社会经历。会后，彭修道请教邓颖超问题，才知道，两人原来是老乡。

"上海这地方，是个花花世界，要多加小心啊！"周恩来一路叮咛着。不一会儿，穿过两条里弄，就到了一幢灰色的二层小楼下。

老远就看到一个模糊的身影在楼梯口晃动。走近一看，原来是邓颖超，她已等候多时了。

三人上楼坐定，在客厅一阵寒暄。

一身素花旗袍的邓颖超，在米黄色的灯光下，显得高雅大方。她坐在彭修道面前，左看看，右看看，不禁笑道：

"几年不见，老乡长高了，变帅了！"

"谢谢大姐夸奖，不好意思，不好意思。"彭修道脸红了，像个害羞的大姑娘。

过了一会儿，彭修道抬头问道："大姐，您现在负责哪方面工作？"一问才知，邓颖超此时在军委做妇女工作。

晚饭桌上，气氛融洽。

"镇江的地下工作开展起来了，可是那里缺乏干部。要不，你做军委巡视员，到那里去吧？"周恩来边吃边说。

"嗯，那也好，只是……"

"只是什么？"周恩来浓眉一皱。

彭修道明白，自己在烟台的工作并不是很成功，去镇江也好不到哪里。主要原因，一是方言不太容易听懂，习俗也不同于北方；二是自己个性强，爽直、急躁，和南方人委婉绕弯子的表达方式有点相左。但是他知道，自从加入党的那一刻起，自己的一切就都是党的了。

一看气氛有点沉闷，邓颖超马上笑道："饭桌上不谈公务。来，老乡，喝汤！"说着，舀了一勺白菜豆腐汤放入彭修道的碗里。

不久，彭修道持中央军委的介绍信前往镇江。两个月后，又回到上海，在军委的领导下，做地下工作。

一九三〇年五月，上海白克路的一座二层小楼里，"医院"模样的会场里，坐满了全国红军代表和全国苏维埃区域代表。会后，在彭修道的强烈要求下，他被军委派往鄂东南的红五军工作。

关于在上海的前前后后和参加红军的初衷，一九四二年三月，彭修道在给爱人林颖的信中这样记述：

中央军委派我到镇江巡视，也做招安匪运动工作，不成功，一天一毛钱的饭食。因为党穷，一个月的生活费，是九块钱，这是在上海！每天总在防备着包打听。经济压迫羼和着政治压迫，短短的几年间，被人驱逐了三次，被统治者关过三次（其中一次是一天一夜的优待室，在北京），受过不知多少次的饿，挨过难以忍受的冻寒，当朋友们怜悯送钱在自己的袋中之后，也不知有多少次背地里流泪！我愤恨极了！对社会不满，并不亚于仇虎或陈白露，满腔积压着报复心情！我要求党派我到红军中工作，理由似乎很简单——为了泄恨，为了报仇！为了痛痛快快的干一场！

也许是性情使然，也许在育德中学时受西北军遗风的熏染，也许因为受尽了人生的艰辛，彭修道选择了金戈铁马生活。

这是他人生的又一次转折。

一九三〇年五月，一个风和日丽的日子。

彭修道搭乘英国太古公司的汽轮，离开上海。同行的还有滕代远、何长工、黄克诚等人。

蓝天、村庄、稻田，驶出繁华的上海，是一片明媚的天地。

江水壮阔，平野无边，远山上的红杜鹃像美丽的锦缎连接着苍茫的水与天，雪白的浪花像野马一样疾奔，细细的凉风夹杂着两岸稻花的清香，扑面而来。

望着秀美的江南风光，彭修道不禁吟咏起少年时读过的唐民间散曲《浣溪沙》：

> 五两竿头风欲平，
> 长风举棹觉船轻。
> 柔橹不施停却棹，
> 是船行。

> 满眼风波多闪烁，
> 看山恰似走来迎。
> 仔细看山山不动，
> 是船行。

微甜的心境，跳跃的心情，二十三岁的彭修道宛如换了一个人。

怀揣着党的机密文件和军委领导的嘱托，彭修道感到肩上沉甸甸的，同时又有些兴奋。他给好友路庭训写了一封信，信的末尾缀着"雪枫（修道）"。从此，彭修道正式改名为"彭雪枫"。

在清风荡漾的甲板上，在浊气呛人的船舱里，彭雪枫还饶有趣味地听到有关红军的事情。

红军，这一称呼沿袭了苏联红军的叫法。

一九二七年八月一日，南昌起义，部队效仿北伐，称国民革命军。毛泽东领导的秋收起义部队称工农革命军。

同年十一月，湖北黄麻起义，部队称农民自卫军。

十二月，广州起义，部队打出了工农红军的旗帜。

一九二八年四月底，朱德、陈毅带领南昌起义余部和湘南农军上了井冈山，与毛泽东的工农革命军胜利会师。随后，成立了当时最强大的一支工农武装，即中国工农红军第四军。

五六天后，在鄂东南黄石东十余里太子庙的暮色中，一叶扁舟泊在岸边，船上跳下十余人，他们正是彭雪枫等人。

嘟——一声清脆的哨音响过，只见一群身着黑马褂、腰别短枪的人，旋风般从芦苇荡中跳出来。相互一问，才知他们是第五纵队司令李灿的便衣队，特意前来接应。

红五军司令部。

五月的江南，莺飞草长。暖暖的阳光热情地洒在一座石榴花开的院落中。彭雪枫刚走进院子，屋内便走出一群人。为首者是一个面目黧黑、浓眉厚唇的红军将领。

他上前紧紧握住彭雪枫的手。

"欢迎你啊，雪枫同志，我们这里正需要你这样的人！听说你也姓彭，咱们还是一家人嘛！"

他就是红五军军长彭德怀。

"谢谢军长，久仰！久仰！俺叫彭雪枫，请多赐教！"彭雪枫笑道。

彭德怀微笑着，细细地打量彭雪枫：一张英俊的笑脸上，洋溢着青春的光彩；真诚的话语，透出机智与聪慧；整洁的军容，透出一丝干练，扑面而来的是一种飒爽的气息。

"看看，看看，文化人说话就是不一般哪。"一口浓浓的湘音，尽显军人的爽直，惹得滕代远等人哈哈大笑。

爽朗的笑声把石榴树上的喜鹊惊飞了。

不久，彭雪枫被任命为第五纵队教导队第三大队大队长。

一九三〇年六月十六日，部队集结在湖北阳新、大冶边界的刘仁八和三江口附近，一个决定红五军走向的扩大会议召开了，从上海归来的滕代远、何长工传达了中央的指示，决定成立红三军团。

彭德怀任总指挥，滕代远任政治委员，邓萍任参谋长，袁国平任政治部主任，下辖第五、第八、第十六三个军。

彭雪枫被任命为红八军第一纵队副政治委员。红三军团成立了前委，彭德怀任前委书记。

六月二十三日，彭雪枫所在的红三军团第一纵队攻占通山县城。七月四日，攻占岳阳城。战斗中，彭雪枫像一只憋足劲的帆船，带领战士们冲锋在前。不久，红三军团将纵队、支队改为师、团建制。红五军辖第一、第三师，红八军辖第四、第六师，彭雪枫为第六师副政治委员。

湘江之畔，初露锋芒，彭德怀连声叫好

"军阀重开战，洒向人间都是怨……""他们都是自私自利的沙，可

以肥己时就肥己，而且每一粒都是皇帝，可以称尊处就称尊。"毛泽东与鲁迅，对军阀分别做了精准的勾勒。

此时，中原陇海线一带硝烟四起。蒋介石、阎锡山、冯玉祥大动干戈，兵力达百万之众，史称中原大战。蒋介石无暇顾及根据地的红军。

这一时期，主政中央的是李立三，他推行进攻大城市的"左"倾路线。据黄克诚回忆，当时从上到下，从军到民，对攻打大小城市还都很兴奋。

夏日炎炎，知了声声。

平江城，长寿街。上午。

三军团前委、湖南省委、湘鄂赣特委及各县负责人，正在举行联席会议。

忽然，一匹黑色骏马从远处疾驰而来，在一座古屋前，跃下一个红小鬼。

彭德怀手持送来的电报，紧锁的眉头渐渐舒展了。原来，长沙军阀何键与广东军阀张发奎、广西军阀李宗仁，在湘桂边界鏖战不休。长沙，成了一个"软肋"。

大家一听说，会场内顿时像炸开了锅：

"按中央部署，夺取武汉！"

"长沙不是不能打，但是不能暴动夺取！"

"先取长沙，后取武汉！"

轮到彭雪枫发言了，他放下手中的笔记本，坦言道："长沙自古为交通要道，打进长沙，给敌人以回马枪，为'五·二一'烈士报仇，但要讲究策略。"

"打进长沙，活捉何键，为死难烈士报仇！"彭德怀桌子一拍，一锤定音。

长沙，中国长江中游的一座千年古城。河道纵横，人文厚重。岳麓山下的书香引来一代代仁人志士，美丽的湘江从城中缓缓流过，长长的沙洲留下动人的诗篇："独立寒秋，湘江北去，橘子洲头……"

此时，城内一座古树掩映的小楼内，一个蓄着小胡、身着白丝绸长褂的中年男子，正忧心忡忡，背着手在书房内踱来踱去。

原来，刚才副官送来一份加急电报："共匪彭德怀部将进攻长沙……"这不亚于一颗炸弹在他内心爆炸了，长沙，自古以来乃兵家瞩目之地，共匪虎视眈眈，也是盯紧了这块肥肉。

此人正是湖南政府主席、湘赣两省"剿共"代总指挥何键。

何键，一八八七年出生于湖南醴陵一个破落的地主家庭。早年毕业于保定军官学校。善于投机的他，在军阀混战中渐渐羽翼丰满。

也许是罪孽太深，风雨将至时，何键内心深处隐隐生出一丝不安和惶恐。

"老爷，吃饭了！"女佣轻声喊道。

一个趔趄，何键差点栽倒在门后的花盆上。

夜深了。月亮升起来了，热气褪去一些。

彭雪枫和政委郭一清交谈着，悄悄来到六师的机枪连。

皎洁的月光下，战士们在院中擦拭枪支。"郭政委！彭政委！"看到师部领导来了，战士们纷纷站起来，鼓掌欢迎。

"大家准备好了吗？"

"请政委放心！"

彭雪枫走到老槐树下的一名小战士旁，蹲下身来，拉拉枪栓，摸摸子弹夹，最后，和郭一清满意地离去了。

红三军团厉兵秣马，箭在弦上。

狡猾的何键也急忙调兵遣将，由十五师师长危宿钟统一指挥的十九师五十五旅、十五师四十五旅等共七个团的兵力，于七月十九日从长沙出发，气势汹汹向平江袭来，试图先发制人。

七月二十二日上午，平江。碧空如洗。进攻长沙的誓师大会结束后，士气高涨的红三军团即开赴前线。

二十五日，晋坑。初战告捷。

二十六日，长沙的门户金井。

彭雪枫率六师一部首先攻入。也许是意识到金井的重要性，何键亲自督战。"仇人见面，分外眼红。"战士们怒火中烧，最终将敌四十五旅大部歼灭。敌人旋即逃跑。令人痛心的是，政治委员郭一清在战斗中不幸牺牲。彭雪枫接任六师政治委员。

红三军团继续追击。

二十七日，又在春华山、永安市击退敌军。

郎梨桥，长沙东郊的重要门户，双方在这里展开拉锯战。难解难分之际，何长工，一位老资格的布尔什维克，率军从敌人侧翼迂回而去，抢渡了浏阳河。

敌人溃作一团，向城内逃窜。而此时在主阵地的七里巷、乌梅岭，杀声震天，敌人像疯狗一般嗷嗷着冲向红军阵地。连日来的疲劳，使红军渐渐出现体力不支的迹象，正在这危急关头，彭德怀跃到浏阳河边，怒目圆睁，大吼一声：

"拆掉浮桥！有后退者，军法从事！"

战斗在激烈地进行着。彭雪枫手持短枪，冒着炮火，在何长工的指挥下，率六师一部前来增援。敌人在红五、红八军的夹击中，全线溃退，潮水一般逃往城内。

敌人的长沙外围防线，全部被击破了。

斜阳默默，宛如娇羞的新娘，轻轻地抚摸着一张张烟火熏过的笑脸。

傍晚时分，在一片水田边，饿了一天的战士们，三五一堆，围在一起，大口吃着晚餐：野菜南瓜汤，香喷喷的大米饭，红红绿绿的辣子、油菜。战地的饭菜是香甜的。

在落日的余晖中，红三军团各部召开战前动员会，彭雪枫特意组织了六师云梯队，由共产党员担任，准备在关键时刻像尖刀一样，插向敌人的心脏。他站在高坡上，眼睛里闪烁着晶莹的光芒：

"同志们，郭政委牺牲了，我们怎么办？"

"打进长沙，为政委报仇！"

战士们吼声如雷："为郭政委报仇！"彭雪枫点了点头，愤怒地举起拳头。

夜幕降临了，天边几颗星星眨着眼睛。

长沙城外死一般寂静。

彭雪枫率六师一部蹲在城墙脚下一片开阔地上的壕沟内，担任主攻任务。

八时整，一颗红色的信号弹腾空而起，总攻开始了。顿时，枪声大作，炮火齐鸣，天地仿佛都在震动。

火光中，敌人居高临下，依附几丈高的古城墙，肆意扫射着，枪弹像雨点一般落下。跃出壕沟、冲过铁丝网的战士，纷纷倒下。弹雨中，携带炸药包欲爆破的战士也在冲锋中痛苦地倒下了。

看着一个个血洒红土的六师弟兄，彭雪枫流下了悲愤的泪水。

半个小时过去了。

"机枪连掩护！云梯队跟我上！"

说完，彭雪枫跃出壕沟，在火力掩护下，向城下冲去。

近了，近了，一百米……五十米……终于到了城墙下，此时，四师的云梯队也冲过来，呐喊声、枪声、炮声……像一首惊天动地的大合唱，响彻城墙内外。十几分钟后，从小吴门、四十九标等处首先登城。

这是一个难忘的时刻。

城内一片狼藉：横七竖八的敌尸，遗弃的"汉阳造"枪炮、燃烧的房舍……六师和四师势如破竹，迅速占领国民党省党部大楼。可是，何键不知去向。

正当勇士们纳闷之际，零星的枪声从西边传来，原来，督战的何键带着女婿李觉、马弁和随从仓皇乘车逃跑了。

"追！"六师在彭雪枫的带领下，像风一样席卷过去。遗憾的是，追至湘江边，何键已在夜色的掩护下乘船在湘江中了。

> 何键这只狼狗只身逃于湘江西岸。没有活捉这贼，此恨犹存！

彭德怀后来愤愤地回忆道。

东方熹微，长沙城成了一片欢乐的海洋。

疲倦的笑意挂在彭雪枫的脸上。

天亮时分，彭德怀率军团大部进城，而后径直来到六师战士们中间。

"雪枫率领战士们首登长沙城，真乃大战长坂坡的赵子龙！"彭德怀登上一辆废弃的汽车顶部，手臂一挥道，"命令你们在彭政委的带领下，把这个洒满三军团战士鲜血的城市，管理好！"

江西，庐山。

云海弥漫，清风徐徐。

一座欧式风格的别墅内，蒋介石悠然地坐在沙发里，呷着上等杭州龙井茶，同夫人宋美龄闲聊着。这时，侍从副官急匆匆赶来，呈上一份加急电报。蒋介石接过电报扫了一眼，表情瞬间变得难看起来。他冷不丁地站起来，大发雷霆："娘希匹，赤匪要上天了！何键，饭桶！"

言毕，把电报揉成一团，重重地摔在茶几上。

宋美龄不解地放下茶杯，打开纸团，笑道："不就一个长沙吗？看把你气成这个样子。"

蒋介石扭过头去，胸脯一起一伏的。

长沙的攻破，像一个炸雷震惊了蒋介石。他怎么也没想到红军能这么快攻下一个省城。想起红军，他就如芒在背，坐卧不安。

何键率重兵卷土重来。

红三军团权衡之后，决定撤离长沙，至平江一带休整。

不久，传来红一军团的消息。八月二十三日，红三军团北进至永和市，同朱德、毛泽东率领的红一军团会师。

会师后的部队组成中国工农红军第一方面军。朱德任总司令，毛泽东任总政治委员，彭德怀任副总司令，滕代远任副总政治委员。下辖一、三军团。还成立了总前委，毛泽东任前委书记。

红一军团总指挥部由方面军总部兼任。红三军团，彭德怀兼任总指挥，滕代远兼任政治委员，邓萍任参谋长，袁国平任政治部主任，辖五、八、十六三个军和炮兵团。彭雪枫仍任第八军六师政治委员。

红一方面军成立后，制定的第一个作战目标依然是攻打长沙。

一九三〇年九月二日，红一方面军总攻长沙开始了。

是日，大雨倾盆，数千名红军呐喊着，冲向城墙，但是，吸取上次被攻破的教训，守敌在阵地前设置了重重障碍，铁丝网与战壕多达九层，没有重炮的红军用生命发起冲锋，但进攻受到了阻击。

敌人的弹片落在六师的壕沟边，满身泥泞的彭雪枫心急如焚。此时国民党援兵已到，红军有陷入围困的危险。

红一方面军主动撤离长沙，进行了短暂的休整。九月底，红一军团向吉安进发，红三军团向清江一带开进。

稻花香里牵牛鼻，绰号"讲道理的政委"从此生

一九三〇年八月的一天，"火炉"武汉。

黄鹤楼边的一座灰色的三层大楼前，士兵荷枪实弹，戒备森严。在二楼会议室里，一个绝密会议正在悄悄召开。

"诸位，我奉蒋委员长之命，召集在座的各位。"说话者是一个矮胖身材、架着金丝边眼镜的中年人，他就是国民党陆海空军总司令武汉行营主任何应钦。出席者是湖南、湖北、江西三省的国民党党政军高级官员。会议通过了所谓《湘鄂赣三省剿匪实施大纲案》，计划用三至六个月消灭红军。

而此时，红军中最强大的红一方面军人数还不到四万，而国民党围剿部队人数就达十余万。

一九三〇年十一月五日，国民党江西省政府主席、第九路军总指挥、外号叫"鲁胖子"的鲁涤平，指挥七个师又一个旅，疯狂地向红军扑来。

红一方面军下达了"诱敌深入赤色区域，待其疲惫而歼灭之"的命令。十二月初，彭雪枫和师长郭炳生率六师随红三军团向永丰南黄陂、小布地区移动。

然而，一件意想不到的事情发生了。

十二月二十二日凌晨，睡梦中的彭雪枫被警卫员紧急叫醒：

"彭政委，军团紧急通知，上午九点到前委开会。"

前委在东山坝附近。彭雪枫一脚踏进会场，就感到气氛异常。只见滕代远、何长工、邓萍等一个个神情肃然，心事重重。顿时，一种不祥的预感袭上彭雪枫的脑际。"莫非……"正在猜测时，一个雄健的身影闪入眼帘：彭德怀来了。

彭德怀义愤填膺地讲了事情的经过。原来，一个叫丛允中的人，伪造毛泽东的笔迹，陷害同志，企图分裂一、三军团。

"分裂是没有好下场的！"彭德怀愤愤道。

彭雪枫怒色满面。大家一致通过了由彭德怀起草的反分裂的《红三军团宣言》。

此事，引起了毛泽东的关注。

一九三〇年十二月二十四日，一个让彭雪枫终生难忘的日子。

冬日的阳光，轻轻地洒在永丰县一个叫小布的村子。东北亚的寒风越过无垠的大地，吹着村东头一座有着两棵枣树的院落。

红三军团干部会议正在这里召开。

开会不久，一个身材魁梧、书生模样的人健步迈入会场。只见他浓发，宽额头，目光里漾着一丝笑意。

会场内出现一阵小小的骚动。

"红三军团的同志们好啊！"一口浓浓的湘音，回荡在小屋内。原来，这就是大名鼎鼎的毛政委。

坐在第二排的彭雪枫目光晶亮，悄悄地整整帽子，挺起腰板。

"一、三军团就像两根筷子，可有人打起小算盘，搞分裂，那怎么行呢？一根筷子能吃饭吗？"毛泽东的双手习惯性地叉在腰间，大声地说，"最近，蒋委员长对我们红军很不客气，派鲁涤平打我们。我们本钱小，惹不起，怎么办呢？中国有句俗话，'好汉不吃眼前亏'，打不起就走嘛！"

毛泽东浓郁的湘音，风趣幽默，像寒冬中的阳光，拂去了在场每一位心头的迷雾。

会后，在彭德怀的介绍下，毛泽东与红三军团干部一一握手。当走到彭雪枫面前时，毛泽东流露出赞许的目光。

"你就是六师政委彭雪枫吗？"

"谢谢毛政委记着我！"彭雪枫毕恭毕敬，敬了一个军礼。

"哎，首登长沙，你可是功臣喽，谁不知道嘛。长沙还是你的老乡、三国时期名将黄忠的大本营啊！"说着，毛泽东掐起指头，"张衡、张仲景、庾信……你们那里可是风水宝地呀！你是不是他们的亲戚哟？"熟读史书的毛泽东开起了玩笑，引得在场的彭德怀等人哈哈大笑起来。

这是毛泽东和部下、朋友见面时独特的相处方法。他用自己烂熟于心的文史知识，拉近了双方的感情。

二十三岁的彭雪枫，握着毛泽东的双手，内心泛起层层波澜。青春的心灵被毛泽东独特的魅力深深折服了——相见恨晚。从此，在彭雪枫的心目中，对党更加"咬定青山不放松了"。

毛泽东，一个坚定了彭雪枫信仰的人。

红军官兵牢牢记住了毛泽东提出的作战原则："敌进我退，敌驻我扰，敌疲我打，敌退我追，游击战里操胜算；大步进退，诱敌深入，集中兵力，各个击破，运动战中歼敌人。"

敌人犯了一个致命的错误，那就是进攻之前把军队调动与进攻计划登在报纸上了，消息很快传到苏区。

红军以逸待劳。

冬日的江南苏区，阴冷潮湿。鲁涤平的十多万部队奔波于河流、丘陵中间。

一个多月过去了，一个红军主力的影子都没发现。

十二月三十日清晨，细雨蒙蒙，国民党前线总指挥兼第十八师师长张辉瓒急于求胜，亲率师部昂然而来，长长的队伍从龙冈向五门岭方向延伸。上午九时许，先头部队突然发现了路两旁树林中影影绰绰的红军，正欲举枪，四周已枪声大作了。

　　打响第一枪的是埋伏已久的红三军。肥头大耳的张辉瓒又喜又惊，命令部队反击。很快，双方战斗进入了胶着状态。

　　中午时分，彭雪枫、郭炳生率六师赶来增援。"决不能让敌人跑掉一个！"齐腰的荆棘丛中，彭雪枫一边还击，一边命令道。下午四时许，红军总攻开始了。漫山遍野的红军宛如天兵，从山顶上冲下来。山谷中，敌人乱作一团。黄昏时分，第十八师主力被歼。接着，红军一鼓作气，歼灭国民党第五十师的一个旅。至此，红军在五天之内，两战两胜，取得了第一次反"围剿"的胜利。

第一次反"围剿"胜利旧址——龙岗

　　从心理学上说，初到异地的人，心理上会有一丝不安和畏怯。

　　红军就是抓住这种心理，诱敌深入。敌人长途跋涉，难免疲惫，一旦懈怠，红军就会从天而降。

　　打扫战场时，不见张辉瓒的影子。最后，红军在一座山的屋檐洞中，发现一个留着八字胡、大腹便便、自称是伙夫的人。"老实交代，不然……"小战士哗啦一声拉响了枪栓。张辉瓒便战战兢兢地交代了逃跑的来龙去脉。后来，蒋介石准备用二十万现洋和二十担西药换回张辉瓒，但愤怒的群众还是一刀革了他的命。

第一次胜利还给红军带来一个意想不到的惊喜：缴获了一部电台。从此，红军有了自己的第一部无线电台。

消息传来，毛泽东兴奋地写下著名的《渔家傲·反第一次大"围剿"》：

万木霜天红烂漫，

天兵怒气冲霄汉。

雾满龙冈千嶂暗，

齐声唤，

前头捉了张辉瓒。

二十万军重入赣，

风烟滚滚来天半。

唤起工农千百万，

同心干，

不周山下红旗乱。

冬日的南昌街头，一片萧然。在南昌行营，蒋介石颓然听着秘书的报告。两个月后，恼羞成怒的他，发出了第二次进攻苏区的命令。

一九三一年二月，蒋介石的爱将、军政部长何应钦，以陆海空军总司令南昌行营主任的名义，坐镇南昌，组织对中央苏区进行第二次"围剿"。

这次兵力增加十八个师又三个旅近二十万人，军事上采取"稳扎稳打，步步为营"的方针，向苏区推进。

三月四日，初春的阳光暖暖地洒在大地上。微风吻着杜鹃花的笑脸。在龙冈东边的娘娘山上，红三军团的几百名战士在山坡上三五成群，喧嚷着砍柴，挖野菜。

"同志们，比比谁砍得多啊！"彭雪枫抹一把汗，热情地给六师的战士们鼓劲。斜晖脉脉，彭雪枫带着战士们到小河中抓泥鳅，摸田螺，这让他想到了童年雨后在蟒泉玩耍的情景。

同时，部队还在龙冈附近的小丘陵中进行抢占山头、山地开进、集结、冲锋、追击等战术训练，并建立野战医院。

为了打破敌人的封锁，红军在经济上、战术上有条不紊地准备着。

此时，红三军团取消军建制，直辖一、三、四、六四个师。彭雪枫仍任六师政委。

红军再次采用诱敌深入的战术，自一九三一年五月十六日至三十一日，从赣江水畔一直打到福建北部山区，不断杀着回马枪，五战五胜，再次粉碎了国民党的"围剿"。

在胜利的欢声笑语中，毛泽东兴奋地填词《渔家傲·反第二次大"围剿"》：

白云山头云欲立，
白云山下呼声急，
枯木朽株齐努力。
枪林逼，
飞将军自重霄入。

七百里驱十五日，
赣水苍茫闽山碧，
横扫千军如卷席。
有人泣，
为营步步嗟何及！

红军战士激动得彻夜不眠，蒋介石却是痛苦得失眠。

子夜，他慢慢拉开真丝窗帘，默默望着窗外，呆呆失神。

六月的梅雨，绵绵密密；芭蕉叶上的雨珠宛如伤心人的泪水，吧嗒吧嗒地滴着；花园中小径两旁的路灯宛如诡秘的眼睛，发出嘲弄的光。

两次"围剿"，损兵折将。赤匪不灭，誓不为人！焦虑憔悴的他在心中暗暗骂道。

一月后，蒋介石气咻咻地调集了二十三个师又三个旅共三十万人马，聘请英、日、德三国顾问，亲自任总司令，采用"长驱直入"的方针，以自己的嫡系部队为主，向苏区扑来。

出发前，在南昌酒会上，蒋介石踌躇满志地发表了所谓《出发剿匪告全国将士书》，宣称要"完成夙愿"，否则"解甲归田"，甚至还有"不能成功，誓当成仁"云云。

七月的南方，烈日如烤。红军各部冒着酷暑，沿着羊肠小道，向苏区中心高兴圩进发。逶迤的长龙中，彭雪枫一边擦着汗，一边给战士们鼓劲加油。这天上午，在翻越一座小丘时，前面队伍中传来嘤嘤的啜泣声。

"是不是战士扰民了？"彭雪枫心急火燎地赶过去，只见一位小鬼一身泥污，坐在山腰树荫下哭鼻子。

"小同志，怎么了？"彭雪枫蹲下身子，拉着他鲜血淋漓的手。

"班长他……他……"小战士抽噎着。

"班长怎么了？"

"班长又打我了，嫌我走路慢……呜呜……"说着，小战士放声大哭起来。

彭雪枫忽地站起来，大声道："班长呢？"这时，一个瘦高个老兵磨磨蹭蹭地走过来。彭雪枫皱起眉头，火上心来。正欲发火，耳畔猛然响起邓颖超、彭德怀等的叮咛：少些急躁，慢慢来。于是，便耐着性子，询问缘由。

原来，连日行军，战士们的草鞋磨破了，脚上起了血泡，走起路来疼痛难忍。这个新战士实在不想走了，嘟囔着要休息，原是国民党兵的班长走过来，劈头就是一耳光。

"我来给你讲个道理好吗？"彭雪枫盯着瘦高个说，"红军是共产党的部队，人人都是平等的。国民党的军阀作风……"彭雪枫耐着性子讲道理，直到这个瘦高个红着脸低下了头。

彭雪枫用真情感染犯错误的官兵，让他们抛弃旧军队中粗暴的手段。后来，战士们送给彭雪枫一个绰号——讲道理的政委。

敌人在明处，红军在暗处，敌人的鼻子被红军紧紧牵着，奔波二十余日，还是盲人骑瞎马。

让彭雪枫难忘的是，红军每到一处，苏区赤卫队站岗放哨，妇女洗衣、做饭，还有打扇队——一个个活泼可爱的儿童团员，拿着芭蕉扇围上来，一阵猛扇，徐徐凉风驱走了连日的疲惫和溽热。

敌疲我打，红军的机会来了。

八月六日晚，红军在莲塘地区包围了敌人第四十七师一部。翌日拂晓，突然发动袭击，酣睡中的敌人乱作一团，旅长被击毙，余部逃逸。

不久，红军又在良村、黄陂两次战斗中让敌人尝尽苦头。

南昌。滕王阁边的赣江避暑山庄。

正和夫人一起沉浸在越剧韵味中的蒋介石，得知消息后差点晕倒，遂决定拼个鱼死网破，命令前方采取拉网式战术，逼近红军。

八月十五日黄昏，红军主力趁着夜色，从国民党一军团与二军团之间大约十公里的大山间隙突围出去，与尾随的敌人周旋。九月初，郁闷的蒋介石决定回撤。红军抓住时机，在老营盘痛歼敌人一个旅。次日的战斗中，彭雪枫负伤了。最后一次的方石岭战斗中，第五十二师师长韩德勤被红六师俘虏，后化装成伙夫溜走了。颇有戏剧性的是，十多年后，在淮北抗日战场上，恶贯满盈的韩德勤再次被活捉，捉他的还是彭雪枫部。

但是，就在撤出战场转移时，一架国民党飞机呼啸着朝一个骑马的红军干部俯冲过来，年仅三十三岁的红三军军长黄公略，轰然倒下，鲜血染红了大地。

夏夜，皓月当空。蛙鸣，虫吟，远处的小河在潺潺地奏着小夜曲。

在一座古老的祠堂内，欢闹一晚上的战士们一个挨一个在门板上沉沉地睡去了，可和衣而卧的彭雪枫一点睡意也没有。

月亮的清辉透过窗格子洒在他英俊的脸庞上。"举头望明月，低头思故乡。"他想起了童年的故乡，想到了在天津、北京、烟台的岁月。

"冲啊！冲啊！"一个光膀子战士在说梦话。

他翻了一个身，眼前又浮现出一年来的一幕幕：

一身灰土布的毛政委，在临时搭建的讲台上神采飞扬地挥舞着手臂……

蓝天下，稻田边，一架飞机呼啸着向行进的红军俯冲下来，一颗炸弹在来不及躲避的战士中爆炸了。刚才还在说笑话的那个江西小老表，一声未吭就倒在了血泊中，一双清澈的眼睛呆呆地望着蓝天，手中紧紧攥着冲锋号……战争多么残酷，一个花季的生命消失了。

渐渐地，他又回到蟒泉边。"爷爷，您身体还好吗？我向您报喜了，我们胜利了！胜利了！"旷野中传来长长的回音。

墨香飘瑞金，儒将美名扬

赣东南，有一座山清水秀的小城叫瑞金。

据说，古时这里盛产沙金，一个聪明的秀才路过此地，看着金灿灿的淘金场瑞气盈门，于是给这里起名叫瑞金。

这是二十世纪三十年代中国的红色首都，与南京政权相互对峙。这里汇集了全国各地的马克思主义信徒。在他们的眼中，这是一个与共产主义联系在一起的地方：没有剥削，没有压迫，民主、自由、平等。

一九三一年十一月七日，中华苏维埃第一次全国代表大会在瑞金叶坪村谢家祠堂召开。这一天，是列宁领导的十月革命胜利十四周年的日子。

六百一十名来自全国各个根据地的代表，见证了一个红色政权——中华苏维埃共和国临时中央政府的成立。毛泽东被选举为中央执行委员会主席。"毛主席"这一称呼从此而来。

同时，中华苏维埃共和国中央革命军事委员会（简称"中革军委"），也在这里成立，统一指挥全国各根据地的红军。朱德毫无悬念地当选主席，王稼祥、彭德怀为副主席。同时，取消红一方面军总部，红一方面军改称中央红军。

小城的上空，飘荡着悠闲的白云。四周的远山上传来轻快悠长的山歌，那是妇女采茶归来了。村头，一名红小鬼嘀嘀嗒嗒地吹着军号。一支整齐的队伍汇集在彭湃广场上开大会。

斜晖轻轻洒在一座树林环抱、坐北朝南的白色院落内。院内种着桑树、石榴树。这是瑞金一地主家的祠堂，墙上刷满了"只有苏维埃才能救中国！""实行耕者有其田"等标语。

这里现在是六师的师部。

刚刚转为二师政委的彭雪枫，在窗棂下的桌子旁，手捧《孙子兵法》，若有所思。

"报告！军团来电。"一个通信员匆匆走来。彭雪枫微微一笑，还了军礼，接过来轻轻打开：

　　彭、郭：

　　中央命红一、三军团夺取赣州，兹令你部近日随军团进发，即做准备。

　　　　　　　　　　　　　　　　　　彭德怀　滕代远

　　　　　　　　　　　　　　　　　一九三二年一月十日

他拔出胸前的铅笔，迅即书写几笔，交给了警卫员。

"送到《猛攻报》发了！"

"是！"

望着警卫员远去的背影和窗外摇曳的树枝，彭雪枫眼前浮现出往昔的片影：夕阳西下，六师热火朝天的劳动比赛；战士们围着小山般的柴火、成篓的小鱼，欢声笑语；莲塘战斗中，有的战士一往无前，而有的迟疑胆小、缩手缩脚；战斗受挫时，有的灰心丧气，甚至发起牢骚。

……

清风明月的夜晚，他常常辗转反侧，暗暗思忖，要是有一份报纸，表扬之，鼓励之，批评之，士气就会大不一样。

一个共产党员，不仅能说会讲，而且善于写作；下笔千言，倚马可待。从《塞上琐记》的发表，到参加《大公报》招聘考试，当记者、编辑的念头像埋在彭雪枫心头的老窖，散发出缕缕馨香。三次反"围剿"结束了，部队休整，实现夙愿的时机成熟了。名字，应该带有火药味，为冲锋陷阵的战友们呐喊，就叫《猛攻报》吧。

二师轰动了。"看喽，我的名字上报纸了！"看到战士欢呼雀跃的样子，他露出了一丝欣慰的笑容。

刚刚发生的重大新闻事件都是通过它，汩汩地流淌到二师官兵的心田里：

一九三一年九月十八日，沈阳日军炮轰东北军北大营，挑起事端。奉系首领张作霖长子张学良，在蒋介石"攘外必先安内"的训令下，撤出关外；

三军团整编，下辖一、二、三师，彭雪枫任二师政委，郭炳生任师长；

中华苏维埃第一次全国代表大会召开；

周恩来自上海到瑞金。

……

之后，为给战士们增添娱乐内容，他又创办了火线剧团。

铁赣州，易守难攻，彭雪枫临危不乱

一九三二年一月，临时中央政府发布《关于争取革命在一省与数省首先胜利的决议》，指示中央红军首取赣州，继而夺取吉安和南昌等。毛泽东极力反对，可是，在共产党负责人博古的眼里，擅长游击战的他，只会"逃跑"。

山路弯弯，密林中，红军主力已经悄悄逼近赣州。

赣州，赣南一座美丽的城市。三面环山，蜿蜒而来的贡水和章水汇于此地，形成奔腾不息的赣江。河岸峭壁森森，险滩骇人。南宋大臣文天祥途经这里的惶恐滩，曾写下"惶恐滩头说惶恐"的诗句。

赣州城高墙厚，易守难攻，有"铁赣州"之称。守敌是国民党云南的一个旅。彭德怀为前敌总指挥，红三军团担任主攻，红四军担任打援任务。

成千上万的红军战士围住了赣州城的四个门，彭雪枫、郭炳生率二师攻打南门。

"同志们，发扬三次反'围剿'的精神，赣州就是我们的！"一身灰军装、腰扎皮带的彭雪枫和师长郭炳生弓着腰在壕沟里，一边给战士鼓劲，一边奋力挖着潮湿的泥土坑道。

二月四日，战斗打响了。

重机枪怒吼起来，呼啸的弹雨中，一队队英勇的战士左手拿着炸药包，右手支撑着身躯匍匐着前进。十几分钟后，后续部队抬着云梯呐喊着冲向城墙。彭雪枫和郭炳生站在前沿，焦急地盯着。

坑道爆破的战士一去不返。

架云梯的勇士被敌人火力压在城下。

"出师未捷身先死，长使英雄泪满襟。"望着墙角下横七竖八的战士尸体，彭雪枫流下了悲痛的泪水。

城东门，轰的一声巨响，重磅炸药炸起的砖石泥土飞到高空中，落下来正好砸在城下的突击队战士头上，二百余名年轻战士在废墟中永远地长眠了。

红军伤亡越来越大，但仍屯兵城下。

蒋介石闻讯，急忙令爱将陈诚率部自北驰援而来。

红军采用"火船"战术，驾驶小船冲向援敌渡船。快接近敌人时，将煤油浇在船上点燃。

战斗正紧张时，红七团政委李志民发现自己的子弹没了，红着脸向来指挥掩护撤退的彭雪枫说："能不能给我几发子弹？"彭雪枫毫不犹豫地倾其所有。"真是雪中送炭啊！"李志民后来回忆道。

三十三天后，红军主动撤出赣州。

血胆驰援，"乐安事变"立场艰

失败的阴影像噩梦一般，萦绕在彭雪枫的心头。

晚上，灯下，彭雪枫在日记中写道："屯兵城下，久未攻克，乃兵家大忌。教条主义不足取，毛政委的诱敌深入，打击敌人虚弱的部分，才是红军的看家本领，切记！切记！"

不久，红军发起宜黄战役，彭雪枫率二师担任主力，取得大捷，终于一扫晦气。部队正在宜黄与乐安一带的山区休整，不料，一件意外的事情发生了。

九月的一个上午，阳光火辣辣的，师部门前的桑树下，彭雪枫带领大家进行近来的战斗总结。郭炳生从师部开会回来，二话不说，一屁股坐在师部门前的石头上，一边擦汗，一边唉声叹气："赣州失败了，这几个月也连吃败仗，听说蒋光头要发动第四次'围剿'，规模超过前几次，敌强我弱。唉，我看革命完了，完了！"说罢，仰天长长出了口气。

听着刺耳的泄气话，看着郭炳生垂头丧气的样子，树荫下一片寂静。

大家都望着政委。彭雪枫眉头紧蹙，神色严肃，忽地站起来，严厉地说："什么革命完了！胡说八道！革命像燎原烈火，风吹不熄，雨浇不灭。要烧掉地主豪绅，烧掉蒋介石和一切反动派，烧掉旧世界，革命永远完不了！"

彭雪枫一席话，赢得在场之人的一阵掌声。

郭炳生低下头，脸色白一阵红一阵，不服气地说："政委同志，战斗不是靠讲大道理，喊口号取得胜利的。你看看，我们面前的困难的确很多，这不是明摆着吗？"

一阵沉默。

看着郭炳生闷着头似乎还没有想开，也许想到刚才的话有点生硬，彭雪枫走过去，掏出一支烟递给郭炳生，换了一下口气："炳生同志，我们面前确实存在不少困难，但比起平江起义，比起三次反'围剿'，我们现在的力量不是强大得多了吗？赣州是失败了，但最近不是又攻下几座县城，打了胜仗吗？怎么能说连吃败仗呢？"

郭炳生重重地吐了一个烟圈，争辩道："政委同志，你要知道，老蒋的第四次'围剿'不同前几次，这次兵力、重炮更多，形势更严峻。我看，我们打败敌人的希望不大，不如走以前的老路，把队伍拉回湖南打游击去！"

郭炳生是湖南人，彭雪枫知道他是个犟脾气，认准的事就是十头牛也拉不回来。况且今天在场的同志都是他的下级，说重了面子可能挂不住，不好收场，于是便低声说："咱们都是师级指挥员，有不同看法也很正常。今天就不说了，等明天咱俩好好聊聊。不过，在任何情况下，都不能松懈斗志，一定要挺住！"彭雪枫的最后一句说得格外重。

这句话像触动了郭炳生的神经，他一下子跳起来："谁松懈斗志，我？笑话！我郭某从来都是从大局考虑问题的，不像有些人，一到战场就会指手画脚。我当兵从来就不怕死，怕死就不当兵！"说着，气咻咻地朝地上啐了一口。

彭雪枫盯着郭炳生，胸脯一起一伏。他尽量克制着自己，思绪却像滚锅：以前与郭炳生就一些工作问题有过争吵，引起了一些误会，看来，今天很难说服他了。于是便说："郭师长，今天暂不讨论这个了，你先回去休息一下，改日再说！"

郭炳生抓起帽子，嘟囔着，头也不回地走了。

夜色低垂，逶迤的群山像巨大的怪兽，阴森森地俯瞰着大地。树林里不时传来野鸡的尖鸣。彭雪枫独自在山坳的小路上散步，可脑海却浮现出郭炳生灰暗的眼神。

郭炳生的父亲郭得云是一九一六年彭德怀到湘军时的第一个班长，参加过辛亥革命，为人正直，很有正义感。后因不满军阀混战，便弃职回乡。一九二一年，彭德怀被湖南军阀赵恒惕通缉抓捕，押解途中幸被士兵偷偷放跑，逃到郭得云家才得到掩护。遗憾的是，郭得云得伤寒病不久去世，弥留之际，把儿子托付给彭德怀。当时，郭炳生才十一二岁。

由于有这段不寻常的交往，一九二六年彭德怀当了营长，郭炳生因生活无着落前来投奔时，便被彭留在身边。郭炳生从勤务员到师长，彭德怀可谓煞费苦心。

刚开始参加红军时，郭炳生作战勇敢，表现还算令人满意。但随着职务的升迁，郭炳生的尾巴开始翘起来，沾染上不良习气，爱吹牛，爱出风头，有时又爱发脾气，无端斥责干部战士，厌烦政治工作，因此，常与人产生矛盾。赣州战役失利撤退时，曾传来郭炳生不知去向的消息。

夜色中，迎面走来一模糊的身影——警卫员找来了。

一天上午，部队正在山坳一处草坪上整训。突然，山谷中传来一阵稀稀落落的枪声，一个侦察员慌慌张张跑来："国民党陈诚部窜入我师驻地！"当时，二师部队散布在几处山坳里。

集中已来不及了。

彭雪枫迅速跑到一个大石头旁，拔出驳壳枪，大吼一声："撤！"说罢，带领师直机关和七团边打边撤，在崇山峻岭中跋涉三个昼夜，终于甩掉敌人，在凤岗圩找到了江西省军区和陈毅司令员。

"慌啥子嘛！"一口四川话的陈毅和一群人说笑着从屋内迎出来，"哎哟，哪股春风把你们吹来了，是不是蒋介石龟儿子们对你们又不客气了？"性情豪放洒脱的陈毅，什么时候都是乐观的，逗得彭雪枫也笑了。

"敌人来得太突然。陈司令，不好意思打扰你了。"

在凤岗圩，彭雪枫惦记着郭炳生和五团、六团的战士，一安顿下来，就派侦察员火速与五团联系，相约在巴山会合，但却石沉大海。

志忐不安的彭雪枫带领十五名警卫人员，马不停蹄赶往巴山。出人意料的是，当他们到达巴山时，没有看到一个五团的人。经过打听才知，郭炳生带五团向北走了。彭雪枫顿时警觉起来：北边不是崇仁、抚州吗？那是白区呀，郭炳生会不会带五团去投敌？想到郭炳生平时的言行，一个不祥的念头袭上心头……想到这里，彭雪枫感到浑身一阵发冷，他奋力扬鞭，战马嘶鸣着，一溜烟向北奔去。

第二天黄昏时分，终于在离崇仁县城不远的地方追上了五团。哨兵看到政委来到，喜出望外，大声喊着："彭政委来了！"山谷中传来长长的回音。顿时，散布在山坳中的五团像炸开了锅。

团长白志文率战士奔过来，一见之下，恍如隔世。默默之中，相互表现出无言的悲戚。"回主力去！回主力去！"大家的呼声响彻山谷。

"我不是写信给李主任，让他告诉你们在巴山等我吗？为什么到这里来？"彭雪枫面带愠色道。

白志文红着脸，支支吾吾地说："郭……郭师长说……老蒋马上进行第四次'围剿'……团里湖南人多，想回家。"

"放肆！无组织无纪律！"彭雪枫疾言厉色。

"打赣州时，我就提过意见。这两年，光打败仗，我想带队伍回湖南。"旁边的郭炳生辩解道。

"三次反'围剿'，我们不是都胜利了吗！怎么能说光打败仗呢？再说，凭一个团的兵力，能突破敌人的包围圈吗？即使想回湖南，也应该先和彭老总打声招呼吧？谁也不说，为什么就向崇仁、抚州的方向跑呢？那是白区啊！"

也许最后一句话触到了郭炳生的要害，他的脸色变得刷白，可能怕彭雪枫当场拘捕他（红军时期，政委具有最后的决定权），遂装出一副悔恨的样子说："彭政委，我纪律观念不强，又想家，没有请示上级就擅自行动……回去一定好好检讨。"

彭雪枫思忖着，来了个缓兵之计：

"算了，郭师长，你知错就行了，咱们回苏区吧！"

当天晚上，彭雪枫和郭炳生带着五团往南返。不料，夜半时分，狂风大作，电闪雷鸣，大雨倾盆而下。趁着夜幕和草深林密，郭炳生带着几个亲信偷偷溜走，逃往乐安投敌去了。

一九三四年一月，在第二次全国苏维埃代表大会上，中革军委为表彰彭雪枫在"乐安事变"中英勇机智挽救部队的功勋，特授予他一枚"红星奖章"。

叛徒总是没好下场的。投敌后的郭炳生，被蒋介石委任为"担架师"师长的空头衔，派他进攻苏区。冤家路窄，在黄陂战斗中，被二师战士发现，怒火万丈的战士们集中火力，用"步枪排射"的方式，送这个叛徒上了西天。

势如破竹，八角亭下，血流如注

南国的声声红歌，让一九三二年冬日的蒋介石心境愈加凄凉。

十二月三十日晚，蒋介石官邸，欢声笑语，高朋满座。觥筹交错之际，他当众宣布开始第四次"剿共"。

一九三三年二月，在周恩来、朱德的指挥下，彭雪枫和师长邓国清率二师和其他兄弟部队一起，参加了南丰、黄陂、草台岗等战斗。歼敌三个师，俘敌一万三千人，于三月下旬粉碎了国民党第四次"围剿"。

战后，蒋介石给心腹陈诚写信，坦言这是他一生中"最大的耻辱"。

五月的江南，阳光明媚，莺飞草长。

长长的队伍蜿蜒在山间小道上，彭雪枫和战士们一样，一边走一边兴奋地交谈着，似乎还沉浸在胜利的愉快回忆中。

"政委，咱们这次胜利了，蒋介石会不会来个第五次'围剿'啊？"

"只要咱们按照毛主席诱敌深入的方法，不管老蒋来几次，都一定打他个屁滚尿流！"彭雪枫挥舞着拳头道。

这是红一方面军在向永丰、乐安一带的大湖坪进发，准备休整。

在大湖坪，红一方面军进行了缩编。取消了军级，红一军团辖一、二、三师，红三军团辖四、五、六师。彭雪枫任四师政委。

此时，在瑞金一座散发着新鲜石灰味的"独立房子"里，来了一位德国人。

他的名字，叫李德。

他是临时中央的负责人博古请来指导红军的行动的，被捧为军事上的权威。他们主张"全线出击""两个拳头打人"的战略，主张将红一方面军分成两部分：

一部分以红一军团为主，称中央军，在抚河、赣江之间作战，看守中央苏区的北大门；另一部分以红三军团为主，称东方军，入闽作战。

他们的打算是在两个方向"花开两朵"，然后乘胜夺取抚州、南昌，实现革命在江西和邻省的首先胜利。

七月一日，红三军团根据中革军委的命令，正式组成东方作战军（简称东方军）。孤军作战，乃兵家之大忌。二日，在东方军司令彭德怀的率领下，彭雪枫和师长张锡龙率四师由广昌的头陂等地出发，开始向闽宁化方向挺进。

东方军入闽的第一仗是拔除一个叫泉上的寨围子——土堡。

四师的任务是打援，在土堡十五公里处的延祥设伏，进行"瓮中捉鳖"。取得大捷后，在福建连城的朋口地区击溃福建第十九路军区寿年部的第七十八师，彭雪枫和张锡龙率四师在彭德怀的指挥下，行军追击，取得连城战斗的胜利。随后，又解放了清流、归化两县。

八月二十七日，十九师和四师进攻顺昌城，四师以打援为主。

作战中，红三军团采取运动战术。在速度、灵活性、勇敢程度的较量中，红军笑到了最后。

就在节节胜利之时，瑞金传来不妙的消息，蒋介石开始发动第五次"围剿"了！

一九三三年九月二十五日，蒋介石调集五十余万人，分四路大军开始进攻中央。蒋求胜心切，相信"外来的和尚好念经"，高薪聘请冯·西格特、冯·福尔肯豪森两位德国顾问。有意思的是，此时苏区的外国军事顾问李德，也是德国人。

三个德国人在中国的战场上，进行智慧的较量。这在中外战争史上，可是一件有趣的事情。

蒋介石发誓与红军决一死战，采取"三分军事、七分政治"的作战方针。

政治上，推行保甲制和"连坐法"，控制交通，实行禁运，利用地主武装加强对苏区的经济封锁；军事上，推行堡垒政策，"以守为攻，乘机进剿，主用合围之法，兼采机动之师，远探秘垒，薄守厚援，层层巩固，节节进逼，对峙则守，得隙则攻"。

九月二十五日，敌人周浑元部首先进攻苏区东北部门户黎川。

九月二十八日，黎川失守。

军权在握的德国人震惊了，急令东方军回师黎川。

秋天来了，但"秋老虎"威力不减。四师的战士们汗流浃背，望着金黄的稻田，喧闹的村庄，沿途热情的大娘、姐妹，疲劳已飞到九霄云外，走在苏区的土地上，心里是甜蜜的，踏实的。

十月四日，四师到达泰宁地区。

翌日，四师向硝石挺进。

硝石是一个小镇，敌人早已布下碉堡阵，单等红军前来应战。刚一接触，红军就遭受损失，前线侦察的结果更让彭德怀吃了一惊：硝石周围有重兵把守……经过权衡，最后电请中央，部队撤回至洵口、莲塘一带。

李德的"御敌于国门之外"的欧洲大兵团的作战方式，在丘壑纵横、林密雨多的中国南部，是不适宜的。欧洲工业革命以后，火炮、炸药、装甲车使部队的实力大大增强，广阔的腹地平原为这些武器的施展提供了便利。可是，他却忽视了，这是在中国南部的丘陵地带。

十一月十一日，红七军团肖劲光部对浒湾发起进攻。

彭雪枫和张锡龙受命增援。部队风驰电掣般赶过去，不料，敌人已向八角亭一带撤退。"追！"彭雪枫和师长一声令下。

八角亭，不是四面有八个角的亭子，而是一片树林的名字。敌人早在此筑起碉堡，埋伏下来。此时，夕阳西下，天色渐渐暗下来。

时不我待，冲锋的号角吹响了。

勇敢的红军战士像波浪一般冲向林子，五分钟，十分钟……半个小时过去了，林子边躺满了牺牲的红军。

彭雪枫后来回忆道：

> 几次冲锋，不能奏效。在暂时休息的时间内，宣传起来了。大家有计划地高声喊着，叙述着官长压迫之下白军四师的士兵痛苦。个别宣传之后，接连着唱歌和喊口号。战场简直是俱乐部，射击之后，又用口讲。
>
> ……

敌阵地一片寂静。

彭雪枫和师长伏在草丛中，痛苦而焦急地看着时间一分一秒地溜走。此时，已经是深夜十二点了。

突然，师部译电员报告："军团要求明日拂晓拿下八角亭！"

军令如山。翌日，凌晨时分，总攻开始了。

愤怒的炮火呼啸着飞向树林，树林燃烧起来。师长张锡龙看到敌人坚持不住了，马上率领一团从侧翼攻过去，果然奏效，敌人开始弃掉碉堡，四处逃窜。火光中，一群亡命徒冲到四师指挥部附近，彭雪枫大呼一声，"通讯排，跟我上！"说罢，跃出壕沟。这时，一梭罪恶的子弹打中他的腿部和肩部，顿时血流如注。

天亮了，通向抚州方向的路上，堆满了敌人的尸体。

彭雪枫陷入昏迷之中，被送往瑞金后方医院。黄克诚接任四师政委。

人海茫茫，得一知己，足矣

一九三四年早春的一天上午。

瑞金西郊一个叫大树下的山沟里，几座青色的二层小楼掩映在苍松中。四周泉水淙淙，百灵鸣啼。在楼前一块绿茵茵的草坪上，十几名红军将领端坐成一圈，在凝神谛听一位面色黧黑的人讲课。

"何校长，我提一个问题！"一个潇洒英武的青年将领站起来。何长工扭头一看，原来是自己昔日的战友彭雪枫。

"说吧！"何长工微微一笑。

"李德的短促出击，适不适合红军？"

……

彭雪枫自八角亭负伤以后，一直在瑞金医院治疗，刚刚痊愈，便被派往红军大学学习。

红军大学于一九三三年冬开学，何长工是校长兼政委。

"红大当时组织极为简单，分高级指挥科、上级政治科、指挥科、参谋科、后勤科，附设教导队、高射队、测绘队。"何长工后来回忆说。

林子中的瑞金红军大学

彭雪枫分在高级指挥科，任班长。

"知之者，不如好之者；好之者，不如乐之者。"自童年受祖父启蒙、家贫辍学，到天津、北平辗转求学……少年生活的艰难，人生岁月的磨炼，使他对学习有一种本能的渴望与向往。

他像陀螺般旋转着。白天听课，做笔记；夜晚熄灯了，还在被窝里偷偷看一阵书。

生命是五彩斑斓的。在这里，他还收获了一份珍贵的友谊——认识了张爱萍。

斜晖中，山峦像年方十八的佳丽，披上一层金黄的绫纱，显得格外迷人。葱郁的丛林中，两个英姿飒爽的红军将领，一高一低，一左一右，沿着欢腾的小溪慢慢地走着。

"雪枫兄，你才高八斗，演讲侃侃而谈，下笔洋洋洒洒，真让我佩服！"

"过奖了，你文采斐然，我也要学习嘛！"彭雪枫谦虚一笑。

这位来自巴山蜀水的赤子，望着文武兼备的兄长，心生几分景仰。而小弟张爱萍的一言一行，也让彭雪枫眼前一亮。也许是惺惺相惜，二人在红大由陌生渐渐变得无话不谈了。

两人的确有某些相似的地方，都是胸怀大志的热血男儿，言谈举止中都散发着儒雅的气息，性格的深处都有一丝桀骜不驯，甚至两人名字的风格也有惊人的相似：一个雪枫，一个爱萍，都是那样飘逸、浪漫。

几十年后，张爱萍这个以"勿逐名利自明耻，要辨真伪羞奴颜"为座右铭的巴山之子，忆起在红大、长征途中、豫皖苏边区和彭雪枫结下的生死之谊，不禁潸然泪下："我是为他活着的！"

"爱萍，你说我们八角亭为什么失利？"

彭雪枫脚步慢下来，微笑地望着张爱萍。

"我想，是不是没有贯彻好毛主席诱敌深入的方针，还有战场上猛打猛冲、灵活机动的战术？"

"说得好！我正在反复思考这个问题，准备写篇文章。"彭雪枫拾起一个卵石，向树林中掷去。

"好啊，我正好拜读一下老兄的大作！"

三月末，彭雪枫在红军总政治部红星报社编印的《火线上的一年》上发表了《八角亭战斗的教训》一文，回忆了这次战斗的一些情况。

中夜，接到命令，拂晓前三时三十分出发。

东方还不发亮，路是看得到的，不过一高一低。碰巧有人跌一跤，大家轻轻地笑。暗中接连不断的黑影，扯得好像一条线。战斗就要开始了，热血在胸中沸腾。

在运动中是我们消灭敌人的最好时机！

当进攻时，步兵应将自己发扬的火力与向敌前进配合起来，在突击以前和突击之际，须先发扬最大之火力。

在森林中进攻，实际主要的是不要失掉向所定的冲锋出发地的方向。保持正确的方向，就要依靠预先侦察的精密和善于利用指北针。

部分指挥员位置不适当，往往因为轻举妄动（不止八角亭一役）而受到损失，脱离部下而失掉掌握。

彭雪枫在红大的出色表现，赢得了中革军委的赞誉和信任。不久，他被任命为红大政委。

一九三四年夏，彭雪枫又被任命为江西省军区政委。

江西省军区是个大军区，下辖十余县，瑞金就在其境内。他感到中央的信任，肩膀也变得沉甸甸的。

此时，江西省军区司令是陈毅。对于陈毅，彭雪枫并不陌生。可是，刚到任不久，陈毅要到西方军工作一段时间。临别时，陈毅拉着彭雪枫的手，操着浓浓的川音，大大咧咧地说："雪枫啊，这两副挑子可不轻哟。有啥子困难，你给我打电话嘛！"

彭雪枫笑了。

"一切军区后方工作由他独立处理，两个月左右处理得很好。"陈毅后来回忆道。

第五章　血色征途

苍茫的暮色中发出歌德的声音：
今天，从这里开始，世界上
历史已开始了一个新的篇章。

——卡尔杜齐

于都河畔，悲情告别，彭雪枫心如刀割

一九三四年十月十六日，黄昏，赣南小县城于都。

县城东门外有一条河，叫于都河，河面并不宽。深秋季节，没有湍急的水流，只有缓缓的微波，显得肃穆庄重。

此刻，成千上万的中央红军主力部队源源不断地拥来。

战马嘶鸣，人声鼎沸。苏区的乡亲们扶老携幼，前来送别。还有留在苏区的伤员们，也忍着伤痛赶来了。

会集在八个临时渡口的红军战士，披着夕阳的最后一缕柔光，开始了后来被称为"长征"的军事战略大转移。

两天后的傍晚，一支特殊的队伍走来了。

博古、周恩来、朱德、毛泽东、张闻天等缓缓地踏上于都桥。这是军

委纵队，代号"红星"。

军委纵队下辖两个纵队。第一纵队，由中革军委和红军司令部及其直属队组成，代号"红安"，司令员兼政委是叶剑英，下辖四个梯队；中央党政机关、后勤部等组成第二纵队，也叫"中央纵队"，代号"红章"，司令员兼政委罗迈（李维汉）。

在军委纵队的前后左右，是中央红军的主力部队。一、三军团在军委纵队前方，左右开路；八、九军团紧随其后，左右护卫；五军团担任全军的总后卫。全军像大搬家似的，光挑子就三千多副。这是一个甬道式的行军方式，用彭德怀的话来说，"一、三军团像两个轿夫，抬着中央纵队这顶轿子"。

彭雪枫一脸愀然，心情沉重地走在第一纵队第一梯队的队伍中。他是这个梯队的司令员兼政治委员。他的随身物品不多，一袋书，一块油布和一床棉被。

这次转移，彭雪枫一直到临走的前一天才知晓。十五日下午，周恩来、朱德把彭雪枫叫去，他满心欢喜地以为又有新任务了。不料，却是一个令他大吃一惊的消息：红军要军事转移。

彭雪枫愕然了。他知道，红军第五次反"围剿"失利了，但马上转移，他是一点都不知道的。

"去往哪里？"彭雪枫急切问道。

"到湘西，同二、六军团会合。"

他有点固执地想再问一下总司令，但朱德黯然的眼神和无奈的叹息，让他欲言又止。

"那后方医院的几千名伤病员呢？"

"安排在老乡家。"周恩来难过地扭过头去。

彭雪枫木然地立在那里，眼圈慢慢地红了。国民党部队正一步一步向瑞金逼来，谁都知道此去一别，意味着什么。

彭雪枫的心里从来没有这么难受过——那是生死与共的战友啊！

深邃的夜空下，乡亲们默默地凝望着数万红军，渐去渐远。

彭雪枫一路心事重重，是什么原因导致红军离开根据地？

关于第五次反"围剿"失利的原因，红军到达陕北后，面对斯诺的提问，周恩来作了这样的解释。第一，他（蒋介石）采用德国人的建议，在纵深地区建立碉堡体系，把他的进展限制在短促出击和巩固既得地盘上，最后以优势兵力（五十万国民党军队对十万红军正规军）逐渐有效地包围红军。第二，我们未能在军事上与（国民党）十九路军进行合作，并支持它作为一支重要的牵制力量。我们本来是能够成功地和福建合作的，但由于李德和上海顾问团的建议，我们没有这样做，反而撤退了，在瑞金附近对蒋介石集结的部队发动了进攻。这使蒋介石能够迂回包抄十九路军的侧翼并消灭了他们。

月下行军，敌机无可奈何，血战湘江，良将徒叹

红军开始转移时，是在夜间行军。为的是避免蒋介石飞机的轰炸，但最终还是被发现了。

二十五日，驻守吉安的国民党空军第五中队的飞行员报告说，在粤、赣、湘边界的群山中发现"大量赤匪"像蚂蚁搬家一般向湖南方向移动。

这是国民党飞机第一次发现红军在转移。

而此时，红军已突破蒋介石的第一道封锁线，向第二道封锁线走去。

这时，彭雪枫已调任中革军委司令部作战局局长，同时兼任第一梯队司令兼政委。作战局是一个为司令部服务的部门，根据前方的情报，拟出具体作战计划，由参谋长审阅后送交司令。任务十分重要。

十一月八日红三军团在湖南汝城与何键部厮杀之后，红军通过第二道防线。

十一月十五日，红军在彬县、宜章之间通过第三道防线。

第四道防线，是让千万红军付出生命代价的湘江。

十一月二十九日，彭雪枫随周恩来、朱德赶到了湘江岸边的重要渡口界首。他们马上在东岸设立指挥部。此刻，在湘江两岸的新圩、脚山铺一带，一、三军团的将士们正和湘军、桂军展开一场惊天动地的搏斗。

一军团二师四团政委杨成武，后来这样描述战斗的激烈：

> 敌人像被风暴摧残的高粱秆似的纷纷倒地，但是打退了一批，一批又冲上来，再打退一批，又一批冲上来，从远距离射击到近距离射击，从射击到拼刺，烟尘滚滚，刀光闪闪，一片喊杀之声撼山动地。我们的短兵火力虽然猛烈，可是还不能完全压倒数量上绝对优势的敌人（事后知道，我们对付的敌人，是何键的十六个团）。他们轮番冲锋，不给我们空隙，整整激战了一天。敌人死伤无数，我们也减员很大。

从三十日上午开始，军委纵队人马陆续到达湘江渡口。敌人的炮弹落在浮桥边，拥挤的人马、机器、挑夫担子，小红军的哭喊……渡口乱成了一锅粥。

彭雪枫在冷风中冒着敌机的轰炸在湘江两岸奔走，高声喊着："快！快！快点渡江！"

正在这时，朱德一脸严肃地走过来说："雪枫，东岸山头怎么丢失了？"

"总司令啊，不是咱们的战士不勇敢，有的阵地是咱们的官兵全部牺牲后，才落入敌人手中的。"

被数万红军的鲜血染得殷红的湘江，缓缓地向远方流去。后来，湘江两岸流传出一首民谣："三年不喝湘江水，十年不吃湘江鱼。"

此战，红军从出发时的八万六千人锐减至三万余众。

过江后，彭雪枫知道了红军后卫三十四师被隔在江东，全师六千余人几乎全部牺牲。

桂北，一个叫老山界的大山中。

疲惫至极的战士们吃力地行走着，悲戚的脸上掩饰不住对死去战友的怀念。极度的痛苦中，伤员们咬着自己的衣角，低声抽泣。巨大的挫折像噩梦一般萦绕在每一位战士的心中。压抑的气氛也让彭雪枫内心隐隐作痛：是什么原因造成连连失利、损失惨重？

山雨欲来。

一九三四年十二月十二日，党中央在湘西南的通道县境内，召开了一次小型会议。

久未露面的毛泽东参加了会议。他建议红军应放弃北上，改向敌人兵力薄弱的贵州前进。

黎平，黔东南的一座边城。十八日晚，党中央在黎平县城的胡氏宅院召开了政治局会议。会议同意了毛泽东提出的去黔北建立以遵义为中心的川黔边根据地的意见。

黎平会议之后，彭雪枫不再兼任第一纵队第一梯队负责人，全力以赴做好作战局局长的工作。

一九三五年一月三日，军委纵队从江界河渡口渡过乌江天险。二日至六日，中央红军分别从回龙场、江界河、茶山关三个渡口全部渡江。

接着，红一军团六师先头部队冒着大雨，扑向黔北重镇遵义。一月七日凌晨，穿着国民党服装的红军，智取了这座城市。这是红军长征途中攻取的最大城市。

当山城的百姓迎着第一缕阳光醒来时，惊讶地发现满街都是浑身泥巴的红军。

夜郎大地，乾坤扭转，柏公馆邂逅邓颖超

一月九日，彭雪枫和作战局的同事们，兴冲冲地走进这座黔北首府。这里是各种土产交易的集市。富有民族特色的商旅云集于此，市面上十分热闹。

中革军委、红军司令部设在已逃跑的黔军师长柏辉章的公馆内。这座青瓦灰砖砌成的两层小楼，中西合璧，高墙重门，在遵义城内算得上首屈一指的豪华建筑。

作战局办公室设在一楼。

午后斜阳。在二楼的阳台上，彭雪枫邂逅了一年多未见的邓颖超。

"小超大姐！"看到邓颖超在阳台上晒太阳，彭雪枫快步走上前去。

"雪枫？"邓颖超扭过头来。看到是老乡彭雪枫，她一阵惊喜，因患病而苍白的脸上露出喜色。

"大姐，一路上辛苦啦，好些了吗？"

"嗜，慢慢调养吧，你也要注意身体啊！一路走来，不容易啊！"

"我没事，您多保重！"

阳光里，两人寒暄着。

"雪枫，雪枫，电报！"不一会儿，楼下传来急切的喊声。彭雪枫略带歉意地向邓颖超点了点头，匆匆下楼。

十五日黄昏。天气阴冷。

晚饭后，在柏公馆里，中央政治局扩大会议召开了。会议连着开了三

个晚上。这就是改变几万红军命运的"遵义会议"。

遵义会议会议室

李德的翻译伍修权也列席了会议。他这样回忆道：

因为中央政治局和军委白天要处理战事和日常事务，会议一般都是晚饭后开始开，一直开到深夜。会场设在公馆楼上一个不大的房间里，靠里面有一个带镜子的橱柜，朝外是两扇嵌着当时很时兴的彩色花玻璃的窗户，天花板中央吊着一盏旧式煤油灯，房间中间放着一张长条桌子，四周围着一些木椅、藤椅和长凳子，因为天冷夜寒，还生了炭火盆。会场是很简陋狭小的，然而正是在这里决定了党和红军的命运。

今天，闪闪耀眼的"遵义会议"四字，连同那柱廊式的两层楼房和中国传统的斜坡大屋顶一起，成为一道美丽的风景，也成为这段历史的见证。

朱德后有纪念遵义会议的诗句：

群龙得首自腾翔，

路线精通走一行。

左右偏差能纠正，

天空无限任飞扬。

遵义会议集中全力解决了当时具有决定意义的军事和组织问题，批判了第五次反"围剿"中实行单纯防御，在战略转移中实行逃跑主义的错误等，确立了以毛泽东、周恩来、王稼祥三人为核心的军事领导小组。

彭雪枫为会议的召开忙前忙后，做了大量的工作，就在会议快要结束的时候，担任警戒遵义南至乌江一线任务的红三军团五师一部，遭到黔军王家烈部的偷袭。师长李天佑被撤职。应彭德怀的要求，彭雪枫又回到了三军团，担任五师师长。

五师是参加过百色起义的老部队。官兵大都是广西人，英勇善战，有着光荣的历史。这是彭雪枫在军委司令部一年后再次回到前线部队。

"雪枫啊，三军团的战士们想你啊，以后咱们又是一家喽！"一见面，彭德怀就开起玩笑。

"谢谢军团长，和同志们在一起打仗、杀敌，痛快！"

二人谈笑着，驰马向土城方向奔去。

由于土城青杠坡战斗失利，中央红军北渡长江计划搁浅。不久，部队一渡赤水，经川南开到滇东北扎西镇。在扎西，红军进行了缩编。一、三军团均取消师级单位，各缩编为四个团。红三军团辖十、十一、十二、十三四个团，红五师缩编为十三团，彭雪枫任十三团团长。

红军进入滇东北地区之后，蒋介石步步紧跟，马上调整部署，企图将红军消灭在此。

二月十五日，中革军委命令红军各军团东渡赤水河（二渡赤水），十三团在右纵队，向桐梓地区急进。十八日，红三军团以十二团和十三团为前卫，从回龙场出发，东进到赤水河附近。黔军闻讯，急忙前来围堵。十三团，先下手为强在彭雪枫和政委李干辉的率领下，急行军到赤水河西岸的二郎滩。

二郎滩，一个脚踏川黔两省的小镇。远远望去，两岸壁陡谷深，河急滩险。

时间就是胜利。

水流湍急，只有三只小船，每只能装三十人。彭雪枫焦急地望着对岸。突然，一阵枪声传来，原来，就在十三团到达二郎滩渡口的时候，黔军也向这里奔来了。"马上构筑滩头阵地！"彭雪枫一声令下，先期过去的一个营迅速展开战斗准备。当十三团过去两个营的时候，黔军也在山腰筑起阵地，疯狂向山下的十三团俯射。形势万分危急，彭雪枫大喝一声："我们背水一战，又是仰攻，没有退路。同志们，要勇猛冲锋，消灭敌人！"

中央红军长征到达陕北后，彭雪枫写了《娄山关前后》的回忆文章。其中，对二郎滩背水战作了生动描述：

> 劈面是个高山，三步缩作两步拥上去。部队展开了，敌人的子弹从耳旁飞过，炮弹一颗一颗地落在前面或者脑后。
>
> 这是一个背水战。
>
> 敌人是那样的不行，我们的冲锋部队还隔着几个山头，他们就溜，而且像流水样溜了；追过去，追下了悬崖，敌人从悬崖边跳下去，跌死或者跌伤，一个窝里就跌了三四十（人）。胜利者不能像那样的跌下去的，所以只得弯了路。敌人就乘这个机会跑得无影无踪了。满山遍野的背包、衣服、手榴弹、军用品，以及敌人死者、伤者身上的枪支、子弹，在今天统统换了主人。据俘虏称说，他们是侯之担的两个团，而且是个什么副师长率领的。

不久，三军团在二郎滩渡过赤水河。

二十一日，中央红军全部过了赤水。

二渡赤水以后，十三团作为右路军的前卫，向桐梓一带进军。

桐梓，黔北重镇，是贵州军阀王家烈的老巢。据说夜郎国最早就建都于此。

走在"天无三日晴，地无三里平，人无三分银"的黔北大地上，彭雪枫一路向红小鬼们讲述着与贵州有关的传说：黔驴技穷、夜郎自大……微风细雨中，小战士们津津有味地听着，眼睛亮晶晶的。

红军在黔北山地中迂回突袭，让蒋介石摸不着头脑。一军团四团占领桐梓，蒋介石判断红军将二次占领遵义，急令王家烈部占领娄山关，并将川军、黔军合围，企图将红军消灭在娄山关地区。

雄关漫道，残阳如血

娄山关是贵州北部大娄山中的关口，是当时四川通往遵义的要隘，自古以来就是兵家必争之地。王家烈在此部署了四个团的兵力。

三军团接到中革军委的命令后，马上部署，命令十三团正面进攻，十二团跟进助攻，十、十一团迂回侧面，配合正面进攻。二十四日凌晨，在彭德怀等军团首长的目送下，十二团和十三团冒着细雨从桐梓出发，风驰电掣般赶往娄山关。一路上，战士们士气高昂，高声地喊着：

"同志们，为了夺取遵义，我们必须占领娄山关！"

"潇水渡过了！湘江走过了！乌江飞过了！苗岭爬过了！一个娄山关，同志们飞不过吗？同志们，难道飞不过吗？"一个红小鬼俏皮地喊着，惹来一阵笑声。

"猛打猛冲猛追呀！"

"不要忘记我们十三团的光荣啊！王家烈比得上十九路军吗？"

一阵阵说笑声，勾起彭雪枫往昔的记忆。那是在东方军的时候，十三团和十九路军的十六团在福建延平打了一场遭遇战，不过两三个小时的工夫，就把这个在一·二八事变中打得小日本落花流水的劲旅消灭了。从此，十三团名声大噪，成了三军团的绝对主力。

途中，三连的官兵遇到几个形迹可疑的背煤人，经过审问，原来是黔军的侦察兵。从他们口中得知，黔军已有两个团上了娄山关。

终于到达娄山关脚下了。

娄山关，又名太平关，海拔一千四百多米，向北十五公里到桐梓，向南三十公里到遵义，关口东侧名叫点金山。从川南到黔北，娄山关为必经之地。史书记载："万峰插天，中有一线。"一八六〇年，太平军由此北下桐梓，西征川南，曾假托李白之名刻下了"石笋如卓笔，县之山之巅。谁为不平者，与之书青天"的诗句。

娄山关战场旧址

彭雪枫用望远镜仰望，只见娄山关雄踞娄山山脉的最高峰。关上茅屋两间，石碑一通，上书"娄山关"三个大字。周围山峰，峰峰如剑，万丈矗立，插入云霄。中间是十步一弯、八步一拐的汽车路。这种地势，真所谓"一夫当关，万夫莫开"。

若隐若现的娄山关上，尖尖的山，朵朵的云，云裹着山，山划破云，一幅雄伟壮美、云雾缭绕的图景。

气喘吁吁的战士们，沿着川黔公路源源不断地拥来。彭雪枫心潮澎湃，目光中充满怜爱之情，但兵贵神速，他一声令下："黄昏之前一定要拿下娄山关！"

三营打响了进攻的第一枪。

三营沿公路刚开始出击，就遭到黔军的火力封锁。黔军居高临下，压得三营抬不起头。右翼是悬崖峭壁，无法前进。左翼的山，有些坡度。彭雪枫怒火中烧，急令三营派一分队迂回左侧攻击。黔军遭两面攻击，开始向点金山撤退。"一营进攻！"彭雪枫大喝一声。

一营分两个梯队，轮番向山顶发起冲锋，枪林弹雨，炮声轰鸣，整个山谷成了火的海洋。但两轮进攻均告失败。

天色渐渐地暗下来，四野低垂，除了零星的枪声，空旷的山谷一片死气沉沉。彭雪枫徘徊着，黄昏之前如果拿不下娄山关，三军团将遭围歼，红军整个行动计划也会被打破，他想起了令人痛心的湘江之战……难道"双枪军"（黔军的谑称，一支枪，一支鸦片枪）就这么难破吗？他又忆起少年读书习武的岁月，凌云壮志像火一般熊熊燃烧起来。

"一营组织突击队！不惜一切代价拿下娄山关！"彭雪枫慷慨激昂，举着驳壳枪，和政委李干辉亲自来到一营组织进攻。

一营士气大振，突击队像离弦之箭，火光中，黔军被这不要命的红军惊呆了。

放眼望去，只见黑压压的红军，冒着呼啸的弹雨在悬崖绝壁上奋力攀登，有红军战士不断地中弹倒下，但他们的吼声从未停止，那吼声像天兵在呐喊，汇成一曲惊天动地的大合唱。

娄山关关口两侧的制高点点金山终于被拿下了。

点金山的后面就是娄山关关口。黔军撤退到山腰，筑起阵地。

"乘胜追击！重机枪，火力延伸！"彭雪枫果断地命令。

突然，黔军又反扑过来，彭雪枫用望远镜仔细一看，原来是几个军官模样的人，手提马刀站在黔军士兵背后，凡是稍有后退的，便会被他们毫不留情地砍倒。

"擒贼先擒王，消灭掉！"顿时，几名特射手向那几名军官开火，一人一个。

"弟兄们，打死压迫你们的长官啊！"

"白军士兵们，你们拼命，为的哪个呢？看看你们长官，再看看你们自己！"

彭雪枫组织士兵在休息间隙向黔军喊话。

突然，山谷中，冲锋号响彻云霄。

总攻开始了。

红三军团的四个团在各自的位置上，向黔军打响致命的一枪。黔军如潮水一般向遵义方向溃退。

站在山顶上，彭雪枫和战士们久久地沉浸在胜利的喜悦中。

这是一九三五年二月二十八日的傍晚。毛泽东面色凝重地随军委纵队走来了。

冷风呜咽，松涛阵阵。眺望逶迤苍凉的战场，他百感交集。后来，他吟成传诵至今的名篇《忆秦娥·娄山关》：

西风烈，

长空雁叫霜晨月。

霜晨月，

马蹄声碎，

喇叭声咽。

雄关漫道真如铁，

而今迈步从头越。

从头越，

苍山如海，

残阳如血。

老鸦山大刀飞舞，皎平渡再立新功

娄山关大捷后，红一、三军团乘胜向遵义追去。

遵义分旧城和新城。旧城为政治文化中心，新城为商业中心，旧城与新城之间有一条河为界。二月二十七日，阳光暖暖的下午，三军团先头部队十一团追至城下，军团参谋长邓萍带领十一团政委张爱萍、团参谋长兰国清伏在河边的草丛中，用望远镜观察旧城地形。这时，一名年少的通信员飞奔前来报告，他的行动暴露了目标。突然，一梭子弹飞来，军中骁将邓萍不幸倒下了。

消息传来，全军悲痛。彭雪枫潸然泪下，为失去一位优秀的战友而痛心不已。

"今晚拿下遵义城！为邓参谋长报仇！"愤怒的彭德怀，在电话中向三军团发出进攻的命令。

攻城部队为十二、十三团。

早春夜晚的黔北高原，寒风彻骨。乌黑的夜幕，仿佛是幽灵的眼睛，窥视着沉沉的大地。两个团各派出两个突击连，战士们屏声静气，后头的接着前头的衣襟，一条蛇似的蜿蜒着，向城墙边扑去。

突然间，一阵猛烈的枪声，夹杂着吼声，既没看见预先约定的信号枪弹，也没有看见放火，究竟进去了没有？彭德怀、彭雪枫等在黑暗中焦急地望着。

彭雪枫后来回忆道：

> 原来首先进去了一个排，敌人于黑夜之间，不晓得来了多少人马，何况又都是惊弓之鸟呢。于是措手不及，有的找了暗处换了便衣，有的沿着走熟了的出城门的街道挤出去了。偌大一座城，继续进去两个连，简直不中用，而后续部队又联络不到。大家只得摆一个"麻雀阵"，东两西三，一堆一堆地对着敌人退却部队黑暗中射击。只听见敌人慌张的脚步声，相撞之下抛弃辎重的声音，继续三四个钟头。天将拂晓，红军的大队进城了，白军的尾子还没有完全离开城门口哩！
>
> 遵义终于拿下了！

早春的田野，油菜花开始泛黄，水田里稻秧葱绿。

温暖的阳光下，村落的路旁站满了衣衫褴褛的"干人"（当地穷人的别称），他们衣不蔽体，佝偻着腰，暗淡的眼神流露出一丝茫然。孩子在尘土中疯耍，望着一队队跑步过往的红军，又多了一分好奇。

彭雪枫望着这些穷苦人，胸中仿佛有什么在燃烧、翻腾。他想到了家乡七里庄那些贪婪的地主老财。

这是十三团驰援老鸦山的途中。

红军夺取娄山关，二次占领遵义，震惊了蒋介石。他急令国民党"追剿军"第一纵队司令吴奇伟率两个师火速从乌江南岸出发，反攻遵义，妄图将中共中央首脑机关消灭在遵义城下。中央红军抓住战机，准备在遵义南的忠庄铺、红花岗将其歼灭。

二月二十八日上午，三军团的十团、十一团占领红花岗、老鸦山等山头，敌人多次发动进攻，均败下阵来。敌人受阻后，下午改向十团防守的老鸦山重点进攻。敌人似乎是狗急跳墙，在炮火、飞机的支援下发疯似的向老鸦山冲锋，团长张宗逊负伤，参谋长钟剑伟牺牲。

老鸦山阵地失守了。遵义近在咫尺。

又到了一个生死存亡的时刻。

时刻关注战斗的彭雪枫，主动请缨，心急火燎地打电话给彭德怀："军团长，老鸦山吃紧，就让我们十三团顶上去吧！"

"十三团娄山关战斗损失较大，你们暂且作预备队！"彭德怀关切道。

"不！三军团是一家，十三团应该在第一线，我愿立下军令状，拿下老鸦山！"彭雪枫再次恳求道。

"那好吧，要注意战术，减少伤亡！"

"是！"

十三团迂回到老鸦山的左侧，彭雪枫一声令下，迫击炮的怒吼声冲破云霄。敌人也不甘示弱，雨点般的弹片落在十三团的阵地上，野草和树木熊熊燃烧起来。不久，敌人压过来。

仇人见面，分外眼红。彭雪枫大喝一声："拿刀来！"说罢，跃出战壕，抢起闪亮如银的大刀，带领战士们冲入敌阵。只见刀光如电，红缨飞舞，彭雪枫少年时的武艺在今天派上了用场。

敌人一片混乱，纷纷撤退。

此时，陈赓、宋任穷的干部团也从敌人背后包抄过来，吴奇伟被吃掉两个师后，率残部向乌江方向逃窜。

碧蓝的天空，游弋着朵朵白云。远山野花的清香，飘到遵义城内红军官兵的心中。遵义的大街小巷，成了欢乐的海洋。

彭雪枫率师十三团在遵义稍稍休整。

早春的夜晚，天气阴冷阴冷的，屋内生了一盆炭火，暖烘烘的。坐在火前看报的彭雪枫突然发出啊的一声，警卫员过来一看，只见一行醒目的大字：共匪方志敏、寻维州、刘伯坚等被执行枪决！照片也赫然配在一旁。

他怔住了，心里像被刺了一刀。"国民党的狗崽子们！"彭雪枫愤愤骂道。火光映着他紧蹙的眉宇，宛如一幅油画特写。他望着屋外，思忖着，不知道陈毅等人情况如何。

第二天，在一座天主堂内，红军召开团以上干部会议。彭雪枫夹着两本书，早早地来到会场。不一会儿，张爱萍、王平等陆续来了。战友情深，大家见面，分外亲热。

"雪枫兄，多亏你们十三团了，不然，我们就见马克思喽！"张爱萍笑着走过来。

"见死不救，不够意思嘛！"彭雪枫拍了一下张爱萍的肩膀，开起了玩笑。

"哈哈哈……"

会场突然静下来，大家的目光朝主席台望去，毛泽东来了。这是红军团以上干部一两年来第一次见到长发的毛泽东。

张闻天传达了遵义会议的内容，宣布毛泽东又回到红军的领导位置上。会场内欢呼雷动。彭雪枫的脸上也漾起一丝兴奋的光彩。

三月一日，雨夜，武汉。

汉水边上一座豪华官邸内灯火辉煌。

晚宴上，蒋介石在达官显贵、名媛淑女中间频频举杯，欢迎张学良从海外归来。忽然，一神色慌张的副官疾步而来，朝蒋介石耳语一番，蒋介石的表情马上变得不自然起来，机械地朝张学良说："汉卿，喝，喝……"不久，便提前离席。

红军在黔北神出鬼没，连克桐梓、娄山关、遵义，歼灭国民党吴奇伟部两个师八个团的消息，让蒋介石焦灼不安。三月二日，蒋介石在心腹陈诚、侍从室主任晏道刚的陪同下飞往山城重庆，部署对红军的围歼。

抵渝后，蒋介石立即下令："凡我驻川、黔各军，概由本委员长统一指挥；如无本委员长命令，不得擅自进退，务期共同一致完我使命。仰各通令所属遵照。"

不久，红军撤出遵义。

消息传到了黔北高原。为了统一指挥，三月四日，中革军委在鸭溪组建前敌司令部，任命朱德为司令，毛泽东为政治委员。

在一所简陋的房子内，毛泽东一手叉腰，一手拿着铅笔，在地图前凝神思索，香烟袅袅中，朝着弯曲的赤水河轻轻一画。

彭雪枫等率十三团随三军团一起，经鸭溪、鲁班场、怀仁、茅台，三渡赤水，到达川南地区。

红军行踪飘忽不定，把蒋介石搞得晕头转向。红军主力云集川南的电报，让他又惊又喜。他急忙调集川、黔、滇各路军，一路围堵而来。兵不厌诈，正当敌人踌躇满志地准备合围时，红军突然掉转方向，于三月二十一日晚，四渡赤水河。

刚刚渡过赤水又折回，这让十三团的红军官兵也想不通：

"团长，光走弯弯路，啥时是个头啊？"

"跑来跑去，也没见个敌人，图个啥？"

……

彭雪枫闻言，走到满脸疲惫而失望的战士跟前说："来回穿插是为了迷惑敌人、甩掉敌人，我们要在运动中消灭敌人，三次反'围剿'就是这样。"战士点点头，不作声了。

红军从敌人空隙中穿过，向南疾进，突破乌江天险，直逼贵阳。而此时，贵阳城内，敌人兵力空虚。

红军的回马枪顿时让蒋介石失去雅兴，一方面让"云南王"龙云急调滇军火速援救贵阳，一方面让贵阳警备司令王天锡挑选二十名向导，十二匹好马，两顶小轿，准备伺机逃跑。

红军虚晃一枪，四月九日，穿过贵阳至龙里之间的湘黔公路，向敌人兵力薄弱的云南奔去。随后，彭雪枫等率十三团随三军团一起渡过北盘江，并乘机占领了黔滇边境的几座县城，打开了云南的通路。

春日的滇北高原，阳光和煦，大地吐翠。

彭雪枫等率十三团在这里稍稍休整。走至门外，极目远眺，只见错落有致的村寨，倚在青山绿水的怀抱中。漫山遍野的山花，在风中扭动着纤细的腰肢。美丽的异域风情，让彭雪枫深深地陶醉了。

红军前锋直逼昆明，昆明城内一片混乱。

就在蒋介石和龙云四处调兵、集中昆明的时候，红军兵分两路，向西北辗转，直奔金沙江而去。

五月四日，三军团电令十三团为先头团，急行军抵达金沙江畔洪门渡口。"金沙江！金沙江到了！"战士们兴奋地呼喊着。只见滔滔江水，裹起翻腾的浪花在陡峻的峡谷间咆哮着，水流湍急，犹如一条巨蟒穿行在崇山峻岭中。

"金沙江是流经川滇边境长江上游的一段，古称泸水，诸葛亮七擒孟获的故事就发生在这里。"彭雪枫眉飞色舞，向身边的战士讲述着金沙江的逸闻趣事。

但由于渡口水深流急无法架桥，小船只有一只，来回需要半个小时，江边站满了要过江的战士。彭雪枫和政委商量后，马上向彭德怀报告了这一情况。

"你们设法迅速过江，三军团其他部队去皎平渡！"

皎平渡，金沙江上游的著名渡口，自古有之。商旅往来，从四川进入云南北部；进出西藏，其为必经之地。

在皎平渡口，红军靠着七只小船，日夜摆渡。经过七天七夜，三军团和其他红军于五月九日全部渡过金沙江。

蒋介石闻讯，大惊失色，急电麾下："在长江南岸堵截红军乃党国命运所系！"

可是，晚矣！一周后，蒋介石的追兵才赶到，只得望江兴叹。后来红军剧社根据这一故事编了一出话剧《烂草鞋》，讽刺国民党追兵到江边时，只拾到几双烂草鞋。

生死攸关，风雨兼程，泸定桥上感慨多

中央红军渡过金沙江之后，进入川南会理县境内。五月十二日，党中央在会理县城东北方向的铁厂村召开了政治局扩大会议，确定了下一步行动任务。

会理会议之后，十一团政委张爱萍调来当十三团政委，与彭雪枫开始搭班子。两人都是三军团的，相互熟悉。

一见面，就相互开起玩笑：

"好你个马上诗人，你看人鼻子都是朝天的，今天还是跑到我这里来啦！"彭雪枫笑道。

张爱萍也不示弱："彭雪枫啊，这个家伙，英雄主义得厉害！"

"哈哈哈！"

红军沿着安宁河谷向北，过冕宁，进入彝族区。由于一些历史原因，红军遇到了彝人阻拦。刘伯承和彝族"咕基"部落首领小叶丹在高原上一个湖泊边，歃血为盟，结为弟兄，从而使红军顺利通过。这为之后的强渡大渡河，赢得了宝贵时间。

彭雪枫等率十三团昼夜兼程，奔向大渡河。

最先渡过大渡河的是红一团。在团长杨得志的指挥下，在当地船工的帮助下，十七名勇士冒着敌人的炮火，从安顺场顺利渡过。

安顺场，原名紫打地，濒临大渡河南岸的一个小圩场。位于一个河谷地带，两侧是高山，是当年太平天国翼王石达开兵败的地方。

一八五七年，石达开率领二十余万太平军精锐负气出走，踏上了六年辗转征途。这是没有后方补给的流动作战，兵至大渡河，突遇山洪暴发，错过最佳渡河时机。四万农民军陷入绝境。一八六三年六月十三日，悲情英雄石达开无可奈何地留下"大江横我前，临流曷能渡"的悲叹后，带着幼子等人，走向清军营帐，最后在成都被处死。

湍急的大渡河水，沿着峡谷奔腾而下，恶浪激溅，狂涛咆哮，很远就能听到如雷般的声响。

走在峭壁间的羊肠小道上，彭雪枫和张爱萍互相搀扶着，谈论着石达开。

"石达开是个帅才，但意气用事，脱离天国，迟早要失败的！"

"蒋介石想让红军做石达开第二，做他美梦吧！"

"当然了，时过境迁，今日的红军非太平军，有党的领导，有广大指战员的英勇作战，胜利是一定属于我们的！"

傍晚，山风阵阵，十三团开始踏上泸定桥。在桥头的铁桩上，彭雪枫和张爱萍饶有兴致地看到铁桩上刻着"康熙四十四年岁次乙酉九月造汉中府金火匠马之常铸桩重一千八百斤"的字样。

最先过去的是红二师四团的勇士们。一九三五年五月二十九日下午，他们在团长黄开湘、政委杨成武的指挥下，冒着对岸敌人的弹雨，胜利地完成夺桥的任务，为后面的大部队扫清了前进道路上的障碍。

走在晃晃悠悠的铁索桥上，彭雪枫凝视着脚下奔腾不息的恶浪，仰天长叹："多少勇士长眠于此。红军每前进一步，都是以生命为代价的啊！"

大渡河上的泸定桥

红军渡过大渡河后，继续向北挺进。在天全河一带击溃四川军阀杨森的部队后，过芦山，来到宝兴县境内。

长征路上的第一座雪山夹金山映入眼帘。

位于川康边界的夹金山，海拔四千五百米。山下树木葱郁，花香四溢，是一片原始森林。而山上终年积雪皑皑，远远望去，宛如洁白的绫纱披在巨人的肩上。当地人说，大山也叫"神仙山"，意思是只有神仙才能过得去。

山脚下，彭雪枫站在一棵百年松树下，双手叉腰讲话，号召十三团要与神仙比一比。话毕，战士们人人手持一根棍子，迫不及待地开始登山了。

此时，艳阳高照。

这是六月十五日上午九时许。

彭雪枫和张爱萍一前一后，走在十三团的最前头。

"爱萍，知道元朝关汉卿的《窦娥冤》吗？"

"当然知道喽，你是说六月飞雪吧？"

"知我者，爱萍也！不过，那是关汉卿的浪漫主义笔法，今天我们要尝一尝真正的六月飞雪的滋味！"

"要得，要得。"

警卫员望着团长、政委爬雪山还谈论文学，偷偷地笑了。

越往上走，呼吸越困难，雪光映得人睁不开眼，脚底不断打滑，战士们不断跌倒。天气说变就变，开始是大雾，不一会儿是毛毛雨，最后，细雨携带飞雪，纷至沓来。

爬雪山的情景到底是什么样子呢？时任九军团司令部测绘员的林伟，在其日记中这样描述：

> 未至山顶，忽然一阵大风刮来，雨雪交加，云雾飞扬，弥漫于各峰，我们一个跟一个，用毛巾包着脖颈子，戴上眼镜，迈着均匀的步伐，一步步向上前行。大家也不说话，有些身体过于虚弱的同志，因为心脏有毛病，有的行至半山腰，呼吸增加，骤成喘息状态，身上打战噤，牙关交响，面呈黝黑色，有的经过急救无效就牺牲在这个大雪山上。

彭雪枫少年习武，体质好些。中午时，已到山顶，可扭头一看，张爱萍还在半山腰奋力地攀登着，肩上还扛着几支冲锋枪。

"雪人"彭雪枫在空气稀薄的山顶一边等着，一边给脚下的战士鼓劲：

"征服夹金山，英雄比比看！"

"红军战士铁打的汉，不怕风雪不怕寒！"

顺口溜激起风雪中战士们的斗志。

可在逶迤的山路上，彭雪枫还是看到了不想看到的一幕：几个战士像雕塑一般静静地躺在雪地里。

彭雪枫流下了难过的眼泪。

十分钟后，面色苍白的张爱萍气喘吁吁地上来了。

"老弟，你扛这些玩意儿干啥？"彭雪枫捂着脸问道。

"战士们牺牲了，我看丢掉挺可惜的，就捡起来了。"张爱萍喘着粗气说道。

彭雪枫无奈地笑了："我说老弟啊，部队在减员，你这枪给谁用啊？"

一阵风吹来，张爱萍缩缩脖子。也许是自责，也许是看到无情的雪山在吞噬着身边的战士，张爱萍双手一松，大枪朝山下滚去。

"爱萍，你身体不好，还是骑我的骡子吧。"彭雪枫关切道。

"不，不，我还能坚持，你骑吧，全团还要靠你指挥呢。"

两人争来争去，最后还是让重伤员骑了。

当晚，十三团和其他一方面军的战士在山脚下的达维村，见到了前来接应的红四方面军的将士。原来，红四方面军一部在三十军政委李先念的率领下，前来迎接。

红四方面军，是红军的主力之一。一九二七年冬，在鄂东北爆发的黄麻起义，诞生了红四方面军的源头"鄂东军"，后迅速壮大。一九三二年七月，蒋介石发起第四次"围剿"，红四方面军的"一把手"张国焘实行错误战略，造成失利。十月被迫向西转移。

一九三二年十二月，他们翻越风雪大巴山，在川东北开创以通江、南江、巴中为中心的川陕革命根据地。后来不断发展壮大。一九三四年春天，为策应中央红军北上，他们发动了嘉陵江战役，揭开了长征的序幕。

真是"初闻涕泪满衣裳"，彭雪枫和战士们一样喜极而泣，沉浸在相见的悲喜交加中。

一弯清月，斜挂雪山之巅，晶莹、剔亮。

六月十八日，红一方面军开进懋功。

懋功，又名"新街子"，是夹金山北麓一座数百户人家的小镇，居住着藏、回、汉三族人民。二十一日，在镇上一座漂亮的天主教堂里，红军总政治部举行了团以上干部的"同乐会"，庆祝两大主力会师。彭雪枫也参加了。

二十五日，在懋功北三十余公里的抚边，红军中两个重量级人物——毛泽东与张国焘，见面了。

红军长征途中，面临着三种灾难：一是自然灾害，二是国民党反动派军队的围追堵截，三是内部斗争。张国焘的分裂，是这三种灾难中最危险的一次。

六月二十五日，天空浓云滚滚，不一会儿，瓢泼大雨哗哗地下来了。面带忧色的毛泽东与朱德、周恩来等在雨中静候张国焘的到来。毛泽东和张国焘都是"一大"代表，已经多年不见了。

张国焘来了。

站在人群中的康克清，踮着脚，目睹了这历史性的一幕：

> 忽然一匹快马溅着泥水跑进会场，直奔主席台。会场入口处响起了鞭炮锣鼓声。只见三十几匹马小跑进入会场，那带头的无疑就是张国焘。他身材高大，四方脸，很有几分威严。他们到主席台边下马，随着他有四五个人走向主席台。这时全场唱起《庆祝两大主力会合歌》。

时年三十八岁的张国焘，讲话声音洪亮有力，有几处还颇生动，引来阵阵掌声。但他的一句"要在此地创造川康新局面"，令在场的毛泽东大吃一惊。

很快，在与朱德的谈话中，张国焘摸清了红一方面军的家底：人数不足一万，极其疲惫。而红四方面军有八九万人，兵强马壮。当意识到自己的强大后，张国焘的个人野心开始膨胀起来。拿实力说话的他，渐渐地不再把毛泽东等放在眼里。

晚饭时，靠边站的李德，遇到了张国焘。他这样描述：

　　张国焘，一个高大的、仪表堂堂的、四十岁左右的人，像主人对客人一样接待了我们。他显得很自负，看来已充分意识到了他在军事上的优势和在行政上的权力。

六月二十六日上午，中共中央政治局在两河口召开会议。会上，毛泽东与张国焘就红军"北上"还是"西进"展开了激烈的争论。毛泽东提出北上抗日，张国焘则提出西进创立川康根据地。最后，会议以少数服从多数的原则通过了毛泽东的主张。

不久，彭雪枫、张爱萍率十三团和红三军团一道，连续翻越几座雪山，于七月下旬到达毛儿盖地区，开始筹粮。十三团在毛儿盖地区滞留一个多月，直到八月下旬，才开始北上，后来才知道，是张国焘在从中作梗。

沙窝，一个美丽的藏寨。四周青山环抱，距毛儿盖不到十公里。

八月初，中央在这里召开政治局会议。会议重申了既定的北上方针，并把一、四方面军混编为左、右两个方面军。

左路军以原四方面军为主，由四方面军的九、三十一、三十三军和一方面军的五、九军团组成，由朱德、张国焘率领。

右路军以原一方面军为主，由一方面军的一、三军团和四方面军的四、三十军和红军大学组成，由徐向前、陈昌浩、叶剑英率领。

中央随右路军行动。

十三团随右路军开始踏上茫茫的草地。

红军走过的草地，位于今天四川阿坝藏族羌族自治州北部，纵长五百余里，横宽三百余里，是一片平均海拔三千多米的高原湿地，历史上这里属四川的松潘县管辖，所以也叫"松潘草地"。

红军走过的草地

彭雪枫、张爱萍沿着先头部队走过的泥泞小路，慢慢地向前移动。彭雪枫举起望远镜远眺，只见无边的草丛上面笼罩着阴森迷蒙的浓雾，分不清东西南北。草丛中河沟交错，积水泛滥，弥漫着令人窒息的臭气，黑茫茫的泽国，没有人烟。

彭雪枫的骡子上驮了两个人，一个是伤员，一个是十三团找的"通司"（向导）——一个身材瘦弱的藏族小男孩，为全团指路。小家伙扑闪着一双明亮的大眼睛，一会儿说这堆草边容易过，一会儿说那个水潭危险，逗得大家乐开了怀。

夜，宛如巨幅黑幕，慢慢降下来。草地的天气一会儿一变。白天，晴天丽日；夜晚，大雨倾盆。战士们被淋透了，凉风吹来，一个个瑟瑟发抖。彭雪枫把自己的油布取下，给伤病员披上。彭雪枫、张爱萍等几个人背靠背挤在一起，用体温互相取暖。地上湿漉漉的，坐着更冷，于是，他们一起在雨中站了一夜。

早晨起来发现，有坐在地上的战士永远地睡着了。彭雪枫、张爱萍走过去难过地摘下帽子，数度哽咽："安息吧，同志！"

由于草地气候多变，十三团管理主任周文龙病情更重了，几乎寸步难行。他后来回忆说：

> 红军过草地时，我从毛儿盖出发时患了腹泻病。先是挂着棍子走，后来靠人挽着走，再后来就由两人架着走。团长彭雪枫对我十分关心，他对我说："文龙同志，我因为前前后后指挥部队行动，我的马不能与你共骑。我让卫生队准备药品，并派得力的卫生员随你行动。你可一定要咬紧牙关，坚持和部队一起走出草地。"为防止敌骑兵骚扰，他还指定钱之光同志为组长，带四名组员携枪护送我，并且叮嘱护送人员不准把我弄丢了。

后来，在彭雪枫的关心下，周文龙顺利走出草地。

比寒冷更可怕的是饥饿。过草地的第四天，全团战士手中已没有了青稞面，开始挖野菜。彭雪枫早把自己的一点青稞炒面给了伤病员，挖来的野菜他都要先尝一尝，以判断是否有毒。杂草严重侵蚀了胃，从此，他留下了病根儿。

一个黄昏，晚霞万道。红一方面军政治部巡视员冯文彬，策马路过十三团宿营地。政委张爱萍看到了，笑着走过去：

"冯专员，是来我们这里会餐吗？"

"哈哈，我这有呢！"冯文彬跃下马，取下肩上鼓囊囊的布袋。

张爱萍眼疾手快，拿过布袋打开一看，原来是一袋牛肉干，不禁眉开眼笑。

"打土豪！打土豪！"张爱萍开起玩笑。

"哈哈，雪枫呢？耀邦呢？"冯文彬想起了老战友。

是夜，朗月如银。草地似乎变得温柔起来。四人席地而坐，围成一圈。

"你们知道东晋王羲之饮酒赋诗吗？"彭雪枫嚼着牛肉干，兴奋道。

"晓得，晓得，那可是一代风流啊。我们比不上古人，来一个望月吟诗吧。"张爱萍提议。

青春、友谊、激情、乐观碰撞在一起，叩响了四人心中的琴弦。

经过难熬的七天七夜，彭雪枫、张爱萍等终于率十三团走出了草地。

彭德怀半夜至军营，帽子一摔："张国焘这龟儿子要反了！"

红三军团走出草地，到达了巴西。

巴西位于山谷中，是个有一百来户藏民居住的小集镇。彭雪枫等率十三团在这一带布防。

一九三五年九月九日，一个让彭雪枫刻骨铭心的日子，也是中国红军历史上一个惊心动魄的日子。

夜幕降临。川西北高原的夜晚寂静一片。

彭雪枫和张爱萍刚刚躺下，忽然，远处传来一阵急促的马蹄声。二人急忙披衣下床，刚要出门，彭德怀走进来了。

"深更半夜，军团长有何重要指示？"彭雪枫感到事情不简单。

彭德怀脸色铁青，帽子一摔，坐到彭雪枫的床上，端起茶缸子咕咚咕咚喝了几口水。

"张国焘这龟儿子要反了，电令陈昌浩要解决中央和毛主席！"接着，彭德怀详细讲述了事情的来龙去脉。

原来，自从左、右路军分开行动以后，张国焘想分裂的阴谋就没停止过。

九日上午，张国焘亲自致电陈昌浩，命令陈昌浩立即带右路军南下。电文中说，如果毛泽东等不服从命令，应立即"彻底开展党内斗争"。

事也凑巧了。译电员译出时，陈昌浩正在一个会议上讲话。无奈，他只好交给参谋长叶剑英转交，并说明这是加急密电。

叶剑英是一个称职的领导，他自然知道这句话的含义。按照原则，他没有打开，而是直接带到会场，准备交给陈昌浩。

陈昌浩有个习惯，就是在讲话过程中，不喜欢被别人打断。他看叶剑英手里拿着一份电报走过来，要递给自己，脸色一沉：

"急什么，等一会儿不行吗？"

叶剑英皱了一下眉头，只好退下，回到自己的座位上。无意之中，他扫了一眼电文，大约一二百字的样子，但其中"开展党内斗争"等字眼，却像针一般扎了一下他的神经。他马上意识到这将是一场红军内部的斗争，如不制止，后果不堪设想。叶剑英当机立断，借口上厕所，迅速离开会场，疾步跑到附近的毛泽东住处，将电报交给了毛泽东。

毛泽东大吃一惊："张国焘要动真格了！"旋即，毛泽东等人火速赶往巴西附近红三军团的所在地牙弄，连夜召开紧急会议。

彭雪枫、张爱萍心有余悸地听完了彭德怀的讲述后，站起来坚定地说："请军团长放心，十三团誓死保卫党中央和毛主席！"

"好，现在命令你们马上在巴西河沿岸布防，掩护中央机关北上！"

机智的叶剑英，后来被毛泽东赋诗赞为"诸葛一生唯谨慎，吕端大事不糊涂"。

山坳里的笑声

九月十二日，十三团掩护军委纵队顺利抵达甘南迭部县境内的高吉。

高吉是个小藏寨，大约有二十多户人家。当天晚上，在寨子东头一间藏民居住的"牛粪屋"里，中央政治局召开了紧急扩大会议。会议通过了

《中共中央关于张国焘同志的错误的决定》，讨论了北上的任务和到达甘南后的方针。

在苏区的历次反"围剿"中，在军委作战局，在娄山关大战中，彭雪枫机智勇敢、战术灵活、办事得力，特别是巴西保卫党中央的关键时刻立场坚定的表现，让毛泽东颔首赞许。

哈达铺，甘南一个富足宁静的小镇。九月二十一日，中央红军在小镇的关帝庙里，宣布缩编为中国工农红军陕甘支队。这给彭雪枫带来一次机遇，使他开始走入红军重要军事领导人的行列。

原红三军团改编为第二纵队，彭雪枫任司令员，与第一纵队司令林彪、第三纵队司令叶剑英并驾齐驱。

全支队共七千多人。

第二纵队政委李富春，是一位老资格的布尔什维克。彭雪枫调侃地称他为"李老"，可实际上，他只有三十五岁。

"雪枫啊，三军团交给你了，你打算怎么带啊？"

"怎么就交给我了，还有您老嘛！"

一路上，二人开了不少玩笑。

三军团是中央红军的绝对主力，长征途中，与一军团左右开路，打了不少恶仗、硬仗，让自己当纵队司令，中央是多么器重和信任自己啊！彭雪枫感到肩上的担子更重了。

过渭河，驻扎界石铺，翻六盘山……在彭雪枫、李富春的率领下，第二纵队顺利走过来了。

一九三五年十月十九日，一个载入史册的日子。中央红军胜利到达陕北吴起镇，结束了两万五千里长征。小镇是为纪念战国名将吴起而命名的。

黄褐色的高原，光秃秃的山脚下，静卧着横七竖八的破窑洞，显得荒凉而古朴。

吴起镇旧貌

战士们走进镇里，看到一间窑洞门口挂着工农民主政府的牌子，土墙上写着"打土豪，分田地"的标语时，立刻欢呼起来：

"吴起镇到了！吴起镇到了！"

"到家了！到家了！"

欢呼着，脸上流下了激动的泪水。

彭雪枫抑制不住激动的心情，摘下帽子，深深吸口气，挥着拳头，对李富春连连感叹："走过十一个省份，跨越二十四条河，翻越十八座大山，终于有个落脚点了，我们胜利了！"

李富春也动情地喊了起来。

这晚，彭雪枫和李富春第一次住进陕北的土窑洞。

窗外，北斗高悬，繁星点点。室内，炉火熊熊，暖意融融。炕头上，两人兴奋地谈着长征以来的日日夜夜。

起风了，夜色朦胧中，远处山梁上隐隐约约传来一阵信天游的小调：

山羊绵羊五花羊，

哥哥随了共产党。

山羊绵羊白花花，

　　哥哥来到妹妹家。

　　……

　　到达吴起镇时，中央红军只剩下六七千人。大家的心情都很沉重。

　　数万红军，辗转十一省，历尽千难万险，终于到达陕北，这无疑是人类历史上的一次壮举。是什么原因导致蒋介石几百万军队，最后"望洋兴叹"呢？到达陕北后，面对美国记者斯诺的提问，毛泽东哈哈大笑："这首先是由于共产党的正确领导，其次是由于苏维埃人民的基本干部的伟大的才能、勇气、决心以及几乎是超人的吃苦耐劳和革命热情。"

　　此时的毛泽东，心境是开朗的。

　　后来，他满怀豪情地讴歌了长征：

　　　　讲到长征，请问有什么意义呢？我们说，长征是历史纪录上的第一次，长征是宣言书，长征是宣传队，长征是播种机。自从盘古开天地，三皇五帝到于今，历史上曾经有过我们这样的长征吗？十二个月光阴中间，天上每日几十架飞机侦察轰炸，地下几十万大军围追堵截，路上遇着了说不尽的艰难险阻，我们却开动了每人的两只脚，长驱二万余里，纵横十一个省。请问历史上曾有过我们这样的长征吗？没有，从来没有的。

　　一段悲壮的历史演绎了一个不朽的传奇！

　　一个惊天地泣鬼神的壮举感动着一代又一代的后来者！

　　革命的英雄主义与理想主义，激励着一群充满活力与激情的共产主义者。为了心中的梦想与希望，他们前仆后继，跋山涉水，一往无前地奔向自己心中的殿堂。

　　岁月的沙尘呼啸肆虐，但总遮不住它伟大精神的闪耀。

这，就是长征的魅力。

可是，红军的炕铺还没暖热，敌骑五个团就追来了。

消息传到吴起镇一个小球场南面的窑洞里，瘦弱的毛泽东猛地掐灭烟头，大手一挥："打退追敌，不要把敌人带进根据地！"

彭雪枫率部参加了这次战斗和不久后的直罗镇战役，战果辉煌。

十一月三日，中共中央为了统一陕北地区红军的指挥，决定撤销陕甘支队，恢复红一方面军番号。彭德怀任司令员，毛泽东任政治委员，下辖第一军团和第十五军团。第一军团下辖两个师，原红一军团的部队编为第一师，原红三军团的部队编为第四师，彭雪枫任四师政治委员，师长为陈光。

铁拳重锤的红三军团番号没有了！

"政委，咱们红三军团可是红军的一只虎啊！"

"到人家窝里吃饭，那还不受气？"

一时间，议论纷纷，尤其是红三军团的人都很生气。彭雪枫也纳闷，脾气有点急躁的他，也沉不住了："一军团凭什么'吃'了三军团？"不久后得知，是彭德怀提议将红三军团并入红一军团的。后来，彭雪枫才慢慢明白了彭老总的心思，不禁由衷钦佩他的伟岸胸襟。

和我军那个时代的许多将领一样，彭德怀出身寒微。可在他身上，丝毫看不到旧军队出身的匪气和官居高位后的贪图享乐。他严于律己，生活俭朴，与部属同甘共苦。他们都不是享大福的人，而是做大事的人。

红军到达哈达铺时，彭德怀主动提出把自己一手拉扯大的红三军团并入红一军团。这支由他领导的平江起义为底子的队伍，在经历了艰苦卓绝的万里长征后，初期的将近两万人，已剩下不足两千人。合并之际，当他看着这批与他生死与共、衣衫褴褛的弟兄，这个岩石一般的硬汉，落泪了。

难怪当吴起镇战斗胜利后，毛主席诗情泉涌，为他赋诗：

山高路远坑深，

大军纵横驰奔。

谁敢横刀立马？

唯我彭大将军。

后来，彭德怀知道后，谦虚地把最后一句改为"唯我工农红军"，成为一时佳话。

黄河呜溅溅，喜多，忧也多

陕北的隆冬来了。

雪花飞舞，给干黄的高原披上一层淡淡的银装。凛冽的朔风中，小号兵吹醒了梦乡中的四师官兵。

初到陕北，战士们还是破破烂烂的单衣，脚上也四处"开花"。清晨，彭雪枫早早来到训练场上，忽然一个战士惊喜道："看咱们的政委，脚上那双草鞋真漂亮！

霎时间，几百双眼睛齐刷刷地扫过来。只见干净的杂草编成带子，细密匀称，拧成大小合适的草鞋，鞋子前面还有两个漂亮的红缨子，显得格外耀眼。

彭雪枫像一个腼腆的乡村少年，笑了：

"同志们，长征刚结束，陕北条件也不太好，大家要自力更生，渡过难关。这只是暂时的，将来生活总会好起来的。大家说是不是啊？"

山谷中传来高昂的回声。

彭雪枫是一个爱整洁的人。在他的影响下，四师掀起打草鞋的热潮。不久，就解决了鞋子的问题。营房不足，他就号召四师官兵挖窑洞，一时传为佳话。

但这不是长久之计，日子久了，给养成了大问题。

一九三六年二月，中华苏维埃人民共和国中央政府、中国工农红军军事委员会联合发表《东征宣言》，组成中国人民红军抗日先锋军。

一九三六年的春天，似乎来得格外早。才二月，黄河就开始解冻了，几百里的河面上，大小冰块碰撞着，发出嘎吱嘎吱的崩裂声，声音响亮，很远都能听到。彭雪枫开始听说是在冰面上抢渡，后来又改成船渡了。

二十日晚，彭雪枫和师长陈光来到沟口渡河点，指挥突击队，准备偷渡。

此次东征，红一、红十五军团的渡河地点，是陕西省绥德县的沟口、清涧县的河口两个地方。

二十时许，彭雪枫抬起手腕，借着河面的反光，看看在娄山关战斗中缴获的敌人手表，还差两分钟，不禁笑了。

原来，在红军中，指挥员用的表都是打仗缴获的敌人的破旧表，式样各异，新旧不同，快慢不一。为此，部队战斗开始时，经常为时间发生争论。有时，上级批评下级迟到，下级不服气，说，照我们的表还提前到达哩！

毛泽东早有耳闻，这次，他也开了一次玩笑。十九日他向渡河部队发了一个电报："渡河时间不可参差，一律二十号二十时开始，以聂荣臻之表为准。"

聂荣臻是此次东征的红一军团政委。

夜晚的黄河显得肃穆，神秘。河水裹挟着大小冰块，喧哗着，缓缓向南流去。彭雪枫想起李白的诗句"黄河之水天上来，奔流到海不复回"，心中漾起一丝神圣和冲动。

小木船，羊皮筏子，到处影影绰绰。是夜，没有星星，没有月亮，河面上，只能听到船夫摇橹的哗哗击水声和船舷破冰的咔嚓声。羊皮筏子渐渐划向对岸，划着，划着，对岸突然传来一阵大雨落地般的枪声。"战斗打响了！"彭雪枫拔出驳壳枪，"快，再快点！"

偷渡变成了强渡，战士们像下山虎一般，向敌阵地纵深推进。

碉堡内的敌人纷纷溃退。

第二天，当初春的晨曦露出笑脸的时候，各路部队都登上了岸。彭雪枫和四师战士们一起欢呼着。阎锡山吹嘘的固若金汤的河防，顷刻间土崩瓦解。

旭日中，雄壮的歌声四处飘荡：

> 密云遮星光
>
> 万山乱纵横
>
> 黄河上渡过民族英雄们
>
> 摩拳擦掌杀气高
>
> 是我们铁的红军
>
> ……

三月下旬，四师攻打洪洞县城，彭雪枫知道那里有棵著名的大槐树，笑着对陈光道："我的祖宗还在这里呢。"可是，就是在这里，两人却发生了一件不愉快的事情。

时任四师通信主任的张震，讲述了事情的来龙去脉：

> 我随陈光师长来到城下，他指挥部队搭好梯子，正准备攻城，就在这时，彭雪枫政委却在后面命令号兵吹起了停止攻击的

军号。陈师长生气地说："走！回去睡觉！"从此，埋下了师长、政委不和的种子。

当时我不知缘由，事后才知道，中央在东征时曾考虑过"猛烈发展红军"的具体计划，拟把陕北的红八十一师同红四师合并，准备到山西后，正式恢复红三军团建制。原红三军团的干部对老部队、老番号有感情，听了很高兴，有的团还作了动员。

彭政委不同意强攻洪洞城的一个原因，就是为了减少伤亡，为日后扩大红军、恢复红三军团保存骨干力量。

这种思想在原红一军团干部中也存在。当时，方面军总部曾准备选调红一军团的青年骨干到红十五军团去任职，红一军团的一些师团干部接到通知后，却让他们藏起来，或派他们外出，不愿被上级派来的人挑走。

四师的作战区域是汾河流域，当时，阎锡山大部被十五军团牵制于北线，分身乏术，只得眼巴巴地看着红一军团进入汾河的富庶地区。

这一带的地主除了拥有大量土地、羊群外，往往甲第连云，几乎占半个村子。门前的几十匹骡马，连杂色的都没有，这可把四师的红军官兵看呆了。让彭雪枫高兴的是，四师在这里扩红就达一千三百多人。

三月下旬的一天，四师十一团开始攻打浮山县城。

此时，浮山县城已被红军包围，但城高墙厚，易守难攻。正当团长罗开桂和政委李志民站在前沿一筹莫展时，彭雪枫来了。两人像遇到了救星，喜出望外：

"彭政委，您来得真及时啊！"

彭雪枫点下头："彭总说，老蒋已派重兵进入山西，妄图加上阎老西将我们消灭在黄河以东。现在看，浮山县城墙坚固，而我们的火力不足，时间又紧迫，所以我认为，只能智取，不能强攻。你们以为如何？"彭雪枫用征询的目光望了两人一下。

"好！既避免攻坚伤亡，又达到筹粮筹款的目的。"李志民兴奋地说。

"只要我们充分做好武力攻城准备，同时，又大造舆论，攻心为上，就一定能取得胜利！"彭雪枫挥了一下手。

十一团雷厉风行，挖地道，扎云梯，并进行攻城、爆破演习。彭雪枫亲自拟写标语、布告，向四周群众张贴、散发。战士们在夜深人静时向城内国民党军喊话，用弓箭射给国民党县长"公开信"，发出最后的"通牒"。

城内的地主老财果然害怕了。

下午，城内一片寂静。正当大家纳闷之际，只见城楼一个垛口处，站着一个肥胖的老头，战战兢兢地喊道：

"红军长官，手下留情，有事好商量，鄙人愿为贵军效劳！"

"你是何人？"彭雪枫走上前问道。

"长官，鄙人就是浮山县县长。"

"你是县长？那好，你想为红军效劳，就要答应我们两个条件。"

胖县长点头哈腰："请长官放心，鄙人一定照办！"

彭雪枫让李志民喊了话。果然，不到三天，大洋三千、布匹五百；不准向小商贩、贫民摊派，这两个条件都兑现了。

不战而屈人之兵，正是彭雪枫的用兵之道。

四月中旬，蒋介石派了十个师，分两路进入山西，阎锡山也派了五个师又两个旅南下，企图南北夹击。毛泽东看到东征目的达到，遂鸣锣收兵，回师陕北。

五月十三日，在延长县大相寺，毛泽东主持召开了红一军团团以上干部会议，主要批评红一军团中存在的本位主义和红一、三军团的团结问题。彭雪枫因红三军团的番号和陈光产生了不快，在会上也作了自我批评。

如小鱼游入大海，不料，好景不长

一九三六年六月一日。阳光明媚，清风荡漾。

瓦窑堡米梁山。

在几孔石砌的窑洞前的空地上，中国工农红军大学（简称"红大"）开学典礼正在举行。毛泽东站在主席台上，饶是风趣地说：

"同志们哪，古人云：'洞中方七日，世上已千年。'你们可成神仙了。好好'修炼'吧。天下无事，你们就在这里参禅悟道；天下大乱，你们就出洞下山，救苦救难。我们参的是马克思主义之'禅'，悟的是中国革命之'道'。"

话毕，一片掌声响起来。

彭雪枫也在人群中。这年五月，彭雪枫被调往中国工农红军大学学习。这是毛泽东为抗战储备干部的战略手段。他想把红大办成中国第二个黄埔军校。为此，他任命黄埔军校毕业的林彪为校长。

红大第一期分三科，彭雪枫被分在第一科。这一科的学员也最令人瞩目。全班有三十八人，全是师级以上干部。同班中，有科长陈光，政治委员罗荣桓，还有罗瑞卿、谭政、刘亚楼、张爱萍、黄永胜等人。

这是一个名副其实的将军科。一九五五年授衔时，最低军衔也是中将。他们平均年龄在二十七岁以上，人均有三处伤疤。

红大在世界上是独一无二的。它的独特魅力吸引了一个外国人的目光。他，就是美国记者埃德加·斯诺。斯诺是第一个进入红色根据地采访的西方记者。

他在著名的《西行漫记》中这样写道：

　　以窑洞为教室，石头砖块为桌椅，石灰泥土糊的墙为黑板，校舍完全不怕轰炸的这种"高等学府"，全世界恐怕只有这么一家。

　　我们是在文娱时间里到的，有的学员在两个球场上打篮球，有的在保安城外一条黄河支流旁边草地上的网球场上打网球。有的在打乒乓球，有的在写东西，读新到的书报，或者在他们简单的"俱乐部"中学习。

文中提到的打网球的正是彭雪枫、张爱萍等人。对此，张爱萍后来回忆道：

　　斯诺也来过，看到我们打网球，很吃惊，给我们照了相。我们问他美国是什么样的。他说，就像一块奶油吊在房梁上，只能去舔。

红大实际是中国革命的研究生院，选修的课程有马列主义、哲学、战略学、战术学……都是关于中国革命与战争的。学员采取听课、研读、讨论的方式，和今天的硕士、博士学习方法差不多。

　　七月初，红大又迁至保安县城东南的山边石洞。

　　当时，学习有"两苦"：一是条件艰苦，"黑板"是抹上锅灰的石壁，白天在大树下上课，背包当凳子，膝盖当桌子，晚上睡石炕；二是生活清苦，吃不饱，饭碗里清汤寡水，没油水。中央和军委下很大力气到处买肉，来改善他们的生活。

　　毛泽东知道，他们都是革命的未来啊！

　　一个烈日炎炎的下午，时任中央宣传部部长的陆定一，兴冲冲来学校说："同志们啊，红军长征是一段很重要的历史，你们都是亲历者，大家有空时都写一写，给后人留点资料。"学员们笑一笑，没当回事。不久，杨尚昆来催了，还是没人响应。之后陆定一又来催，人群中有人道：

"大家学习忙，没时间写这个东西，另外，也不知道如何写。"

"鲁迅先生说，时间是海绵里的水，只要用劲挤，总是有的。不会写，我可以教你们！"

再推脱，就说不过去了。于是，大家也就慢慢写起来了。

张爱萍回忆说，我是有点应付的，彭雪枫写得最好，他的名篇《娄山关前后》就是这时写出来的。

可是，好景不长。

一天上午，彭雪枫突然接到毛泽东的通知，要他随叶剑英、潘汉年等去西安做张学良的统战工作。

也许，早年他在西北军官子弟学校求学时，对冯玉祥、商震等军阀的洞察比别人多一些；也许，他善讲道理的美名早已在红军中传开；也许，他英俊干练的形象，适合统战工作。毛泽东、周恩来把信赖的目光投向了这位儒将。

戎马倥偬五六载，整日挥戈马上行。学习的时间不足月余，就要挥手告别，这对于求知若渴的他来说，真是近乎残酷。

没办法，军人以服从命令为天职。

从横戈马上到同国民党高级将领舌战周旋，似乎是风马牛不相及，但体现了彭雪枫潜在的非凡能力。他，赢得了毛泽东等中共中央高层的信赖。这，成为他革命生涯的第二个转折。

夏夜。月牙穿过黑魆魆的树林，窥视着大地。几颗闪亮的星星，眨着深邃的眼睛，高高地悬挂在天宇。夜幕下的群山，像巨兽一般安然入眠了。

这是保安郊外的晚上。

彭雪枫独自一人，披着月光徘徊在高原的一个山坳里。

对于这位民国四大公子之一的张学良少帅，彭雪枫并不陌生，知道他昔日是个纨绔子弟，但皇姑屯事件、九一八事变使他如梦初醒。迫于蒋介石"攘外必先安内"的方针，他把枪口对准了红军。

在陕北，他充当蒋介石的"过河卒子"。本来，放弃东北三省，已让他背上不抵抗的骂名，直罗镇战役中东北军一〇九师覆灭、师长牛元峰被击毙的结局，更使他孤立无援。

"决不能为蒋介石当炮灰！"爽直的东北军士兵呼声如潮，张学良开始幡然醒悟：国人不该内残！否则，小日本就会坐山观虎斗。民族大义，家仇国恨，让他想起了"和为贵"这句古训。

经过地下党员刘鼎的努力，张学良与周恩来在延安举行了秘密会谈。接着，应张学良的请求，中共中央派出高级代表赴西安，共商抗日大计。

月儿下去了。一缕清风吹来，凉凉的。一丝倦意袭来，彭雪枫向山下慢慢走去。

第六章　夜幕下的星光

大海永不睡眠，大海的清醒不眠给失眠的灵魂带来安慰。

——纪伯伦

古城疾风劲，亲情晚来急

一九三六年初秋，黄土高坡上，火辣辣的太阳恣肆地烘烤着大地。

山脚下的一条土路上，一行八人，装束奇特，缓缓向前。为首者是一个派头十足的国民党团长模样的人，旁边的人一袭黑衣，腋下夹着皮包，一看就是秘书的打扮。

这正是化装后的彭雪枫等人。

一路上，大家你瞅瞅我，我瞧瞧你，尽兴开怀。

"蒋介石是老狐狸，张学良也是心知肚明的，咱们来个将计就计！""马夫"叶剑英笑道。

"张汉卿也是一条血性汉子，很讲义气，刘鼎在那里很受欢迎！"说话者是"秘书"潘汉年。

"风水轮流转。红军一直挨打，现在到了陕西这块宝地，该我们出口气了！"

"副官"的一席话，引来大家的一阵笑声。

"副官"就是彭雪枫，此次西安之行，他化名彭雨峰。

一路上，他们先步行，接着改乘东北军汽车。两天后，顺利到达西安。

这是彭雪枫第一次到西安。

古都烟云，大唐气象，俱往矣，但岁月的印痕，仍然依稀可辨。华灯初上，车水马龙，秦砖、汉瓦、老城墙，还有巍峨的大雁塔隐约可见……走在熙熙攘攘的大街上，大家指点着，嚷嚷着，不由得驻足片刻，多了几瞥欣赏的目光。

"春风得意马蹄疾，一日看尽长安花。"谙熟文史的彭雪枫，吟起孟郊的佳句。

是晚，彭雪枫一行住在金家巷一幢别墅内，主人是张学良的卫队长孙铭久。彭雪枫来西安的目的，不是见张学良，而是取道西安，前往兰州，晋见甘肃省政府主席于学忠。

原来，此时跋山涉水的红二、四方面军很快就到甘肃境内了，疲惫的红军如果遭到于学忠部伏击，后果将不堪设想。窑洞内的毛泽东来回踱着，香烟袅袅中，他奋笔疾书。

大西北的壮美风光，让彭雪枫赞叹不已。

兰州，西北重镇。皋兰山蜿蜒起伏，滔滔黄河穿城而过。还有一首唐朝诗人岑参留下的千古诗句：

> 古戍依重险，
> 高楼见五梁。
> 山根盘驿道，
> 河水浸城墙。
> ……

在翠竹掩映的一栋官邸内，彭雪枫见到了于学忠。

于学忠，四十六岁，山东蓬莱人，东北军将领。一九三五年被蒋介石任命为西北"剿总"第二路军总司令。

于学忠与彭雪枫寒暄之后，打开了毛泽东的亲笔信：

　　于主席勋鉴：

　　两军相处密迩，未能通候，甚以为歉。凤稔先生热诚爱国，对日抗战早具同心，而西北停战议和，首先贵我两军停止自相残杀，实为刻不容缓。兹派彭雨峰君晋谒崇阶，申述敝方联合救国之旨，敬祈不妄赐教，指示一切。抗日合作成功之日，两军之利，抑亦民族国家之福也。专此。

　　　即颂

　　勋祺。不一。

毛泽东

九月二十二日

看罢来信，于学忠眉宇舒展，朗声笑道："润之先生客气了，雨峰君请用茶！"

之后，彭雪枫直奔主题："于先生，雨峰远道而来，想求教先生。"

"不必客气，请讲！"

"当下，红军刚到西北，立足未稳，而东北军奉蒋某人之命，互相致残，局势纷乱，请问于主席今后有何打算？"彭雪枫目光中饱含期待。

于学忠眯缝着眼，深思着，走下太师椅，手捻胡须道："西北军非蒋介石嫡系，长期备受压抑，与红军作战，实乃蒋某借刀杀人，敝人是一清二楚的。因此，此非长久之计，与贵军，与我，皆不利也！"

彭雪枫微微颔首。于学忠接着道："当前，小日本虎视眈眈，华夏河山儿破碎也，有良知的中国人，难道看我同胞任贼子的铁蹄蹂躏吗？"于学忠声语急切，胸脯一起一伏。

大厅一阵寂静。

良久，于学忠转身望着彭雪枫，动情道："雨峰君，您意下如何？"

"孝侯先生所言极是，人人皆是父母生，大敌当前，为何血溅同胞？窝里斗，实乃民族悲哀！"彭雪枫呷了一口茶，眉头微蹙，继续道，"日本，乃虎狼之国，挑起事端，占领我东三省，现觊觎关内，恐战争难免，红军主张联合抗敌，才是炎黄子孙之幸事！"

"高见！高见！于我心有戚戚焉！"于学忠连声赞叹，亲自给彭雪枫斟上一杯绿茶。

一个豪爽仗义，一个儒雅健谈，双方相谈甚洽。

不久，于学忠为红军大开绿灯：苏联援助红军的物资经过河西走廊，他大力协助。三个月后的西安事变中，于学忠积极站在抗日的立场上。

离开兰州，彭雪枫匆匆返回西安，协助叶剑英做东北军的工作。

闲暇时分，彭雪枫和叶剑英等一起领略了古都的风韵：西周车马坑、仓颉造字台、贵妃洗浴华清池……厚重的文化底蕴，让他们流连忘返。

独在异乡为异客。闲暇之余，走在幽深的小巷里，目睹青冉冉的一排排瓦房，寻常人家上空飘起的炊烟，天真烂漫的孩童追逐嬉闹的场景，彭雪枫脑海里飘过一缕思乡的愁绪。

自一九二八年离开故乡，掐指算来，已八载有余了。爷爷、爹、妈他们怎么样？"烽火连三月，家书抵万金"，于是，索性修书一封，以释心中思念。

十余天后。

彭修学带着家人的嘱托，来到了西安。

兄弟相见，有说不完的话。当晚，在西安一家叫"世界大旅社"的旅馆，两人畅叙衷肠。

"大哥，你知道接到你的信，家里有多高兴吗？"

"路上顺利吗？"彭雪枫给彭修学剥了一个橘子。

"这年月，兵荒马乱的，从南阳出发，一路尽是兵，唉！"

"咱爷和爹、妈他们身体好吗？"彭雪枫迫不及待地问道。

彭修学慢慢低下头，哽咽了半天，咕哝道："咱爷身体不如从前，咱爹还行，咱妈……"言毕，呜呜地哭起来。

彭雪枫已明白几分，"子欲养而亲不待"，他搂着兄弟的肩膀，失声痛哭起来。

原来，彭雪枫的母亲已于一九三〇年五月因病去世。那时，他正在从上海去往苏区的路上。

堂倌（旧时在公共场所供茶水、打杂差的工役）来了，两人才缓过神来。

"咱五叔也不在了。"

"什么？"彭雪枫大吃一惊，"为什么？"

李宗仁在其回忆录中，讲述了事情的原因：

> 此人原系一文人，但是他当了七县民团总指挥之后，却一本"治乱国，用重典"之义，大开杀戒。凡查出一家有匪，则阖保皆诛。因此杀人如麻，而地方匪患赖以肃清。此人对地方革新建设颇有心计。如开水利、兴教育、放缠足等，看来还办了一些"政事"。所以他杀人虽多而豫西人士对他却称颂备至。不幸他结怨太多，终为仇人刺死。

男儿有泪不轻弹，只是未到伤心处。想到五叔对自己的恩情，彭雪枫泪水涟涟。

晚上，两人同榻而眠，手足情深，有说不完的知心话。夜深了，两人还在窃窃私语。

不知不觉，窗外，夜幕渐渐褪去，远处传来雄鸡啼鸣。

就在彭雪枫想带彭修学在西安痛快地玩一玩时，突然接到周恩来的来电，要求他近日返回保安。无奈，彭雪枫留彭修学住了四天，就匆匆送他返程了。

牢记毛泽东的叮嘱："对人诚恳是不会失败的！"

十一月上旬，彭雪枫和叶剑英一起回到了保安。

初冬的黄土高原，山寒水瘦，一片肃杀。光秃秃的枝丫，在寒风中瑟瑟抖动。空中翱翔的鸟儿，啁啾不已。一望无际的原野上传来激越粗犷的信天游。

毛泽东站在窑洞前，伸出热情的大手。一阵寒暄过后，毛泽东坐在"泥凳子"上，点着一支烟，若有所思地说："那个于学忠，来自孔孟的故乡，还是有点爱国心的，但这次你去见傅作义，就不同了。"

过了一会儿，彭雪枫微笑道："还是请主席明示吧！"

"你看这个！"说着，毛泽东转身从挂在墙壁上的布袋里取出一封信，"这是我写给傅作义的，你带上，让他介绍你去认识阎锡山。"

彭雪枫接过信，扫了一眼，小心翼翼地装在口袋里。

"山西是阎锡山的地盘，我们将来要抗日，就要到山西。所以，做阎锡山的工作意义深远。"毛泽东是深谋远虑的，接着道，"阎锡山很狡猾，要见机行事！"

"我记着您的嘱托！"

"另外，办事要灵活机智，多学习。"

不知不觉，已经过去了半个小时。

"送君千言，一句话，无论走到哪里，对人诚恳是不会失败的！"毛泽东最后叮嘱道。

走出窑洞，已是晌午时分，云缝里斜漏下的阳光，照得人浑身上下暖洋洋的，天空中飘着撕碎的云片，思绪绞着阳光，在彭雪枫胸中翻飞、跳跃：对统战，主席两次面授计宜，并且写信转交，足见中央的重视。

又要去绥远，彭雪枫忆起那次塞外之行，要故地重游，别有一番滋味涌上心头。

在绥远，彭雪枫见到了傅作义，当把主席的信交给这位有"布衣将军"之誉的将军后，傅作义二话不说，当即给阎锡山修书一封，交给彭雪枫，事情如此顺利，彭雪枫惊喜不已。

十一月十二日，太原城，风清日丽。

这是彭雪枫第一次来到太原。

太原，春秋时称"晋阳"，因防御北方匈奴而地位凸显。东汉辞赋家冯衍称太原为"东带名关，北逼强胡，年谷独熟，人庶多资，斯四战之地，攻守之场也"。李白称太原为连接四塞的要冲，控制五原的重镇。自汉魏以来，乃兵家必争之地。

古朴的老城，给彭雪枫留下什么印象呢？他在后来发表的一篇杂感《说太原》中，这样描述：

> 街道虽然不宽可是并不紧张，车马虽然不少可是并不繁嚣。晚饭之后，大街之上，按部就班的悠然徘徊，怡然神往。沉静、朴厚，使你不得不把北平和太原拉在一堆来"品味"。像西安，那"张狂""繁杂"叫人总起一种不快之感！所以我说：西安是上海的缩小，北平算是太原的扩大吧。

舒缓、轻松的文字，可以看出，彭雪枫"出使"太原的心情：自信，喜悦，充满期待。

夜色沉沉，一座晚清建筑风格的深宅大院内灯火通明。这是阎锡山私邸。

阎锡山的亲信、谋士济济一堂，但一个个愁眉苦脸，长吁短叹。

"表舅，当前，日本人来势凶猛，要不，与他们……"一个西装革履的中年男子，挪动着屁股道。

阎锡山缓缓地扭过头一看，是姨家表侄梁化之（从中学时起，梁就在阎家生活，大学毕业后，在阎身边当机要秘书，阎的印章他随身携带，大权在握）。

"投降小日本，当卖国贼，那是千夫所指，可耻！"阎锡山脸色涨红，愤愤然的样子，摇摇头。

"要不，与蒋介石合作？"一个戴眼镜的秃顶老头怯怯道。

"迎蒋？那是引狼入室，自毁家门。"阎锡山冷笑一声。

室内，久久的沉默。

"共产党、蒋秃子、小日本，在三个鸡蛋上跳舞，踩破哪一个都不行啊！"五十三岁的阎锡山，拖着浓浓的乡音，重复着他的"三个鸡蛋理论"。

当时，日本侵略者向华北步步紧逼，山西遭到侵略不可避免。与日本侵略者的矛盾就成为主要的、不可调和的矛盾，并且随日军的紧逼而激化。与此同时，阎与蒋的矛盾也凸显出来。虽然在反共这一点上，他们是臭味相投，但蒋介石一心想吃掉山西，于是一面暗地策动河东道独立，一面收买阎的高级军官。这样，阎、蒋的矛盾激化了。

阎锡山可不是省油的灯。他是一个老谋深算、精于权术的地方实力派军阀。他在山西经营了二十多年，在"西北实业公司"的名义下，办了三十五家大企业，修了同浦路，还有银行、钱庄之类。他的全部家当和势力都在山西。

他用重金笼络了一批文化人，就像古代帐中军师、绍兴师爷式的人物。他们帮助阎锡山把统治权术上升到理论。"三个鸡蛋理论"就是他们的"智慧"。还有所谓的"二的哲学"，即唯心主义的中庸哲学，它的目的在于平衡或制造各种力量之间的矛盾，便于自己从中取利。他曾言："一切事情都不能做得太绝了。抗日要准备和日，拥蒋要准备拒蒋，联共又要准备反共。"

他随时权衡利弊，改变策略。一切都是为了自己的利益。

人群中有人道："那，最终得选择一个呀！"

"降日、迎蒋不是好办法，抗日、拒蒋又没有力量，看来，只好找暂时的同盟者，借用中共的力量才是唯一的出路呀！"说完，阎锡山重重地坐到太师椅上，长叹一声。

最后，经过现场表决，三十一票对七票，同意联合红军抗日。

无巧不成书。喧闹之际，副官匆匆赶来禀报："中共代表彭雨峰和南汉宸前来拜访！"阎锡山微微一怔，大声道："有请！"

话音刚落，一个响亮的声音从门外传来："百川先生，久仰！久仰！"彭雪枫二人大步流星，已迈进门槛。

双方坐定，阎锡山好奇地对彭雪枫上上下下打量一番，惊讶于彭的不凡气度。

"雨峰老弟，相貌堂堂，一表人才，实乃贵党的福气啊！"

"百川先生过奖！吾党领袖毛润之先生，对您一向多有信赖，派雨峰前来拜访，转达对您的美意。"

"不必客气，你我都是华夏儿女嘛！但且说去。"

"恕我直言，同室操戈，自相残杀，实乃民族的悲哀也！大敌当前，携手抗日，才是国之幸事啊！"彭雪枫毫无惧色，侃侃而谈。

"贵军口口声声说抗日，可以前骚扰我晋中父老，今天又要联合，三天两头变化，是何用意啊？"阎锡山眼睛滴溜一转，耍起了滑头。

"中国有句古话，叫此一时，彼一时也。红军是和贵军有过摩擦，但时过境迁，我想，百川先生还不至于为此事仍耿耿于怀吧？"说完，彭雪枫仰身哈哈大笑起来。

阎锡山面色微红，支吾道："这个……这个……"

阎的侍从、幕僚们，面面相觑。

"国难当头，一致对外，共同抗日，才是大计，请百川先生深思定夺！"彭雪枫言辞恳切，让阎锡山和在场的幕僚微微动容。言毕，他递上一封傅作义的亲笔信。

阎锡山阅罢，桌子一拍，当即令其亲信梁化之安排此事。

在一座偏僻的官邸内，窗帘紧闭，灯光幽暗。

彭雪枫同阎锡山的全权代表梁化之，经过秘密磋商，达成三项共识：一是在太原建立红军秘密联络机构；二是彭雪枫与中共中央的通信联络交通，由阎方签发护照，保证安全；三是在建立电台前，空中联络先使用阎方电台。

时任国民党政府军事委员会副委员长、太原绥靖公署主任的阎锡山，深知联共的利害。特殊的身份决定他必须小心从事，否则，一旦让蒋介石与日本人的耳目知晓，局面将不堪设想。

为此，他采取了极端保密措施，命梁化之与彭雪枫保持单线联系。

联络站的办公地点，最初设在首义门内"基督教青年会"后院六号。彭雪枫化名涂秀根。当时，为彭雪枫租房的一名地下党，这样描述眼中的彭雪枫：

> 他约有三十来岁，中等身材，两颊略带健康的红晕，面目清秀，举止潇洒，分明是个文人……

十二月十二日，震惊中外的西安事变爆发。阎锡山闻讯，长出口气，秘密和中共联络的压力稍有减轻，但彭雪枫感到，路漫漫其修远兮。

彭公馆里有条不紊，声波飞向宝塔山

一九三七年二月十四日。

朔风呼啸，雪花纷飞，整个太原城笼罩在白茫茫的世界里。大街小巷，贺岁的鞭炮声震天动地，此起彼伏。

这是农历大年初四。

彭雪枫早早起床来到院中，呼吸着清冽的空气，感受着节日的喜庆气氛。突然，脑海中闪过一个念头：过节了，该去梁化之处拜访一下。一则祝贺，二则问问进展。于是匆匆返回屋中，疾书一封随身带上。

十八日，秘密交通员宋绍林来到临时联络站，带来毛泽东的两封亲笔信：一封是给彭雪枫的，另一封是给阎锡山的。

当天晚上，梁化之悄然来访。寒暄之后，彭雪枫当面将毛泽东致阎锡山的亲笔信转交，并谈开店之事。

翌日一早，梁化之兴冲冲赶来相告，阎锡山已同意开设电台等诸事宜。

送走梁化之，彭雪枫沉浸在激动的喜悦中：事情终于有眉目了。

二十三日夜，彭雪枫在灯下给延安的毛泽东写了一封汇报信：

毛主席：

（一）电台及工作人员和我即找一独门独院的秘密房子。他和公安局说明找房子不成问题，并云双方既已开诚相见，何必另外派人同住，今后只有彭、梁二人发生直接关系。

（二）关于开店，以布庄为宜，门面以在背街为好，一切营业诸手续，待人到时办理。

（三）今后购买货物粮食，由贾秘书长发给护照，可按货物之出产地相机分往采办。

以上均以人员可靠、保守秘密为绝对的原则。

……

细心的彭雪枫，沉思良久，又写下两点建议。

窗外，湿冷的寒风呼啸着，门闩发出咯噔噔的声音。室内，炉火红彤彤的，映着彭雪枫英俊的脸庞。

趁交通员回延安之际，彭雪枫带工作人员周小舟等，上街购买了书籍、牛肉罐头、汾酒等，同时捎回延安。

毛泽东品着清香四溢的汾酒，朗声笑道："满足彭雨峰同志的要求！"

三月十九日，电台台长岳夏、报务员李建华、译电员钟金辉、勤务员雷智修、警卫员程朝先等一行九人，化装成普通老百姓，在交通员宋绍林的护送下，顺利抵达太原。

他们先住在山西饭店。不久，随彭雪枫等迁往新满城街三十号一座比较僻静的独门四合院内。为了隐蔽，所有人员组成一个"家庭"，对外称"彭公馆"，户主彭雨峰，是上海一家公司的副经理。

时任"彭公馆"总务科长的张震，后来这样回忆道：

为了适应秘密工作需要，我们更名换姓，称兄道弟，就像一个大家庭。彭雪枫就用原名彭修道，我们称他为修道兄。电台台长兼秘书岳若遐曾用名"岳夏"，便改称为岳公远。他妻子李建华是报务员，是江西新淦地下党的干部，在中央苏区时我们就认

165

识。开始，以他们夫妇的名义租了房子，对外作掩护。雪枫的警卫员是从庆阳步校学员中选来的一位副连长，叫程朝先。雪枫借用《诗经》里"鹤鸣于九皋，声闻于中天"的典故，为我取了个化名叫"中天"。

闲暇之时，彭雪枫身着黑色长袍，脚蹬锃亮的黑皮鞋，搬把太师椅，坐在公馆的大厅内，煞是气派、悠闲。同时，还有梁化之的暗地关照，外人很难察觉这是共产党的联络站。

三月二十四日，他们成功地安装了一部五瓦特的秘密电台，在一片欢呼声中，声波嘀嘀嗒嗒响起来，随风飞向延安。

四月，彭雪枫在太原西萧墙北二府巷三号建立了"春和申"商店，与其他商行做起布匹、面粉、小米等生意，为陕北红军物资供应提供便利。

彭雪枫"出使"太原，与老奸巨猾的阎锡山斗智斗勇，赢得了初步的胜利。

春光烂漫，行走在平、津、济的大地上

韶光四月，春和景明，莺歌燕舞。

闲暇时刻，彭雪枫偕岳夏等出去逛街，看电影，品尝山西小吃……生活颇有几分闲情逸致。

可就在这时，延安突然来电，要彭雪枫去北平、天津、济南等地，向这些地方的地下党组织传达中央的相关精神。同时，调查一下华北地区日、伪、国民党军的政治、军事动态。

这一任务怎么会落到彭雪枫的头上呢？

原来，此前为了工作，彭雪枫还身兼中共中央北方局华北联络局书记

一职。联络局主要做情报和统战方面的工作。

北方局，是中央在华北地区的派出机关，主要领导地方党组织和群众工作。

当时的华北，被小日本虎视眈眈，觊觎已久。蒋介石在西安事变中虽然口头承诺抗日，但他骨子里流淌的仍是"攘外必先安内"的血液。伪军素来有趁火打劫的习惯。

政治雾霾，重重叠叠。作为一支独立的政治力量，共产党又是如何面对的呢？

一身灰土布的毛泽东，站在地图前，盯着战略要冲的平、津、济一带。他要了解这一带的动向，可是，派谁去呢？他的眼前浮现出了彭雪枫英姿飒爽的身影。

离开太原之前，彭雪枫把手头的账目清点了一下。这些款项主要是国统区民主人士、共产党的同情者的捐款，以及延安委托他在国统区购买军需物资之款。

这其中凝聚了多少人的心血啊！

在这灯红酒绿的都市，他牢记毛泽东的警醒："苦久的人遇风华必心动！"

他把持住了自己。

五月二十六日晚。太原火车站，人声嘈杂。彭雪枫在岳夏等人的祝福声中，踏上去往北平的列车。

二十八日晨，彭雪枫取道石家庄，抵达北平。

北平是彭雪枫的第二故乡。踏上这片熟悉的厚土，彭雪枫的心海涨潮了。但他无暇故地重游，第一时间约见了北平北方局的负责人。

交代完工作之后，彭雪枫想到了育德同学方中铎。于是，通过北平地下党查到了方中铎的电话。在中山公园的门口，阔别七年之后，二人喜相逢。

一些在北平的育德同学也闻讯赶来。彭雪枫从方中铎等人口中得知，育德同窗张维翰在山东。彭雪枫当即写信，邀请他北上晤面。

在等待张维翰来北平时，彭雪枫还到协和医院检查了一下身体。

不久，张维翰来了。华灯初上，在一家全聚德烤鸭店内，几个人喊喊喳喳，格外热闹。

"修道兄，红军经历了千辛万苦，能讲给我们听听吗？"

"小菜一碟！"彭雪枫神采飞扬，滔滔不绝。从红军反"围剿"开始，一直讲到红军爬雪山，过草地，到陕北。

惊心动魄的故事，让听者动容，啧叹不已。不知不觉，已是夜半时分。

交谈中，当彭雪枫听到济南以共产党员朱晦生、育德同学王志远为核心开展兵运工作的情况后，不禁大喜，决定前去济南看看。

六月五日，彭雪枫、张维翰一行抵达天津，住在一育德同学家里。

两天后，两人又风尘仆仆赶往济南。

济南号称"泉城"，以泉多而闻名。初夏时节，绿树掩映，泉水叮咚，风景煞是迷人。彭雪枫无心留恋趵突泉、大明湖等名胜，和王志远、朱晦生等十余人一起，立即召开座谈会。

"大家畅所欲言，谈一谈，以释心中悬念。"在王志远的家中，彭雪枫热情道。

随后，彭雪枫认真地向大家讲解国内外政治、军事形势，以及国共合作的统战政策。

此前，韩复榘军中地下党员朱晦生和王志远等人，成立了一个抗日团体"志宏坚拔"，周围团结了三十多名中下级军官，抗战工作开展得有声有色。

会后，根据彭雪枫指示，"志宏坚拔"改名为知行学会，其宗旨由"非联共无以抗日"改为"非拥共无以抗日"。从此，该会走上拥共抗日的道路，在韩复榘军中影响渐大。

六月十一日，彭雪枫又赴鲁西北聊城。

当时，聊城地下党同国民党CC派（中央俱乐部）的斗争如火如荼。彭雪枫了解后，马上叫停，向他们讲述了眼下中央的精神。

他了解到，早在宋、明、清时，该地区都有过农民起义，民风强悍。彭雪枫判断，一旦抗战爆发，地处冀鲁豫三省交界处的鲁西北，必成战略要地。于是，他马上指示，要团结专员范筑先，做好统战工作。

不久，彭雪枫离开聊城至天津、北平，六月十七日晚，顺利返回太原，此行前后共计二十三天，圆满完成中央交给的任务。

脚步匆匆，虎穴之地，应对自如

归心似箭。傍晚时分，彭雪枫终于到了"老家"——延安。老家是当时党中央所在地的代用语。

原来，就在西安事变和平解决后不久，即一九三七年一月十三日，中共中央所在地由保安迁到了延安。

彭雪枫回延安，颇有衣锦还乡的味道。

这是七月初的一天，彭雪枫脚步刚刚落定，就风云突变，发生了一件震惊中外的大事。

卢沟桥事变爆发了！

事情的起因是这样的。

一九三七年七月七日夜，伸手不见五指。

在河北省宛平县卢沟桥附近，狼子野心的日军，乘着夜幕的掩护，打响了罪恶的第一枪。驻军团长吉星文不甘日本人的挑衅，率军奋起还击。

为形势所迫，七月十七日，蒋介石在庐山发表谈话："如果战端一开，就是地无分南北，年无分老幼，无论何人，皆有守土抗战之责任。"

凤凰山下的窑洞内，烟雾袅袅。蓬乱长发的毛泽东，凝望着彭雪枫，缓缓道："工作很有成绩……不过，红军马上开赴山西前线……我们的行军路线、活动范围、后勤保证……都要谈判、协商，同阎锡山谈判十万火急啊！"

毛泽东为什么把抗日的支点首选在山西呢？

首先，山西是八路军开赴前线最便捷的地方，正像任弼时所云："山西方面地形交通限制了敌人的长处，恰又补足我们的短处，便于我们的防守，凭借宽阔、险峻的地形，阻滞日军机械化部队前进，而且有利于开展山地游击战。"

彭雪枫会意地点点头。

不久，他搭乘朱德去前线的卡车，匆匆返回太原。此行，他还带了一个在三军团时的部下张震。

彭雪枫一到太原，就马不停蹄前往阎锡山官邸，将毛泽东的亲笔信递上。

七月二十三日，彭雪枫通过电台告知中央，阎锡山赠送七九子弹、中正子弹五十万发，冲锋机关枪二百支。

七月三十日，平、津两地相继沦陷。接着，日军沿平汉、平绥、津浦三条铁路作扇形推进，向华北地区展开大规模进攻。

唇亡齿寒。受中庸文化熏染颇深的阎锡山，大敌当前，不得不做做样子。

瓜熟蒂落的时候到了。

七月三十日晚，彭雪枫前去拜访，一阵寒暄过后，阎锡山沉思道：

"国难当头，我已下定决心，一是排除汉奸，二是加紧准备抗战。"

"是真的吗？"

"君子一言，驷马难追！"最后，老奸巨猾的阎锡山，终于抛出藏掖已久的最后一张王牌，对彭雪枫道，"雨峰老弟，你可以以红军和中共中央代表名义公开活动了！"

至此，红军和阎锡山的统一战线正式建立。

八月十三日，淞沪会战爆发，日军大举进攻上海，这直接威胁到国民党统治集团的心脏地区和英、美等国的在华利益。

八月十四日，六朝古都南京。

蒋介石召开最高国防会议，邀请中共和红军代表周恩来、朱德、叶剑英参加。会后，两党达成协议，沿用北伐时的称呼，西北红军改编为国民革命军第八路军。

八月三十日，在太原坝陵南街八号，一所叫成成的中学校园内，八路军驻晋办事处正式挂牌成立。成成中学的校长叫刘墉如，是个地下党员。彭雪枫以八路军总部参谋处处长、驻晋办事处主任的身份公开办公。

办事处下设总务科、供给科，科长分别是张震、资凤。张震是以八路军总部少校参谋的身份兼任的，负责接待、联络工作。岳夏任秘书。宋绍林任交通站站长。

开始换军装了。

看着"青天白日"帽徽，底下还有两颗小铜扣，红军战士们一个个面面相觑，无精打采，几天来茶饭不思，心里有一种说不出的难受。

彭雪枫心里也很不情愿。红五星、八角帽，乃胜利的象征。他眼前浮现出往昔的一幕幕：

数万红军戴着它，依依不舍地离开根据地，踏上艰难的征程，血战湘江，飞越大渡河，爬雪山，过草地……胜利到达中国的西北角。

"青天白日"是蒋介石反革命血腥的标志！从一九二七年至今，多少共产党人、多少亲爱的战友遗憾地倒下。可如今要戴在自己的头上。想起这些，彭雪枫的心海宛如掀起惊涛骇浪，眼睛慢慢地湿润了。

但他明白，此一时彼一时，况且，自己又是负责人。于是，他强忍了很久，露出一丝微笑，目光中充满坚定："同志们！虽然名称改了，帽花换了，但是我们的本质没有变，我们永远是共产党领导的红色武装！"

八路军办事处成立后的第一件大事，就是迎接八路军开赴抗日前线。

九月初，太原火车站。阳光惬意地挥洒着。彭雪枫带领办事处人员，组织各界团体，挥着彩旗，敲锣打鼓，欢送八路军一一五师、一二九师、一二〇师进入山西抗日前线。一时间，太原成了无数热血青年的向往之地。

这时，延安也来人了。

九月五日，彭公馆大门缓缓打开，一辆乌黑锃亮的轿车缓缓驶进来。车门打开，走下风度翩翩的周恩来，后面是彭德怀、徐向前。

彭雪枫率张震等迎上前去。

"彭公馆好阔气啊！"

"小彭几个月就在太原站住了脚，不简单，不简单哪！"

"哪里，哪里，过奖了，过奖了！"彭雪枫谦虚地笑道。说着，带大家来到客厅。

坐定。寒暄。茶叙。

茶毕，周恩来详细分析了当前的局势。最后，他认真地叮嘱道："中山先生有句名言，叫革命尚未成功，同志仍须努力！阎锡山虽然和我们建立了统一战线，但他中庸的处事哲学，会决定他的行动，我们不能掉以轻心！"

周恩来早年在黄埔军校当过政治部主任，因此，在国民党将领中享有很高的威信。这一点，毛泽东是清楚的。包括后来到长江局、重庆红岩办事处，其独特的身份与能力，在党内无人能比。

第二天，周恩来等在彭雪枫的陪同下，会见了山西省政府主席赵戴文和省政府秘书长贾景德。九月七日凌晨，周恩来、徐向前匆匆赶赴雁门关以西的岭口，会晤阎锡山。

后来，徐向前这样回忆：

　　阎锡山正在部署大同会战，见我们到来，满面春风，热烈欢迎。这位山西土皇帝，和蒋介石差不多，外战外行，患有恐日症。日军已经打到他的家门口，不抵抗吧，面子上过不去，难向国人交代；打一家伙吧，又没取胜把握，生怕惹火烧身，连老本都赔掉。

　　所以，他表面上摆出一副"守土抗战"的架势，实际上准备见风使舵，对日妥协，保存实力。他对部下曾说："抗日要准备联日，联共要准备剿共。"这就是他的如意算盘。

迫于压力，阎锡山同意成立第二战区民族革命战争总动员委员会（简称"动委会"）。

回到八路军办事处，已是暮色朦胧时分。周恩来不顾疲劳，向朱德、彭德怀、彭雪枫介绍了谈判的情况。一脸慈祥的朱德笑道："阎锡山是假防御，做做样子，咱们还得按洛川会议的方针办！""在太原，我们一定做好统战，发动各界，有钱出钱，有力出力。"彭雪枫补充道。

九月二十四日，八路军一一五师在林彪、聂荣臻的率领下，向晋东北挺进，在平型关设下埋伏。

平型关位于山西东北部古长城上，自古以来就是晋冀两省的重要隘口。关内关外，群山峥嵘，层峦叠嶂，沟谷深邃，阴森幽静。

关前有一条公路，是日军进攻山西的必经之路。

此战，取得歼灭日军精锐坂垣师团第二十一旅团千余人的重大胜利。

平型关大捷是抗战以来全国第一个大胜利。它像一声晴天霹雳，打破了"日军不可战胜"的神话。据说，蒋介石给八路军签发嘉奖令时，怀着失落的心情环顾左右，怅然叹道："我几十万军队久驻华北尚不能打一次胜仗，为什么刚上阵的八路军就能首战告捷？"

侃侃而谈，从容应对各界名流、记者

泰戈尔诗云："最好的东西不是独来的，它伴了所有的东西同来。"

平型关大捷的消息，像长了翅膀一样，飞向全国各地。贺电、贺信像雪片似的飞来。前来办事处祝贺的，邀请演说的，络绎不绝，应接不暇。

山西定襄人薄一波，受北方局的委派，帮助阎锡山从事抗战活动。他组织成立的"山西青年抗敌决死队"，像一颗耀眼的星斗，闪耀在晋中大地。

九月的一天，阳光灿烂，微风徐徐。在薄一波的盛情邀请下，彭雪枫来到山西国民师范礼堂作报告。

偌大的礼堂内，人头攒动，气氛热烈。大家期待着一睹八路军代表的风采。一位在场聆听的老战士，后来这样描述：

> 他站在讲台上，年轻英俊，且很有将军风度，他演讲的题目是"抗日战争的战术"。他将十六字诀的战术原则（敌进我退，敌疲我打，敌驻我扰，敌退我追），用"牵牛术""回马枪"等作比喻，讲得生动活泼，深入浅出。
>
> 他不是念讲演稿子，而是撇开稿子，侃侃而谈，增加了讲话风采，吸引着热情的听众。特别是来自中州的青年战士，听着那熟悉的乡音，倍感亲切。

十月十六日，应第二战区动委会主任续范亭之约，彭雪枫来到山西大学，作《游击队政治工作》长篇报告。

一时间，"八路军代表彭雪枫"的大名，在太原官方的报纸上频频出现。彭雪枫成了太原的名人。

不久，中央社、《中央日报》《扫荡报》等媒体的记者，千里迢迢来到太原办事处，要求前去一一五师采访。此时，全国各地的慰问团也纷至沓来，彭雪枫都不厌其烦，一一提供方便。忙碌之余，一些记者对平型关缴获的战利品颇感兴趣，兴致勃勃地与它们合影留念。

一个阳光四溢的早晨，太原办事处大门口，一位披着斗篷、气宇不凡的客人，声称要见彭雪枫，并递上一张精美的名片，上写着：《大公报》记者范长江。

彭雪枫闻讯，在院中高大的枣树下热情地接待了他。

"我还参加过你们报社的校对考试，可是，我没你有福气啊！"清爽的阳光透过枣树圆圆的翠叶，洒在彭雪枫的笑脸上。

"我那时要在场，你就不用考试了。"

"哈哈，范先生是中国的名记者，您的《在中国的西北角》我早已拜读，受益匪浅啊！"

接着，彭雪枫就八路军坚持敌后游击战作了十分精彩的回答。后来，彭雪枫关于游击战术原则，特意致信在前线采访的范长江：

长江先生：

大函颂悉。前线小捷，蒙过奖，不敢当得很。

……又证之最近数次小的胜利，都是以精干之小部队深入敌之后方，为所欲为。不过这里须首先留心两个大问题：一、部队素质好，机动性大，敢于脱离主力单独行动；二、纪律好，且善于做群众工作，能与人民打成一片，随时随地能得到群众之掩护与帮助。……

平型关大捷，给阎锡山很大的压力，逼得他非打一下不可。忻口会战打响了。彭雪枫协助周恩来，向前方献言献策。

依依不舍太原城，学兵队里赞誉声

一九三七年九月，日军占领平、津后，大举入侵山西。十月底，太原告急。阎锡山的大部分军队一触即溃，闻风向南逃窜，有首民谣形容道："十月山西人人忙，富人忙搬家，穷人心惶惶。军官扔部属，小兵扔大枪。"

阎锡山和赵戴文也于十一月四日撤离太原。绥靖公署给办事处派来了汽车。夜深了，办事处灯光仍然亮着，周恩来正紧张部署抗战和地下工作，不时找来彭雪枫一起研究。

十一月六日上午，已是万分危急时刻，周恩来才指示张震，把办事处的卡车与工作人员先送到汾河桥待命，又马上让彭雪枫和张震带电台、译电员跟在他身边。

这时，远方已传来枪炮声。

六日晚，彭雪枫等随周恩来来到西门。城门的卫兵称，没有傅作义司令的命令，一律不准出城。原来，阎锡山撤退时，留傅部坚守太原。于是，彭雪枫让周恩来坐在车中等候，自己带张震到城防司令部见傅作义。

傅背着手，独自在房间内踱来踱去。

听完来意，傅作义二话不说，写下字条。

此时，已是子夜时分，城门已被沙袋堵死，只留下一个可供单人通过的小道，周恩来果断命令弃车。

回望城内，灯火映天，声语嘈杂，想到两年来的日日夜夜，彭雪枫不禁潸然泪下。一路上，看到出城的人群，逶迤如龙，扶老携幼，哭声连天，彭雪枫的心都碎了。他悲愤长叹："国难民不幸啊！小日本，我们会回来的！"

十一月八日，太原失守。

彭雪枫、张震护卫周恩来，历经艰辛，到达临汾城。

临汾是晋南的一个大县，美丽的汾河从城西蜿蜒而过，周围丛林茂盛，风景十分优美。

不久，八路军办事处移至临汾城西北的刘村镇。这里距城关六七里路，是一个有几百户人口的大村子。这个村以卖帽子出名，大家称它"帽儿刘村"。办事处设在一个名叫"五同丰"的地主大院内。外院是政治处，内院住着机要科，还有一个警卫班，彭雪枫也住内院。

临汾刘村镇彭雪枫办公室兼宿舍旧址

那时，八路军总部在洪洞县南的马牧村，与刘村相距不远，与阎部也可直接联络。这样，办事处的统战工作就减少了。

当时，北方局也住在刘村。按照北方局的指示，办事处的任务一是掩护北方局工作；二是办学兵队，培养青年学生，为八路军、新四军输送新鲜血液。

学兵队设在刘村一个大祠堂内，学员达六百余人，没有教室，就在大树下上课。吃的是小米，睡的是炕铺。

一天，美国海军陆战队情报视察员卡尔逊路过刘村，他这样描述：

> 傍晚，我们到达向北延伸的山脉脚下的一个村子。
>
> 这里的气氛是相当热情和同志式的。除了老人、妇女和儿童，所有的人都穿平纹蓝布衣服。年龄在十八到二十五岁的姑娘们，都有蓝色的军便帽戴在十分朴素的黑色短发上，自由地和同样年龄的男青年混在一起，这里的每个人似乎都和其他人有较好的关系。
>
> 我被引到校长彭雪枫将军的办公室。他，瘦长而结实，精力充沛。
>
> 他说，这些青年男女正补习训练去当游击队的领导人。
>
> 十一二个学生一班，住一个房间。晚间，学生们一群群围坐在炭火旁，讨论感兴趣的文化问题。十点钟，他们挤着入睡。天亮以后，新的一天开始了……

学兵队的文娱生活十分丰富，跳集体舞，办墙报，自编戏剧……熊熊燃烧的抗战热情，一颗颗诚朴的心灵，吕梁山下粗犷如画的风景，吸引了许多文化名人，李公朴、贺绿汀、欧阳山、吕骥等纷纷前来，在八路军办事处受到彭雪枫的热情接见。

一个阳光明媚的上午，贺绿汀在大树下听彭雪枫讲游击战术，不知不觉，他被彭雪枫精彩的演讲深深地吸引住了，听着，听着，眼前浮现出无数战士在硝烟纷飞的战场上英勇向前的英姿……

晚上，他辗转反侧，夜不能寐，在老乡家的小桌上，根据这几日与八路军的接触，创作出脍炙人口的《游击队之歌》：

我们都是神枪手，

每一颗子弹消灭一个敌人，

我们都是飞行军，

哪怕那山高水又深。

在密密的树林里，

到处都安排同志们的宿营地，

在高高的山岗上，

有我们无数的好兄弟。

……

激昂的旋律，欢快的节奏，唱出战士们英勇机智、乐观向上的情绪。直到今天，这首经典之曲，还是感受那段激情岁月的一张名片，珍藏在人们的记忆深处。

一天，毛泽东突然发来电报，要彭雪枫立即前往河南，到豫南确山县竹沟镇，准备开展河南敌后游击战争。

当时，河南属于长江局管辖。

彭雪枫告别战友，依依不舍地踏上了南下的征程。

第七章　运筹帷幄之中

已经有更艰险的伟业在为我们歌唱。道路已被新的手开辟，火炬从一个高峰举向另一个高峰。

——圣琼·佩斯

黄鹤楼下，欣然受命，奔赴竹沟

此时，日军长驱直入，占据了中国大片国土，但真正控制的是少数城市和交通线。国民党的军队大多撤向大后方。因此，到敌人的后方去，中国共产党才能获得发展的空间，才能更好地打击敌人。

八月二十二日至二十五日，中共在洛川城郊冯家村的一所小学里，召开了洛川会议。

洛川会议的出名，就在于制定了以游击战为主的战略方针，这是一个重大的战略转变。

那么，毛泽东为何派彭雪枫到竹沟，而不是派别人呢？

环顾竹沟四周，驻守的张轸、刘汝明等国民党军官，以及地方派等都与西北军有关，或是西北军旧部，或是彭雪枫在西北军官子弟学校的同学。

少年时期在西北军官子弟学校读书的背景，使彭雪枫做起统战工作具有别人无法替代的优势。另外，一旦日军沿平汉线南下，威胁武汉，彭雪枫可带领一部分军队离开竹沟，进入豫西山区打游击。同时，河南是彭雪枫的故乡，从感情上，他是亲近的。

温柔的斜晖中，彭雪枫带着副官程朝先，风尘仆仆地走出人声鼎沸的汉口火车站。

这是一九三八年元旦前后。

一九三七年十二月十三日，南京沦陷。国民党兵败如山倒，军政机关一股脑地拥入武汉。许多抗日团体、爱国人士也纷纷来到这里。

一时间，华中重镇武汉，成了当时全国的抗战中心。

武汉八路军办事处，是共产党在国统区的公开机关，云集了当时许多显赫的人物：王明、博古、周恩来、叶剑英、林伯渠、叶挺、郭沫若等。

长江局是秘密机构，机关设在办事处的大楼上。当时，长江局的任务不只是指导长江流域各省的工作，还代表中央对国民党及其他党派进行统一战线工作。具体思路是，开展国共谈判，指导成立国民政府军事委员会政治部及其第三厅。这实际还是沿袭大革命时期依靠、利用国民党进行北伐的方针。

当时参与此项工作，新中国成立后曾任国务委员的张劲夫回忆道：

> 我们当时接受的任务，只是明确帮助国民党进行抗战，推动国民党军队进步。至于国民党军队撤退后怎么办，是否留下来组织群众坚持游击战争，没有得到明确指示。

走进素有"九省通衢"之称的武汉，繁华气息扑面而来。高楼林立、商贾云集、车水马龙。暮色朦胧时分，他们来到了八路军办事处。在这里，彭雪枫意外地遇到了谭友林。

谭友林，湖北江陵人，是长征时红二方面军一个师的政委，此时来武汉汇报工作。他们在一个食堂吃饭，住房也是一壁之隔，一来二去，两人就认识了。

一天晚饭后，彭雪枫来到谭友林的房间，极力劝说其去河南打游击。他滔滔不绝，绘声绘色，说得谭友林有点动心了。他好像看出了谭友林的心思，于是，单刀直入地问道：

"你愿不愿意去河南打游击？"

"愿意当然愿意，但要请示周副主席。"

彭雪枫高兴地说："这个包在我身上了。"

过了两天，彭雪枫跑来说："周副主席、叶参谋长都同意了！"

碰巧的是，育德同学路庭训、王志远也在武汉。他们闻讯，兴冲冲来到办事处。同窗相聚，情深话长，直至夜阑人静。

不久，彭雪枫还参加了八路军参谋长会议。会上，他见到了红军时期的许多战友。

在武汉，彭雪枫度过了半个多月的快乐时光。

此时，日军已突破黄河天险，向南逼来。二月十五日，长江局副书记周恩来主持召开会议，决定在长江、黄河之间设立一个军分区，由彭雪枫负责军事工作。

就这样，彭雪枫带着谭友林等，乘火车离开汉口到确山，又从确山步行到竹沟。

竹沟，又称沟竹，因"簧竹茂盛"而得名。

它位于豫南确山、泌阳、桐柏三县交界处。伏牛山、桐柏山余脉交会于此。三面青山，东边三十余公里处就是平汉铁路。

群山环抱，丛林深密，地势十分险要。

美丽的竹沟河，像仙女的白纱，将不足千人的小镇一分为二。河水两岸，竹林葱笼，远远望去，宛如江南水乡。

这一带还是豫南革命的摇篮。一九二七年秋，马尚德（抗日英雄杨靖宇的原名）领导确山起义，在此播下革命的火种。

小镇只有东西一条街，人口不到一千人。彭雪枫住在街心路北一个三间宽三进深的四合院里。大门外挂着一个长牌子，上写着：国民革命军新四军第四支队第八团留守处。

第八团的前身是中国工农红军豫南游击队。红军主力长征后，王国华、周骏鸣等创建了鄂豫边区省委，建立了以竹沟为中心的鄂豫边根据地，是南方八省十五块根据地之一。一九三七年十月，游击队奉命改为新四军第四支队第八团。

不久，彭雪枫致电临汾的张震。张震接电后，迅速带秘书罗若遐（岳夏）、王子光、通信队长熊梦飞及警卫连的部分官兵共计三十一人，奔赴豫南。

随后，彭雪枫对第八团进行了整训。当时，八团除去老弱病残者，仅有一个营的兵力。常言道："屯里无粮，心中发慌。"经过商量，他们收编了两支绿林武装，却就此埋下了祸根。

有勇有谋，"杯酒释兵权"

初春。夜晚。

缕缕柔风吹来，院中夹竹桃树的枝叶，弹奏起悦耳的小夜曲。灯光下，彭雪枫时而弹下烟灰，时而眉宇紧锁，眼前不时浮现出令他气愤的一幕幕：

山脚下，东门外的操场上，几十名"新四军战士"吊儿郎当，嘻嘻哈哈，指导员气得青筋暴起。一个白发苍苍的老大娘，踉踉跄跄来到八团留守处，向彭雪枫哭诉，一名"新四军战士"抢走她家两只老母鸡。每日前来告状的络绎不绝。

这是共产党的军队啊，怎能出现这样的事情呢？看来得想个办法。

彭雪枫皱着眉头，背着手，在屋子里走来走去。正在这时，门外传来一个熟悉的声音：

"部长，快开门！"

彭雪枫拉开门："参谋长，这么晚了，怎么没休息？"

"唉，翻来覆去睡不着。"张震挠着头苦笑道。

"心里有事！"彭雪枫开玩笑地指了一下张震，"有什么想法，谈谈吧！"说着，彭雪枫拉过两把凳子，两人坐下来。

夜深了，星星眨着眼睛，一阵爽朗的笑声飘荡在竹沟的上空。

这是何故呢？话得从头说起。

当时，豫南一带，土匪四起，烧杀抢掠，无恶不作。老百姓非常痛恨，称他们"蹚将""杆子"，其中有两股杆子势力较大。一个头目叫安可祥，桐柏人，出身贫苦，生性豪爽，因仇恨地主恶霸走上绿林之路。一个叫段永祥，唐河人，小知识分子出身，因不满现实而拉起杆子。他们各有七八百人，二三百条枪。当地称"安团""段团"。

这些杆子，聚众山林，与国民党政府对立，时有火并。二月初，两股杆子在湖北一带遭到重创。得知消息后，彭雪枫、王国华等决定争取杆子参加新四军。

经过唐河县地下党的大力争取，加上王国华的声誉，他们加入了新四军的队伍。可是，过惯了"山大王"生活的土匪们，积习难改，时不时骚扰四周百姓，造成民愤。

彭雪枫和张震、王国华、周骏鸣商量后，报请长江局和河南省委，决定择日对其缴械整编。

说干就干。

一个春光融融的丽日，彭雪枫、张震、王国华、周骏鸣等，在信阳邢集、竹沟分头行动。

上午八九点，彭雪枫带领手枪班的战士们，请"段团"连以上干部到竹沟关帝庙赴宴。一脸络腮胡的段永祥，带着几个随从，哼着小曲，昂然而来。

彭雪枫一脸笑容，站在门外，执礼相迎。

一声"上菜"，顿时，几桌酒席，吆五喝六的猜拳声，响彻不断。

不一会儿，彭雪枫站起身，来到段永祥的面前，双手执酒道："段队长，抗日杀敌，辛苦了！今天我敬你一杯！"说完，一饮而尽。

"哪里，哪里，彭部长……劳苦功高，客气……客气了！"几杯酒下肚，段可祥已有几分醉意，说话有点结巴。

彭雪枫看时机到了，立即朝身边的警卫员程朝先使个眼色，说时迟那时快，程朝先一个箭步，像猛虎下山一般，瞬间将段永祥扑倒在身下。等外屋喝得醉醺醺的随从明白怎么回事时，一切都晚矣！

彭雪枫见段永祥等枪械已缴，跳到一张凳子上，大声道："大家受惊了。今天别无他意。看看你们做了些什么！"他掏出一沓信，啪的一声重重地摔到桌子上："看到了吗？这是群众的告发信！"铁证如山。顿时，段永祥的人一个个像霜打的野菜一样，蔫在了那里。

"念在你们抗日的分儿上，今天从宽处理，但今后谁再要违反新四军的纪律，不听指挥，就为你们送行！"

彭雪枫的话语，干净坦荡，铿锵有力，让在场的段永祥等羞愧交加，纷纷痛哭流涕。

此刻，"段团"的全体士兵被张震请到竹沟学校会餐。入席前，枪支都放在操场上。酒过三巡，张震令冲锋枪排的战士们到操场上，不声不响地把枪支入库。不久，彭雪枫听到禀报，飞马赶到，向在场的士兵讲明了事情的缘由。

与此同时，周骏鸣带领老八团的一个营，在邢集顺利地对"安团"进行了缴械。

彭雪枫将段、安两团集中整训，随后编入八团。

八团的三个营编成后，由周骏鸣任团长，总兵力达一千三百余人，军威大振。不久，遵照新四军军部命令，八团在邢集誓师，开赴皖地。

后来，八团成为新四军二师的一支劲旅。

峥嵘岁月，厉兵秣马，"小延安"美名扬

彭雪枫到竹沟后一直在考虑后备干部的培养工作。

日有所思，夜有所梦。晚上，彭雪枫做了一个梦。梦见在蜿蜒曲折的山路上，一队朝气蓬勃的青年，沐浴着春晖，高唱着抗日曲，宛如一条逶迤的长龙，向竹沟奔来。

好梦果然成真。

一九三八年，长江局来电，要求竹沟彭雪枫等创办教导队，吸收青年学生，为抗战培养党的干部。有了干部，就有了队伍。就等于建房搭起了檩、梁，剩下的招兵，就是往架子上添草、添瓦了。

一把火点燃了彭雪枫心中的希望。在会上，他动情地说："我们要办出一所竹沟的'延安抗大'！"

招生广告在确山火车站等地贴出以后，不啻一声春雷，唤醒了一个个有志青年沉睡的心灵。十余天之后，三百余名来自山东、河北、河南、湖北等地的热血青年，纷纷来到这个山清水秀的豫南小镇。

山村小镇一时间变得热闹起来。

留守处门前每天都簇拥着一批批来自四面八方的青年，他们衣着不

同，口音各异，有很多还是从开封、武汉等大城市来的。阳光下一张张热情洋溢、充满朝气的笑脸，让彭雪枫颇感欣慰。他不禁赞叹道："多么可爱的青年啊！"

彭雪枫的人生伴侣林颖，就是这个时候来到竹沟的。

彭雪枫和张震每天到报名处，兴奋地回答青年们的各种问题。

一首民谣反映了当时的动人情景：

> 三架山，三道岭，
> 山外下雨山里晴。
> 谷山冲，山重重，
> 雪枫消灭杆子兵。
> 穷人穷，骨头硬，
> 要跟雪枫闹革命。

经过简单的口试，教导大队办起来了。开始，教导大队的负责人是方中铎、周季方，后来是谭友林。前后办了两期，培养了八百余人。

军政教导大队旧址

187

彭雪枫喜忧参半。喜的是，各地有志青年纷至沓来；忧的是，没有房舍、经费。

早春二月，春寒料峭。开学的第二天，在阴霾重重的天空下，在竹沟北三里外的小山上，几百名学员迎着寒风，割草的割草，伐树的伐树，一片忙碌的景象。人群中，穿梭着彭雪枫矫健的身影，他一会儿打草，一会儿给大家鼓劲加油。

穷人的孩子早当家。这些农家活，彭雪枫早已轻车熟路。没过多久，建房用的山草、木料一应俱全。在他的带领下，大家和泥打坯，砌墙，上梁……

半个月后，一排排崭新的草房，在竹沟河东的山岗上拔地而起。

臭气难闻的小街旮旯处，彭雪枫手执铁铲，浑身湿透，揩着汗水对身边的小学员说："同志，干革命就不要怕脏！"说完，再次跳进垃圾沟，清理淤泥，战士们一个个也紧随其后。

天蓝了，水清了，竹沟百姓的脸上挂着甜蜜的笑容。整洁的街道，飘荡的歌声，竹沟俨然成了中原的"延安"。

一个夕阳如盘的黄昏，彭雪枫悄然来到教导队食堂，只见几百号人正蹲在地上吃饭。看见部长来到，大家纷纷站起来，围上去。他走到烟雾四溢的蒸笼旁，顺手拿起一个黑亮的糠窝窝，然后掐了一块，蘸了一点红红的辣椒，塞在口中，一边吃一边风趣地说："同志们，窝窝头沾辣椒，越吃越上膘啊！"一旁的学员听到这话，不禁哈哈大笑起来。他顿时来了兴致，朗声道："大家愿不愿意听我讲一段长征的故事？"

"愿意！"

彭雪枫挥舞着手臂，讲了一段红军过草地时的故事。学员们津津有味地听着，久久不愿离去。

夜深了，彭雪枫在灯下徘徊。他明白，说归说，这不过是激发大家的乐观情绪罢了，关键是实际问题怎么解决。他想起了三国时的曹操。

曹操采纳枣祇、韩浩的建议，在许昌招募农民屯田，当年得谷百万斛。

"中！就按这个来！"他眼睛一亮，狠狠地拍了一下桌子。

于是，在彭雪枫的带领下，大家在附近的山坡上垦荒种地，种上了蔬菜和粮食。

三月初的一天上午，清风徐徐。沙河水边的一片树林里，彭雪枫背着手，兴奋地说："同志们，古人云，'一年之计在于春'，在这生机勃勃的春天，我们要大有作为！"

在雷鸣般的掌声中，他首先分析了形势，接着指出当前的任务，最后，号召大家为抗日挥洒青春。

延安抗大、临汾学兵队，在彭雪枫的脑中一一闪现。依样画葫芦谁都会，但这不是我的风格，彭雪枫心里想。

希望是本无所谓有，无所谓无的。这正如地上的路，其实地上本没有路，走的人多了，也便成了路。他想起了鲁迅先生的话。

"竹沟教导队，应走出一条迥异的路来！"

时任竹沟教导大队俱乐部主任的路丁回忆说：

> "教室"就在竹沟东门外的树林里。没有课本，也没有讲义。上课的人用嘴讲，听课的人用耳朵听，用脑子记，课后分班讨论，还到山里进行夜间演习。

在几门课程中，有两门最受学员欢迎，一门是王国华的豫南游击战，另一门就是彭雪枫的游击战术的几个基本作战原则。

在树荫下的课堂上，他把作战原则形象地概括为"暴风迅雷的突然袭击""集中主力打敌一点""东边打雷西边下雨""牵牛政策（打圈子）""打埋伏""超越近敌袭击远敌"等六个方面。

他以参加红军和长征中游击战的体会和经验为例，受到学员们的热烈欢迎。

斯大林有句名言："离开革命实践的理论是空洞的理论，而不以革命理论为指南的实践是盲目的实践。"

彭雪枫深深懂得其中的奥妙，并灵活贯彻这一名言，让学员们经常向群众进行军事表演。

舌战王友梅，不卑不亢"迎"夏团

一天上午，竹沟西南的一条弯弯曲曲的山间小路上，两匹枣红色骏马飞奔着，腾起阵阵尘雾。为首者正是彭雪枫，后面是警卫员。两人策马朝泌阳奔来。

原来，泌阳巨绅、"地头蛇"王友梅，自恃枪多人多，称霸一方，一向对竹沟教导队怀有敌意。年初曾派兵偷袭独立团，抢走河南民军总司令张钫赠给竹沟八团的一千套军装。双方剑拔弩张。

不入虎穴，焉得虎子？彭雪枫决定会会他。

五六十里的路程，一个小时就到了。

在一深宅大院门前，一群师爷模样的人，像麻雀一般叽叽喳喳地谈论着什么。彭雪枫翻身下马，从容地递上名片。一个戴着眼镜的老头瞥了一眼，不禁大吃一惊——十八集团军少将处长。于是，高声向院中通报："客人来了！"

话音刚落，一个五十岁光景、一身酱色缎子袍、八字须、矮胖身材的老头走出来。

"久仰，久仰，王某有失远迎，请多海涵！欢迎老弟大驾光临！"说话者，正是作恶一方的王友梅。

双方客厅坐定后，王友梅捋着小胡子，淡然道：

"彭将军仅带一名护兵入我寒舍，没有项庄舞剑之虑吗？"

"'苟利国家生死以，岂因祸福避趋之'，为与王先生修好睦邻关系，共同抗日，我为何不敢在'鸿门宴'上同王先生共饮佳酿呢？"

王友梅一怔，连连竖起大拇指："气派，气派，彭将军真乃班超之勇也！"

彭雪枫见话已投机，便从文天祥、史可法、岳飞等人的民族气节，联系到抗日救国；

从唇亡齿寒的历史故事，联系到竹沟与泌阳休戚与共；

从两军武装冲突，联系到新四军网开一面，泌阳民团才免遭灭亡；

从"天下兴亡，匹夫有责"，联系到要顺应民意。

……

王友梅被彭雪枫胸怀坦荡、气吞山河的气概所感动，当即答应归还抢走的一千套军装，并另赠送一批粮食和枪支。

从此，双方化敌为友。不久，王友梅办了"泌阳青年抗日训练班"，走上了抗日的道路。一时间，彭雪枫凛然不惧、舌战王友梅的佳话，在泌阳一带悄然传开。

古人云："木秀于林，风必摧之；堆出于岸，流必湍之。"

竹沟的活动，像一粒顽石投入平静的水面，激起当地的顽固派和土豪劣绅的仇视。他们联名上书，状告到蒋介石面前，振振有词地诬陷说，竹沟新四军在"招兵买马，图谋不轨"。

老蒋大吃一惊，急令信阳警备司令、三十二师师长王修身派部队前往竹沟查办此事。王修身当即委派下属一八八团团长夏华国，来竹沟"视察"，为下一步攻打竹沟寻找借口。

消息迅速被武汉的周恩来获悉，他立即电告彭雪枫等，做好两手准备。

来者不善，善者不来。

"夏华国原为西北军，这个人我可以争取。但同时，我们光明正大，问心无愧，来也不怕他！"会上，彭雪枫神情激昂，拍着桌子道。最后，一致决定以理服人，不战而屈人之兵。

这是五月的一个黄昏。

高天上，阴云团团，不怀好意地窥视着人地；乌黑的山雀，在林间扑棱棱地飞着，惊起的啼鸣声，回荡在葱笼的山谷间。

灌木丛中，彭雪枫神情肃然，一边擦汗，一边叮嘱道："小心点，别摔着！"王国华、张震等在一旁指挥着，省委机关的几百号人马，陆续疏散到附近邓庄铺一带隐蔽，一部分部队撤离竹沟。

上午，从桐柏出发的夏团，朝竹沟疾驰而来。此前，彭雪枫令竹沟中心区委书记娄光琦带领一个警卫班前往毛集迎接。同时，把留守处的房子腾出来，里里外外打扫干净，以备夏团住宿。

翌日上午。夏华国骑着一匹枣红色的高头大马，趾高气扬，率一连人马陆陆续续进入东寨门。只见东寨门的城楼上，悬挂着"欢迎友军"的横幅，满街贴满了红红绿绿的"欢迎友军""团结抗战"等标语，王国华和留守处人员，率领群众敲锣打鼓，夹道欢迎。

扑面而来的，是一张张热情的笑脸、热诚的场面、喜气洋洋的气氛，受此礼遇，夏华国有点感动了。

这一天，彭雪枫没有出面。

晚上，被诚意所动的夏华国，在王国华的陪同下，叩响了彭雪枫的房门。

咚、咚、咚，一阵敲门声。

门开了。

"这是我们彭处长，这是夏团长。"王国华热情介绍道。

"有失远迎，夏团长，见谅！"彭雪枫笑着迎出屋外，热情地伸出了双手。

"哪里，哪里。听说彭处长少年时代在西北军读过书？"夏华国眯起眼睛问道，并上下打量着彭雪枫，不禁被彭雪枫不俗的气质深深吸引了。只见彭雪枫一身灰色戎装，朴素、整洁，胳膊上戴着新四军臂章，浑身上下洋溢着青春、英武之气。

"那是西北军官子弟学校，夏团长，好像您以前也在西北军谋过职吧？"

"不敢，不敢，只是混饭而已。"

寒暄之后，两人坐下来，兴奋地聊起关于西北军的往事。

次日，王国华按照彭雪枫昨晚的叮嘱，同夏华国正式晤谈。

生于斯长于斯的王国华久经风雨洗礼，看似憨厚，内心却异常机敏。面对夏华国的诘问，他当面指责当局背信弃义，出尔反尔，情到深处，语声哽塞……夏华国听罢，不禁良知萌动，由戒备变为松懈。

第二天，彭雪枫宴请夏团连以上军官会餐。席间谈话中，当夏华国听到王恩久曾是冯玉祥的少将秘书，方中铎是西北军官子弟学校学生，并和王修身师长同为吉鸿昌的旧部时，连声道：

"哎呀，想不到，想不到，诸位都是冯先生的旧部啊！"说着，起身举杯，动情地说："来！为咱们过去同为西北军，干杯！"

在国民党派系林立的时代，著名的有张学良的东北军，冯玉祥的西北军，蒋介石的中央军，李宗仁、白崇禧的桂军，刘湘的川军，何键的湘军等军阀。虽然蒋介石形式上完成了全国的统一，但暗地里各派系并不买他的账，这多少成了蒋介石的心病。因此，在与共产党的部队作战中，他常常"借刀杀人"，结果，聪明反被聪明误。

酒过三巡。

彭雪枫端着酒杯，走过来，微笑道："夏团长，敬酒辞我都说了，我说一下竹沟的情况，好吗？"

"好，好，你说，你说。"

"常言道，名不正，言不顺，我们可是按照两党协定，奉军命来竹沟工作的，里里外外你都看到了。"

"那是，那是。"夏华国连连点头。

"天下兴亡，匹夫有责！大敌当前，热血男儿就应挺身而出！发扬西北军爱国精神，同心携手，共赴国难，救民于水火之中！"

彭雪枫情语真切，一席话，赢得夏团官佐的阵阵掌声。酒席气氛，顿时达到高潮。

第二天上午，在竹沟东门外广场，举行了欢迎大会。会后，演出了《大刀进行曲》《我的家在松花江上》等文艺节目。其中，哑剧《团结抗战》最为精彩，拨动了大家的心弦。

只见舞台上，"日军"四处烧杀抢掠，"妇女""儿童"的哭声，撕心裂肺；

一队"国民党兵"与"日军"厮杀，跌跌撞撞，败下阵来；

"新四军"勇猛冲锋，也未取胜；

"农民自卫军"与之搏斗，险些丧命；

于是，三方并肩战斗，"日军"很快就被打垮了。

此时，幕后响起一阵雄壮的歌声："国民党和共产党现已站在同一条战线上。"

一时间，会场上掌声雷动，喝彩声一浪高过一浪，彭雪枫和夏华国也被感染了，站起来长时间鼓掌。

然而，夏华国并未就此罢休，而是利用休息时机，明察暗访，结果无功而返。

十天后，夏华国呈报上级，称并未发现可疑之处，一切相安无事，遂遵命撤离竹沟。

竹沟的天空，又变蓝了。

风云乍起，彭雪枫心定乾坤

一九三八年五月下旬，日军攻陷徐州，沿陇海线大举西犯，沿线重镇商丘、开封相继失守。

六月九日，为阻挡日军进攻，蒋介石丧失理智，竟然采纳陈果夫的建议，采取"以水代兵"之策，命令士兵炸开郑州花园口黄河大堤。

滔滔黄河水挡住了日军的步伐，但也像桀骜不驯的野兽，冲出堤岸，给两岸豫皖苏三省四十四县一千二百五十万人民带来了无穷的灾难。

一时间，沿岸村落，哀鸿遍野，一片泽国。

举世震惊了！

怎么办？窑洞内，毛泽东眉宇紧锁，一手叉腰，一手持烟，来回踱着，忽然，大手一挥："到敌后去建立根据地！"

可是，去往哪里呢？

竹沟，茅草屋内。

彭雪枫陷入沉思。他机敏地意识到，日军暂时受阻，下一步有可能沿长江直取武汉，华北与华中的接合部豫东，是豫、皖、苏、鲁四省的门户，战略地位极其重要。那里，敌人空虚，是发展的方向。

而要建立根据地，就必须有一支武装来做后盾，枪杆子里出政权嘛。

七月，彭雪枫以八路军总部少将参谋处长的身份，到豫东西华、扶沟一带开展统战，为将来出兵到这里打些基础。

九月二日，周恩来来电，指示军事工作重心应东移，创造苏、鲁、皖新局面。

古都会程潜，钟声悠远，菊花更香

"离开竹沟容易，但是，走了以后，留守处该怎么办？"大沙河畔，彭雪枫忧心忡忡地对张震道。

这是晚饭后的黄昏，彭雪枫和张震在余晖中漫步。

"统一战线条件下，向国民党打声招呼，从法理上获得出兵依据。"张震补充道。

"有道理，再看看程潜能不能拨一点军费给咱们，一举两得啊！"

"主意不错，不错。"

两人愉快地交谈着。此时，暮色降临，小山村灯火通明。

当时，河南属国民党第一战区，司令部就在洛阳。

九月五日。当佛教名刹白马寺的钟声袅袅地飘荡在古都的小巷时，在一片霞光中，彭雪枫与副官策马来到了这座蜚声中外的名城脚下。

"若问古今兴废事，请君只看洛阳城。"古老的城垣，神秘的大佛，宽阔而严谨的通衢，感受着岁月余韵中的帝都气象，吟着司马光的诗句，黄昏时分，彭雪枫带着副官，来到了司令程潜的官邸门前。

小桥，流水，楼阁。

铺满石子的小径边，菊花朵朵，在暮色中散发出沁人肺腑的芳香。在程潜副官的引领下，彭雪枫一行穿过花园，绕过亭阁，在曲径通幽处，身着长袍马褂的程潜满面春风地迎来了。

"久闻彭将军大名，钦敬仰慕，可惜无缘谋面。今日晤面，幸哉，幸哉！有请！"

"颂公过奖，雪枫前来拜会将军，万分荣幸，请不吝赐教！请！"

客厅内，二人坐定，程潜呷了一口茶，抬头问道：

"不知彭将军远道而来，有何贵干？"

"颂公爱国丹心，四海之内，无人不知。国难当头，国共是一家。我奉周恩来副主席指示，前来洛阳，向程将军通报一下我军的下一步行动，并请将军玉成两件大事！"

"不必客气，请讲！"

"徐州失陷后，日军西犯，继而想南下直取武汉。若武汉失守，平汉危机，豫东将要成为日军侵华的基地。那里土匪如毛，训练有素，装备良好。若策略得当，可对他们就地改编，成为反侵略力量。否则，他们将沦为黄协军，助纣为虐，祸国殃民。"

程潜扭过头，眼睛望着院中，心中盘算着：豫东是我的地盘，可是，那里土匪祸害一方，国军屡打，但未能奏效。一旦被日军所用，后患无穷。

想到这里，程潜竖起大拇指：

"明知山有虎，偏向虎山行。将军乃虎胆英雄也！贵军游击战术素来有名，前去收复失地，维系民心。可敬！可敬！有何难事，请讲！"

彭雪枫欠了一下身，诚恳道：

"我军东去后，我们商定，留守处不走。但唯恐一些无视大局之人，制造事端，侵扰竹沟，恳请将军给予关照！"

"没问题！还有呢？"

"我军奔赴豫东，远离延安和武汉，联系不便，拟在洛阳设立办事处，不知将军意下如何？"

程潜当即表示同意。临走之时，程潜送彭雪枫五万分之一地图和十万分之一地图多份。

夜深了。菊花的花香和着清凉的小风，弥漫在洛阳的大街小巷。

烽火之中，游击支队应运生，出征之际，父亲来了

经过充分准备，九月二十七日，新四军游击支队在竹沟成立，彭雪枫任司令员兼政治委员，张震任参谋长。下辖参谋处、政治处、军需处和一、二中队。

万事俱备，只欠东风。可就在这时，彭延泰突然来到了竹沟。

那是晚饭后，彭雪枫正要出门检查工作，忽然，在门口看到老父亲在卫兵的带领下走过来。

望着眼前风尘仆仆的父亲，彭雪枫又惊又喜，不敢相信自己的眼睛。

"爹，您怎么来了？"

彭延泰拍拍身上的土，叹道：

"是刘主任到咱家去了。"

原来，去年夏天，彭雪枫派刘冠一到南阳内乡，与内乡实力派刘廷芳联络抗日，嘱其路过家乡时，代为看望一下，不料，念子心切的老人特意赶来了。

月夜，父子俩各搬一小凳，坐在小院内，畅叙思念之情。

"爹，俺爷身体还好吗？"彭雪枫望着父亲，心中涌起阵阵波澜。

"人老了，身体一年不如一年啊，唉！"彭延泰叹息一声。

一阵长时间沉默。

"隆兴啊，人家秀琴还在家等着你呢，你咋还不情愿？"彭延泰皱着眉头，不解地望着爱子。

彭雪枫低下头。

是啊，人是感情动物，七情六欲谁都有，况且，自己已过而立之年，

的确需要一个志同道合、贤淑达理的伴侣。可是，和一个自己不喜爱的女人在一起，彭雪枫是一万个不情愿，上次逃婚的一幕浮现在眼前。

现在，父亲再次提出这件事，彭雪枫沉不住了：

"爹，您还记得我上次离开家时说过的那句话吗？"

"记得，记得，天翻地覆，河水倒流！"

"记得还要提……"彭雪枫嗫嚅着，白了父亲一眼。

看到儿子一脸的不高兴，彭延泰便不再说话，只是无奈地摇头。

良久，看着父亲低头不语，彭雪枫心里涌起一阵内疚。子曰："父母在，不远游，游必有方。"想一想，自己对父母的关心又有多少呢？可是，自古以来，忠孝难两全啊！抗日救国，父亲是赞成的，只是在婚事上，父亲不太理解自己。但反过来想，父亲还是为自己好，这一点，彭雪枫也是明白的。

想到此，彭雪枫的心里泛起一阵涟漪，不禁连连长叹："可怜天下父母心啊！"

怕父亲孤独，他每天晚上都要抽空与父亲拉拉家常。看到儿子总是忙忙碌碌的，没住几天，老人就坐不住了，嚷嚷着要回去。拗不过老人，彭雪枫只好送父亲回家。

"爹，这是我节省的，您拿着！"在路口，彭雪枫把身上仅有的一块钱递给父亲。

"从镇平到竹沟三百六十里，太少了。"跟在身后的张震着急地说道。

听说老先生要走，留守处、河南省委的同志也前来送行，并送老人二十元路费，在一旁的彭雪枫目睹此景，有点急了：

"眼下部队经费紧张，我怎么能搞特殊化呢？不行，一分也不能收！"

说罢，他把钱从父亲手中夺了回去。后来，在张震等人的劝说下，他才让父亲接了十元。

彭延泰回去后不久，彭雪枫的几个堂弟兴冲冲地来到竹沟，要求修道哥给个小官当当。原来，彭延泰回去之后，说儿子在竹沟当官了，消息不胫而走。

彭雪枫望着几个远道而来的青春少年，高兴地说：

"欢迎你们来到竹沟，但丑话说在前头，共产党的兵和国民党的兵不一样，既没有钱，也没有白面大米吃。能吃苦就留下，进学兵队背大枪；不能吃苦的，就回去生产！"

一席话，说得几个人顿时傻了眼，觉得修道哥不近人情，做了官就六亲不认，连亲戚都不顾了。后来，只有彭修强一人留下来，进了学兵队，其余几个都怏怏不快地回去了。

《拂晓报》诞生

一九二八年九月的一个夜晚，万籁俱寂。远处，偶尔传来一阵狗吠，更增添了山村的寂静。

村头的一间茅草小屋内，彭雪枫蹙着眉头，倚窗而坐。昏暗的灯光下，往昔的一幕幕浮现在眼前：

童年，冬夜，屋外雪花纷飞，爷爷朗声教自己读书；

一九二八年在天津，参加《大公报》的校对考试；

窘困之际，散文系列《塞上琐记》发表了；

红军时期，《猛攻报》闻名全军，毛泽东赞不绝口……

过几天就要誓师东征了，要是武戏文唱，点墨成兵，有一份随军报纸，那该多好啊！

黎明，东方露出胭脂般的霞光。天亮了，彭雪枫急匆匆地敲响了张震的门：

"张震，张震，快开门！"

里面传来一阵窸窣声。

门开了，张震一边扣着衣扣，一边走出来，笑道："部长，什么事啊这么着急？"

"昨晚我想了一夜，想办一份报纸，配合咱们的行动和思想政治工作！如何？"

张震笑道："好啊，好啊，我双手赞成！"

下午，在留守处的办公室内，彭雪枫召开干部会议，会上，宣布成立随军报社，他热情洋溢地说："将来革命胜利了，我要当个新闻记者。真的，我从少年开始，就和报纸结下了不解之缘，很多知识都是从报纸上得来的。"

他喝口水，接着道："那时，我就喜欢给报社投个稿，我对报纸有特殊的感情啊！"

真诚的话语赢得全场的阵阵掌声。

翌日上午，彭雪枫亲自主持编务会，阿乐、易河和单裴三名编辑为报名争论不休，彭雪枫笑着说：

"五月间，我们办了一个拂晓剧团，我看，就叫拂晓报吧。拂晓，代表着朝气、希望、革命、勇敢、奋进有为、胜利就来的意思。军人在拂晓出发，要进攻敌人了；志士们在拂晓奋起，要闻鸡起舞了。拂晓催我们斗争，拂晓引来了光明！"

一席话，让听者振奋不已，掌声久久不息。

随后，应大家的请求，他欣然挥毫，写下"拂晓报"三个潇洒俊秀的大字。

第二天，《拂晓报》紧急创刊。彭雪枫亲自撰写创刊词《拂晓报——我们的良师益友》后，便随军东征。

在挺进豫东的日子里，彭雪枫对《拂晓报》很关心，像对待孩子一样。他经常到报社审稿、改稿，撰写重要的社论文章，同报社同志沟通交流。在生活上，尽量给予他们好的条件。

后来，报社规模越来越大。下设编辑部、通讯部、译电组、油印组、

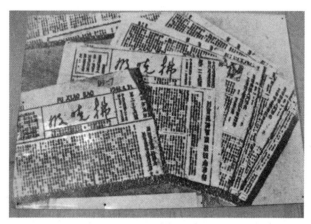

彭雪枫创办的《拂晓报》

校对组等机构，工作人员增加到二十来人。

报纸开始是油印，后来是铅印。报纸的内容多与时局、部队行军打仗、干部战士思想状况紧密相关。听得到枪炮声，看得见血与火，铿锵有力，鼓舞人心，深受大家欢迎。此后，《拂晓报》声名鹊起，被誉为"战斗的武器""照耀通衢的灯塔""沙漠中的甘泉"等。

开始，《拂晓报》在根据地发行，有时也发行到重庆、北平、上海等大城市。后来，影响越来越大，还一度发行到亚洲、欧洲、美洲等，还参加过巴黎举办的"万国新闻报纸博览会"。

一九三九年，毛泽东亲自给彭雪枫写信，盛赞《拂晓报》办得好，并给《拂晓报》题词——坚持游击战争。

《拂晓报》、拂晓剧团以及后来的骑兵团，被称为彭雪枫的"三宝"。

如今，《拂晓报》成为中共宿州市委机关报，薪火相传，吸引着一代又一代的读者。

高粱弯腰，歌声回荡群山坳

一九三八年九月，周恩来急电彭雪枫："情况紧急，你宜速去豫东开展游击。"

拨开历史的迷雾，如何看待这一具有战略意义的军事选择？

当时，豫北、豫东相继沦为敌后，豫西、豫南的形势也不好。豫西是彭雪枫最早向中央推荐的最佳游击地，因为考虑到如果日军占据平汉路，新四军可以依托伏牛山，在南阳一带打游击；豫南可以依托桐柏山、大别山，与江南新四军相呼应。

为什么偏偏命令彭雪枫率部去豫东呢？

主要原因是，豫东受国民党的影响较小，可以减少与国民党军之间的摩擦。另外，豫东主要是西北军出身的将领的地盘，这样，可以利用彭雪枫的经历与之周旋。

九月三十日上午，风和日丽，新四军游击支队誓师东征大会在竹沟东门外广场隆重举行。

"新四军要出征了！"

"彭雪枫要到敌后打鬼子了！"

乡亲们眉飞色舞，奔走相告，纷纷拥向东门外看热闹。

会场上，彩旗迎风招展，洋溢着一片喜庆。不少战士手持刚刚出版的《拂晓报》，兴奋地指点着，评论着。

清风中，嘹亮的《东征战歌》在广场上回荡着：

日本强盗蛮横不讲理，

杀我同胞强占我土地。

全国同胞们，大家武装起，

要把鬼子赶出中国去！

英勇健壮我们新四军，开赴前线杀敌人。

开展游击战，保卫大河南，

不复失地决不生还！

战士们成分不一，有的是投笔从戎的小知识分子，有的是城镇沦陷被迫离开工厂的工人，有的是为抗战燃烧激情背乡离井的农民……

此刻，他们有的坐着，有的站着，像一叶叶鼓满风帆的小舟，整装待发。

热烈的掌声中，彭雪枫、张震、王国华等陆续走上主席台。

彭雪枫神采飞扬，在金色阳光照耀下，更显得英武潇洒。看着这个烽火中诞生的新生儿，内心不禁掀起阵阵波涛，他向前奋力地挥舞着手臂：

"同志们，金秋时节，我们就要上前线了！"

台下顿时掌声雷动，回荡在周围的山坳里。

"大家看到了，现在，黄河两岸，哀鸿遍野，我们的兄弟姐妹处在水深火热之中，同志们，我们能袖手旁观吗？"

"不能！"台下，刮起一阵地动山摇的旋风。

"谁跑，谁不打日本人，谁就不是中国人；谁贪生怕死，谁就不是抗日的战士！"

接着，他宣布东征的任务："开展豫东游击战争，收复失地。"

陈少敏、刘冠一分别代表河南省委和留守处致欢送辞。

霎时间，鞭炮齐鸣，锣鼓喧天，会场气氛达到高潮。

不知不觉，分别的时刻来了。

王国华拉着彭雪枫的手，依依不舍地说："雪枫，你走了，我老汉心中像少了一块坯，真舍不得啊！"

"王主任，放心吧，咱们会随时联系的！"

"那里蹚将如毛，十里一司令，五里一队长，大多是国民党退居乡间的老兵组织的武装，训练有素，你们可得小心啊！"女性的感情总是细腻的，陈少敏特意叮嘱道。

"放心吧，大姐！"言罢，彭雪枫的心里漾起别样的滋味。家如夜月圆时少，人似流云散处多。人生充满了分分合合，偶然与必然，欢乐与痛苦……刚才的一张张热情、熟悉的笑脸，一幢幢古朴、温暖的房屋，马上就会变成回忆。

"万鼓雷殷地，千旗火生风。""三军甲马不知数，但见动地银山来。"彭雪枫走在最前头，不断地回首挥舞着手臂，他想到长征出发时的情景，心头一热，泪水涌了出来。

暮色茫茫，山水树木都蒙上了一层灰色的纱幔。别了，竹沟！别了，同志们！斜晖中，歌声与光影织成的旋律，在彭雪枫的心里轻轻滑过。

长龙摇动，三百余健儿，携带长短枪、机枪等，踏上了漫漫的东征道路。

第八章　风雨途中

在大海的黑夜里，
穿梭的游鱼便是闪电。
在森林的黑夜里，
翻飞的鸟儿便是闪电。

——奥克塔维奥·帕斯

打麦场里，三军会师尽开颜

已是金秋十月。

秋老虎威力不减，知了声声，太阳炙烤着大地。田野里，浓郁的泥草气息交织着芝麻的花香扑面而来。

彭雪枫冒着炎炎烈日，率支队从竹沟出发，跨过平汉铁路，经过上蔡、商水等地，两天后到达豫东平原上的西华县。

进入西华的第一站是砖桥村。

天公作美，下起了小雨，丝丝凉意顿时驱散了战士们的疲劳。细雨中，一行人迎面走来。走近一问，原来是西华特委副书记侯香山率人来迎接。

两天后，彭雪枫带领队伍到达杜岗村。

经过十二天的行军，十月十一日，在杜岗，游击支队与吴芝圃率领的豫东抗日游击第三支队（先期西渡黄河，从太康、杞县一带赶来的）、肖望东率领的抗日先遣大队（七月初从竹沟出发，向豫东敌后挺进，两三个月就发展到三百余人，人称"肖大队"），举行了会师大会。

为什么选在杜岗会师呢？

杜岗，位于西华县西北七八里处，坐落在新黄河（又称"黄泛区"，是一九三八年

杜岗会师纪念碑

六月九日，国民党炸开花园口大堤，洪水肆虐形成的，水宽处达数十里）西岸，与敌占区仅一水之隔，是游击支队东进的前沿。一九二七年大革命失败后，杜岗就播下了革命的火种。一九三三年，北方局派沈东平等来到这里，办夜校，发展组织，宣传马列主义，唤起民众，争取、改造地方武装。革命工作如火如荼地进行着，杜岗成为豫东一块重要的红色根据地。

八月间，彭雪枫曾以八路军总部少将参谋处处长的身份，到西华、扶沟一带视察。

彭雪枫的眼光，是独到的。

上午，碧空如洗，清风荡漾。杜岗东南角的打麦场里。

大会在歌声中开始。彭雪枫的讲话，振奋人心，令在场的新战士们热血沸腾。

大会进入高潮，一首《大团圆》歌，在蓝天下久久飘荡：

全国总动员，

一齐来抗战。

新四军、三支队开上前线，

今朝来到西华县，

兄弟们大团圆，大团圆！

大会宣布，部队合编为新四军游击支队。彭雪枫任司令员兼政治委员，吴芝圃任副司令员，张震任参谋长，肖望东任政治部主任。

整编后，支队下辖三个大队和一个直属队。肖大队被编为一大队，大队长黄思沛；从竹沟出发的连队被编为二大队，大队长滕海清；豫东抗日游击第三支队被编为三大队，大队长冯胜。

此时，彭雪枫手下汇集了张震、谭友林、吴芝圃、肖望东等几员大将，向豫东敌后挺进了。

这是当时陇海路以南、淮河以北唯一的一支新四军部队。

初战告捷，打出威风

西华整编后，向何处发展成了大家关注的话题。

夜深了，蟋蟀在悄悄地弹琴。茅草房内，一盏油灯，忽明忽暗。彭雪枫、张震、吴芝圃、肖望东等围成一圈，在热烈地讨论着。

最后，彭雪枫扫了大家一眼，清了一下嗓子：

"常言道：'骑着马好找马。'进入敌占区后，我们首先要找个立足点，建立自己稳固的后方，然后再求发展，你们以为如何？"

"说得好！"大家鼓掌一致通过。

接着，张震摊开地图，彭雪枫在地图上疾画了两下："我们第一步先到鹿邑，接着到睢、杞、太地区。"

十月二十四日，游击支队离开杜岗，蹚过新黄河，准备东进。从这里渡过去，就是一望无垠的豫东沦陷区了。因此，杜岗实际是彭雪枫率部挺进敌后的出发地。

二十六日黄昏，部队至淮阳棠棣集西窦楼一带宿营，准备住一夜就走。

次日上午九时，部队正准备出发。突然，啪啪两声清脆的枪响划破上空。侦察员跑来报告："南边村庄有日军向我扑来！"

原来，窦楼东三余里有个双庙刘村，村里有个远近闻名的大地主刘老歪，他养了十多个家丁，平日搜刮民膏，为非作歹，横行乡里。一天晚饭后，刘老歪听说窦楼来了新四军，吓得直哆嗦，心里想：新四军是为穷人撑腰的队伍，他们来了我还有好果子吃吗？不如马上通报皇军。于是，他立即派人前往日军据点戴集报信。

戴集位于窦楼东南，是一个有三百多户人家的集镇，驻有一个日军骑兵小队。小队长是一个三十多岁的少尉，叫林津。这个家伙听罢，一双小眼闪着诡秘的目光，决定前去偷袭。

"痛歼日寇，以壮军威！"彭雪枫拔出左轮手枪，当机立断，"直属队到村南！二大队占领马菜园，迂回包围！"他镇定自若，张震等紧随其后。他们跑至村外，占领窦楼西南一片荒芜的坟地。

不一会儿，一辆淡绿色汽车开了过来。车上载有几十名日军，后面还有十来个骑着大马的，耀武扬威，杀气腾腾。

部队刚刚组建，多是新兵，见到这场面显得有点紧张。

情况十分危险。

嗒嗒嗒……敌人的机枪扫过来，腾起一阵尘雾，封住了大部队进攻的道路。

"卧倒！"张震喊道。说完，抄起一挺轻机枪，一梭子扫过去，把敌人打散了。

"三大队，向左突击！"彭雪枫手握左轮手枪，出现在最前沿的三大队中。

三大队副大队长吴守训号称"神枪手"，弹无虚发，一连击毙多名日军。一个指挥官模样的人，挥舞着指挥刀，在一堆坟头边叽里呱啦地指挥着。

彭雪枫见状，来到吴守训旁："看到了吗？干掉他！"扳机一动，枪响人倒。此人正是日军小队长林津。

树倒猢狲散。

敌人一看队长被打死，方寸大乱，慌忙抬起尸体，扶着伤员狼狈逃窜。

"追！"彭雪枫一声令下，战士们像离弦之箭冲了过去。途中，吴守训发现有几人躲在一堆坟头后。他下令射击，可对方毫无动静。

"抓活的！"战士们冲过去一看，原来是几个在田里劳动、来不及躲开的农民。吴守训正要发火，彭雪枫正好赶到：

"老乡们，受惊了。子弹不长眼，赶紧回家吧！"

说完，转过头来，语重心长地对吴守训道："守训啊，你是一个好的战斗员，但还不是一个好的指挥员！哪能让战士掩护指挥员亲自冲上去抓俘虏呢？你还要不要你这一队人马呀！幸好是几个老乡在这儿躲着，如果真的是几个鬼子，那难免要吃亏的。"

吴守训不好意思地笑了。

此时，马菜园以北枪声大作，鏖战正酣。敌人受不了三面包围，溃不成军，逃往戴集。

首战告捷，彭雪枫和张震饶有兴趣地来看战场。只见几名被击毙的日本兵，表情痛苦，横七竖八地躺在地上。

"我们代表正义和良知，侵略者踩蹦、掠夺我华夏民族，是没有好下场的！"彭雪枫望着远方，抚着腰中的左轮手枪道。

窦楼战斗，游击支队击毙日军十多名，缴获子弹一百余发。在这之前，日军在豫东一带横冲直撞，如入无人之境，从未遇到顽强的抵抗。此战打击了日军的气焰。胜利的消息很快传遍豫东大地。

星夜兼程，豫东大地点烽火；高瞻远瞩，随营学校喜诞生

部队离开窦楼，十月二十八日抵达鹿邑县的大刘庄，开始在这里进行休整。

各大队建立党支部、党小组，发展新党员，筹粮筹款，组织群众，向群众宣传并开展统战工作等，一切进行得有声有色。

在大刘庄的半个多月，彭雪枫一直在脑海中思考着如何把这叶扁舟变成一艘巡洋舰，劈风斩浪地行驶在豫东这片大浪滔天的大洋上。

平静的日子，也有意外的惊喜。

初冬的一个早晨，乳白色的薄雾，弥漫在村庄的角角落落。温暖的阳光透过薄雾，轻洒在潮润润的大地上。通往村外的一条小道上，一个熟悉的身影走来了。

"爱萍，可把你盼来了！"彭雪枫满面春风地迎上去，紧紧握住张爱萍的手。

"嘿，听说你拉起一班人马，人手不够，我来给你当兵哩！"

"哈哈哈，老顽童，总爱开玩笑！"说着，两人一前一后进了屋。

彭雪枫倒了一杯热茶，递给张爱萍。

这是延安抗大结束后，两人在他乡第一次相遇。彭雪枫的心情如同寒冬中遇到小阳春，暖洋洋的。

原来，应彭雪枫的请求，张爱萍奉周恩来之命，从武汉到鹿邑，做县长魏凤楼的统战工作，为游击支队东进提供一个大后方。

彭雪枫坐在炕上，向张爱萍介绍了一下魏凤楼的情况。

他说，魏出身寒苦，大约是一九一三年冯玉祥在信阳招兵时入伍的。冯玉祥看他为人忠厚，肯吃苦，打仗勇敢，就调在身边当警卫。后来逐渐被重用，当过旅长、军长，一九三三年回到故乡经营果树庄园，不问政治了。抗战爆发后，冯玉祥让他出来抗战，他才积极起来。

"西北军的特点是反帝爱国，这点和咱们党的目标是一致的。不过，他们也有致命的弱点，就是只相信枪杆子，不相信群众，没有根据地思想，关键时刻态度游离，你要注意啊！"

彭雪枫长叹了一声。

"老兄不愧是西北军子弟，说得好，你放心吧！"

"床前明月光，疑是地上霜。举头望明月，低头思故乡。"通俗易懂的诗句千古传唱，它传达出游子对故乡的眷恋之情，永恒而迷人。故乡，总是让游子魂牵梦萦。

这时候，原三支队的许多官兵，想到离他们的家乡睢、杞、太地区不远，纷纷要求部队到自己的家门口打仗。

思乡乃人之常情，另一方面，由于三支队的离开，睢、杞、太一带坚持斗争的马培善部，见风使舵，投入了敌人怀抱，造成二十余人牺牲。

这点燃了原三支队官兵的怒火，打回去的呼声不绝于耳。经过再三考虑，爱兵如子的彭雪枫同意了这一要求。

十一月二十日黄昏，彭雪枫、张震等率游击支队，沐浴着最后一缕斜晖，踏上了进军睢、杞、太地区的征程。

这里汉奸、土匪多如牛毛。为避开这些散兵游勇，一路上，部队星夜兼程，彭雪枫健步如飞，走在队伍的最前面。

时任支队政治部主任的肖望东，后来这样回忆：

一百四十里的行军中，还要通过敌人的几道封锁线，他跟着大家一道走，没有骑过一分钟的马，纵然双脚满是血泡，但他毫无倦容，泰然自若，沿途还不断勉励战士前进，从而胜利到达目的地。

两天后，部队顺利到达睢柘地区。

"这里临近开封，不宜久留。我们要速战速决！"彭雪枫道。

于是，在以后的几天里，部队迅速展开战斗，先后打掉了睢县的西陵寺，杞县的陈寨、宋庄等据点，歼灭了马培善、胡祥生等几股伪顽武装两千多人。顿时，豫东抗战局面焕然一新。

一个好汉三个帮，一个篱笆三个桩。

彭雪枫深谙统战的力量。于是，支队在杞县、太康交界的板木，召开了睢县、杞县、太康地方武装首领大会。

当地六十位绿林首领闻讯后，都骑马挎枪前来看热闹。凛冽的寒风中，彭雪枫侃侃而谈，最后送了两句话：

"手中有枪，抗日救国方称好男子；勇武豪侠，血洒战场才算真英雄！"

精诚所至，金石为开。

发自肺腑的话语，深深打动了这些以"武界俊杰""绿林好汉"自居的"草头王"。最后，这些人纷纷表示，愿意与新四军合作抗日。

每天，驻地门前，大批青壮年像飞鸟遇到了树林，欢呼着，踊跃报名参军，其中不少是中学生。望着充满活力、眸子里对未来充满渴望的青年，彭雪枫心头热乎乎的。他扭过头来，对张震说：

"在临汾时咱们办'学兵队'，到竹沟时办'教导队'，这次，咱们办一所'随营学校'，为支队下一步发展培养干部，怎么样？"

"司令员高见！好主意！"张震竖起大拇指。

十一月二十六日，随营学校在河南杞县傅集正式成立，彭雪枫亲任校长。

在此后的日子里，它数次易名：抗日军政大学第四分校，雪枫军政大学等。仗打到哪里，学校就办到哪里，被誉为"马背学校"。

"放下枪就上课，背起枪就打仗"，这是当年的真实写照。

今天，在六朝古都南京碧波荡漾的扬子江畔，坐落着一所闻名全军的高等军事学府——南京陆军指挥学院。它的前身，就是昔日彭雪枫创办的随营学校。

在人们津津乐道彭雪枫将军著名的"三宝"时，或许应该再加上一宝，那就是随营学校。

军中奇葩——拂晓剧团

"缴枪不杀！不然送你回老家！"

"长官，投降能吃白面馍吗？"

"没出息，就想吃的。"

屋内不时爆发出一阵阵笑声和掌声，气氛十分热烈。

这是隆冬的一个下午，雪花飞舞。一间茅草屋内，生了一盆火，火光映得满屋暖融融的。

彭雪枫坐在前边兴致盎然，不时地回过头来，对肖望东等人说道：

"话剧就是有鼓动性，对战斗很有益处，应多演些。"

原来，这是支队拂晓剧团在演出话剧。

说起拂晓剧团，不能不说临汾学兵队。那时，学兵队里有俱乐部、戏剧社等。到了竹沟，竹沟教导大队第一期毕业时，彭雪枫邀请延安来的木刻家刘岘等，组建了一个剧团。

一九三八年五月四日，彭雪枫将其命名为拂晓剧团。

一九三八年十二月下旬，彭雪枫率支队离开睢、杞、太地区，返回鹿邑南，准备休整。路上，彭雪枫宣布，拂晓剧团重新建立。

剧团开始表演的多半是活报剧、街头演唱、小型舞蹈。成员也不过十多人，多是些十三四岁、十五六岁的小鬼。

一九三九年十月初，剧团女演员王雨琴带病排练《出发之前》一剧，致使病情突然恶化，不治而亡，年仅十五岁。

正值花季年华，却早早离开人间，彭雪枫闻讯，十分难过。在追悼会上，他沉痛地说："小小孩子，离开了父母和温暖的家庭参加革命，来到部队这个大家庭，领导同志就应该像父母一样关心照顾他们。小团员王雨琴得了病最后不治身亡，这说明我们没有照顾好这个孩子，没有尽到责任。"

责己之心，可谓深矣！

沉痛之余，他写下一副挽联，以寄托自己的哀思：

童年多敏感，几经谆诱，居然顿悟，不愧我党优秀分子
壮志犹未酬，出发之前，竟成永诀，又弱吾军健儿一员

细微之处见真情。

拂晓剧团团员朱子峥在晚年深情地回忆了这样一件感人的小事。

一九四二年春天的一个黎明，在洪泽湖畔一个普通的小村庄，拂晓剧团的小演员们还在梦乡遨游。忽然，窗外传来分队长的喊叫声：

"快起床！快起床！彭司令来了！"

一听说是彭司令来了，这群少年顿时像打了兴奋剂，一个骨碌爬起来。谁不爱师长，谁又不怕彭司令呢？

说话间，彭雪枫和警卫员已走进了院子。

司令部离这里不远，一会儿工夫就到。闲暇时，彭雪枫经常来这里看看。

彭雪枫一边听着分队长的介绍，一边走进屋子。

"彭司令早晨好！"大家慌乱地站成一排。

"你们怎么才刚刚起床啊？"彭雪枫进门就问。

"昨天晚上演出，今天是星期天，想让大家多睡会儿。"分队长挠着头，不好意思地说道。

"司令，您坐这儿，我再给您加一个背包，高一些。"副队长说着，转身又搬了一个背包。

"不用了，一人一个背包，我坐一个就行了，大家都坐吧。"

彭雪枫坐下后，顺手摸了一下稻草："大家晚上冷不冷啊？"

当时，支队睡的都是地铺，把稻草铺在地上，就是很好的床铺了。

"不冷，不冷，一点儿都不冷，大家挤在一块儿，可暖和了。"挨着彭雪枫坐的一个小团员，笑嘻嘻道。

"铺草要干燥，免得受寒。"彭雪枫抓起一把稻草，仔细感受了一下，"被子也要经常晒一晒，免得生虱子。"

话音一落，人群中传来一个稚嫩的声音："革命虫是免不了的，干革命哪有不生革命虫的？"大家扭头一看，是调皮鬼小黄。

彭雪枫皱了一下眉头，盯着小黄，不紧不慢地说道："小黄啊，你这话我不能同意。那不是革命虫，那是吸血虫、害人虫。要赶快消灭掉，越快越好！"

小黄一听，知道说错了，伸了一下舌头，缩缩脖子。

人群中一阵笑声。

彭雪枫也笑了，又问道："你们有办法把虱子消灭干净吗？"

"有的是办法。烧一锅开水，把生虱子的衣服用开水一烫，就消灭掉了，叫它一个也活不了！"有个小鬼道。

小黄又来了，他调皮地说："连它的儿子——虮子都死光，我叫它断子绝孙！"

彭雪枫露出赞赏的目光："小黄灭虱子的决心很大，要斩草除根，这很好！说干就干，现在就行动，好不好？"

屋内异口同声："好！"

于是，大家纷纷站起来，准备行动。

分队长接着道："我去叫伙房烧一锅开水，今天大家都烫衣服，灭虱子！"彭雪枫一听，笑了，拍着分队长的肩膀道："烧一锅开水，我看不够，多烧一锅，大家用热水擦擦澡，也很好嘛。"

大家哈哈大笑起来。每个人的心头像春风吹过一样，暖融融的。

彭雪枫嗜书如命，但他的藏书，对拂晓剧团的团员是开放的，由此可见剧团在他心中的地位。

在殉国前两年的一次干部会上，彭雪枫曾深情地说："如果让我凭兴趣挑选工作的话，我愿意做拂晓剧团团长，骑兵团团长，拂晓报社的编辑和记者。"

言为心声。"三宝"中，就有"两宝"与文艺有关。可见，彭雪枫的书生情结是多么浓厚。

练兵白马驿，风雪结情缘

出师有道，占到先机。

从竹沟到鹿邑，短短几个月的时间，队伍由出发时的三百七十三人，迅速扩大到三千多人，星星之火，呈现出燎原之势。

一路上，彭雪枫的心情十分舒畅。望着深邃的蓝天，他高兴地对张震说："只要咱们高举抗日大旗，做好统战工作，豫东抗战局面一定会大不一样！"

张震点点头。肖望东却露出一丝忧虑。

明察秋毫的彭雪枫马上问道："望东，你有什么顾虑吗？"肖望东苦笑一下，只好一五一十地道出了原委。

原来，连日的行军打仗、扩大队伍，导致一些情况出现了：有些战士吃不了苦，偷偷开小差跑了；有的不习惯，无事生非，寻衅滋事。

的确，昨天是"日出而作，日落而息"的农民或占山为王、四处打劫的土匪，今朝衣服一换，就成了新四军战士。名称变了，但思想观念这个弯儿，并不是一朝一夕能转过来的。换汤没换药啊！

从红军时期三湾改编，把党支部建立在连队之上，使党真正指挥枪，到眼下战士们动机、目的芜杂，都面临着同样的问题。

"成分不一，再加上长途跋涉，人困马乏，给养困难，如不休整，长此以往……"肖望东眉宇紧锁，似有难言之隐。

彭雪枫明白了，他眉头一皱，厉声说道："事不宜迟，马上整顿！"彭雪枫、张震、肖望东等人商议之后，决定带队伍寻找一个地方，休整一下。

大家把目光投向了白马驿地区。

彭雪枫在白马驿的指挥部旧址

白马驿是鹿邑县的一个大集镇，位于县城南三十公里处。镇上有不少户地主，上百家大小商店。由于地处豫皖两省三县交界，位置相对偏僻，四周砖砌的城墙坚固，敌人来往较少，适合驻扎。

十二月中旬，支队在这里进行了三项整顿：政治教育、军事训练、统一战线。

不知不觉中，一九三九年元旦来了。

这是出征后的第一个冬天。寒气逼人，部队衣着甚单。

"让爱萍找魏凤楼去交涉！"彭雪枫道。彭雪枫五月时曾经拜访过魏，与其有一面之谊。当时，张爱萍任魏凤楼的参谋长。

那么，支队平时的经费、给养，到底是怎么解决的呢？张震在回忆录中这样写道：

> 因为我们没有政权，只能靠打鬼子、捉汉奸，搞点物资，补充经费，或是与国民党地方政权商量，靠统战关系，解决部队的供应。

张爱萍不负众望，魏凤楼也够意思。一天黄昏，下着鹅毛大雪，魏凤楼派车将棉衣送到游击支队司令部。由于天气太冷，押运棉衣的一位同志，站在屋外的雪地里，冻得直跺脚。

张震闻声，连忙叫警卫员请那位同志进来。

进屋一看，竟然是位女同志！

"不好意思，让你受冻了！"张震搓着手，满脸歉意道。

"哦，没关系。"她低下头，轻轻地说了一声。只见她脸冻得通红，军装领口露出红衬衣，与盆中炭火相映，更添少女的羞涩。

仔细一问，她叫马凌嵩，十六岁，河南宜阳人，共产党员。初次见面，她就给张震留下了美好的印象。后来，她成了张震的夫人。

大刘庄、白马驿的两次整训，都是支队成长时期的"三湾改编"。

不以规矩，不能成方圆！

包河湾躲年，一片赞叹；书案店卖马度饥荒，赢得"文明第一军"

整训之后，部队士气大振。但何去何从，大家心中还是没底。

正在这时，毛泽东来电了："你们在豫皖苏地区发展游击战争，创立根据地的计划是对的，并已开始获得成绩，望放手去做，必获大效。"

消息传来，支队上下倍受鼓舞，决定继续向东发展。

不久，彭雪枫率支队进入豫皖苏地区的永城、亳州、萧县一带。

一月八日夜，二大队长滕海清率部夜袭芦家庙，歼灭伪军三百余人。

不久，张震率一、二大队进入永城地区，消灭"两黄加一周"（指三个土匪头子，两个姓黄，一个姓周）。

二月九日，彭雪枫率支队机关，抵达豫皖交界的书案店。

书案店，又名乐安店，是河南永城县西南的一个小镇，有三百多户人家，一千多口人。在敌占区，算是一个比较大的镇子。

忽如一夜春风来。军号嘹亮，战马嘶鸣，加上拂晓剧团的"喧闹"，俨然一首军乐大合唱，飘荡在小镇的角角落落。

昔日平静的小镇，马上变得热闹起来。

说话间，春节来了。

这是游击支队挺进敌后的第一个春节。

二月十九日，大年初一，小镇上，噼里啪啦的爆竹声和小孩子的嬉闹声，交织在一起。

常言道："穷年不穷节。"老乡们纷纷端着热气腾腾的带汤饺子，到驻地看望战士们，可是推门一看，屋内空空如也，不见人影。

正在纳闷之际，远处传来阵阵歌声——一队队战士，唱着歌回来了。

上前一问，原来，除夕晚上，彭雪枫听说乡亲们第二天邀请战士们吃饺子，十分不安。他想，老乡们一年忙到头，省吃俭用，就吃这一顿白面饺子，几千号人得多少饺子啊！彭雪枫不敢想，当即和张震等决定，到附近的包河湾"躲年"。

"彭司令，你们整天替咱老百姓打鬼子，打汉奸，过年了，乡亲们也没啥好吃的，这碗饺子是点心意，您就尝尝吧！"一位老大娘端着岗尖岗尖的一瓦碗饺子，双手颤巍巍地递给彭雪枫。

"大娘，您和乡亲们的心意，我代表大家领了！可是，乡亲们一年忙到头，也没吃上啥，您还是端回去补补身体吧！"

彭雪枫一挥手，战士们敬个礼，唱着歌，转身向营地走去。

在瑟瑟的寒风中，老乡们端着饺子，望着子弟兵远去的背影，泪水不禁扑簌簌地落下来。

春节过后，一件让支队上下头疼的事情来了：吃饭成了问题。

当时，国民党贪官勒索，土匪打劫，散兵游勇敲诈，劣绅层层盘剥……加上正值冬去春来，青黄不接，老百姓食不果腹，无力接济刚到此处的新四军。

每天，三分钱的菜金就难保证。部队能吃到红薯干、高粱面掺糠菜蒸的黑窝窝，喝点清汤，就已经很不错了。一位战士编了一段顺口溜：

三九天，早春天，我军东进书案店。

天天吃尽红薯干，两月不见油和盐。

腊月三十推石磨，一斤高粱辞旧年。

彭司令率咱渡难关，饿死也不把纪律犯。

一天，午饭时，彭雪枫走到战士中间，左手拿起一个红薯，微笑道："这叫什么？这不叫红薯，这叫'无产阶级香肠'。"右手又拿起一块黑糊糊的窝头，边嚼边说道："这不叫窝头，这叫'猪肝'。"战士们被司令乐观、幽默的话语逗乐了。"还有呢！"说着，彭雪枫又端起一碗可以照见人影的稀汤，喝了一口，笑道，"这叫'抗战牌'牛奶！"

笑声中，战士们的目光变得更加明亮了。

可是，夜晚，想到一个个面如菜色、衣带渐宽的战士，彭雪枫又难过得辗转反侧。

对于这段生活，后来，面对记者的提问，彭雪枫这样回忆：

一天两顿吃不饱的红薯汤、杂面馍，吃麦苗、啃树皮的日子是经常过着的；冬天雪地赤脚作战，血痕斑斑的日子是经常过着的；三个月不发一文零用钱，冬天穿单、夏天穿棉的苦楚是经常受着的。

一天，三大队政委张辑五奉调蒙城工作。临行前，他到司令部请示工作，谈话间，已经到了中午。

"中午，就在这儿吃饭吧！"彭雪枫关心道。

不一会儿，警卫员端来三碗坏红薯，一点菜都没有。彭雪枫苦笑了一下：

"实在过意不去，你今天离军远征，本应弄点好吃的，可实在没办法，就这样凑合吃一顿吧！"

说完，彭雪枫大口大口地吃下去。可是，张辑五看到司令员和战士们吃一样的"饭菜"，心里很难过，勉强吃了半碗，就再也吃不下了。

饭后送别，彭雪枫掏出两元钱相送，张辑五一阵心酸，热泪潜然而下：

"不不，现在支队正困难，还是您留着用吧。我就是饿着肚子，也要走到蒙城去。"

"拿着，拿着，常言道，穷家富路。出门在外，不比在部队，没钱时借都没处借。"

两人争执不下，在一旁的张震过来相劝："司令员的一点心意，你就收下吧！"

张辑五慢慢低下头，眼圈有点红了，哽咽道："好吧，不过，我只收一元。"

后来，张辑五在回忆录中感慨道："当时的一元钱，胜过和平时期的一千元、一万元啊！"

春荒还在加剧。

黄昏，饭后。寒风中，杨树林在呜咽着。

彭雪枫和警卫员一前一后，默默地走着。"白杨多悲风，萧萧愁杀人。"彭雪枫忽然想起这句诗，觉得格外亲切。这时，远处匆匆走来一个模糊的身影，走近一看，原来是供给处处长资凤。

"司令员，金库里仅剩一元五角钱了，明天……明天部队就要断炊了。"

资凤双手拢在袖管里，一脸的焦急。

资凤是井冈山时的老红军，平时克勤克俭，是个当家理财的好手。但巧妇难为无米之炊啊！彭雪枫难过地低下头，陷入了沉思。

从竹沟出发时，带的家底快花光了。靠统战，只是权宜之计，打汉奸、土豪，也得看时机。常言道："兵马未动，粮草先行。"一顿饭不吃就不行，人是铁，饭是钢啊！

"司令员，要不，发动战士们，到周围挖野菜吧！"资凤眼睛一亮，像抓到一根救命稻草似的。

"不行！"

"为什么？"

"艰难时候，挖野菜也是与民争利的行为。我们再苦、再饿，也不能给乡亲们添麻烦！"

资凤缓缓低下头，泪水扑簌簌地落下来。

"司令员，司令员，好消息！"正在几人愁眉苦脸之际，通信员上气不接下气地跑过来。

"什么事，这么慌？"

"报告司令员，肖主任在永城东北打了胜仗，缴获十多匹战马。"

"是吗？"彭雪枫惊喜地问了一声。

他在心里暗暗地盘算着，紧锁的双眉，慢慢地舒展开了。

"不是有出《秦琼卖马》的戏吗？秦琼受困，把黄骠马卖了，英雄末路。人是第一，我们也卖掉一些战马，然后再从敌人手中夺马！"

"卖马？"资凤大吃一惊。

当时，马匹很少，打起仗来，马比战士都重要。资凤好像不太相信自己的耳朵，忙说道：

"部队行军打仗，离不开马呀！"

"是马重要，还是人重要？秦琼卖马的故事你知道吗？战时是'武器'，困难时就是'口粮'，不但别的马要卖，我的马也要卖！"

"什么？"

资凤目瞪口呆，险些瘫倒在地。他不解地望着彭雪枫，久久说不出话来。

翌日，司令员要卖马的消息不胫而走。警卫员赵运成哭成了泪人，伏在枣红色的大马旁，说什么也不让拉走。那是彭雪枫从临汾骑过来的，号称"千里驹"，人见人爱。此刻，枣红马似乎通人性，温顺了许多，流露出依依不舍的目光。

彭雪枫何尝不想留下这匹马啊，但眼下的窘状使他不得不狠下心来。他拍着小赵的肩膀，安慰道：

"小赵啊，你的心情我能理解。人非草木，孰能无情？但不能凭感情用事，现在正值春荒，群众也没粮吃。所以，我们决不能向群众征粮。你想想，不卖马买粮，还有什么办法吗？"

战士们把卖马的钱称作"救命钱"，就这样，部队暂时解了燃眉之急。

快要春播了，可书案店四周的田野里寥寥无人。一打听，原来，农民还没有种子。彭雪枫闻讯，急忙让部队送去一些钱，以渡难关。

乡亲们看到部队这么艰难，不但秋毫不犯，而且还帮助自己，深为感动，赞誉游击支队为"天下文明第一军"。

对于敬爱的彭司令，老百姓编了几句顺口溜，广为传唱：

> 新四军，彭司令，谁提起来谁夸奖。
>
> 你种田，他帮忙，你打麦子他扬场。
>
> 日本鬼子来扫荡，指挥抗敌办法强。
>
> 军民团结一条心，打跑鬼子保家乡。

细雨中，他下定决心，进军淮上，度过峥嵘岁月

好雨知时节，当春乃发生。

蒙蒙细雨，像烟，像雾，给小镇蒙上一层薄如蝉翼的细纱。彭雪枫悄然漫步在镇外的树林里，树枝上的雨珠落在他灰色的军装上。

对下一步行动，彭雪枫思忖了许久。住久了，必将引起敌人的窥伺。

现在，支队处在敌人的夹缝中，以卵击石，无疑是自取灭亡。必须未雨绸缪，走在敌人前面。想到这里，一股力量涌上脑际：

"警卫员，回去！"

很快，彭雪枫召开会议。会上，他面色凝重，分析道：

"这里地处豫皖苏交界，北靠陇海路，东傍津浦路，西临黄河，战略地位极其重要。不管我们向哪个方向发展，这里都可作为我们的根据地。我们不但要开辟根据地，将来还要建设好根据地！"

全场鸦雀无声。接着，他又提醒道：

"目前，敌人强大，我们弱小，必须开展游击战，避实击虚，掌握主动权。"

在书案店，支队进行了整编，将大队改为团。支队组建了两个团。第一团团长张太生，政委李耀。第二团团长滕海清，政委谭友林。还有一个独立营，营长冯胜，政委张辑五。

"新四军又要去打仗了！"

撒野的顽童们，疯跑着，高喊着，引来无数群众到道口送行。

已是五月中旬，西南风正劲，田野里麦浪滚滚。彭雪枫挥手告别乡亲们，率领第二团向淮上（指淮河以北，浍河以南，津浦铁路以西，宿县至蒙城公路以东的广大地区）进军。

六月三日，第二团在宿县南湖沟集一带，击毙日伪军二十余人。

六月二十日，第二团冒雨袭击怀远县城，击毙日伪军六七十人。

接着，游击支队四次袭击怀远县城的日伪军。

日伪军被打懵了！

"彭雪枫，大大的厉害！"

一时间，新四军的威名在淮上传开了。

众人拾柴火焰高。

七月三十日午后，彭雪枫应邀在耿村集做了一次特殊的"统战工作"。

烈日炎炎，一个青砖灰瓦的礼拜堂内，黑压压地站满了虔诚的基督徒。他们期待的目光中流露出一丝担心和疑惑。

"新四军司令，会打仗，耶稣，他知道吗？"

"抗日，基督，风马牛不相及，他能说些啥？"

一些教友一阵阵嘀咕。

掌声中，彭雪枫面带微笑，阔步走上讲台。

各位教友，各位父老兄弟姊妹：

我很感激各位给了我这个难得的机会，使我能够代表敝军全体指战员向给予我们无限爱护和帮助的民众以及各位教友表示诚挚的谢意。

第一，基督教的基本精神是"博爱众人"，全部教义归纳起来，无非是拯救世人脱离苦痛的、罪恶的深渊；而共产党在这一点上是与基督精神一致的。

共产党人奋斗的目标，就是为救大多数的人，为求民族的解放，把几万万在日本帝国主义压迫之下的中国人解放出来。

同时，我们认为单单中国人的解放还不够，我们还要求得社会的解放，使全世界受罪的人，受苦的人，受压迫的人得救，就是要把全世界的坏人、好人、善人从帝国主义压迫之下解放出来的意思。

……

基督教友和共产党人联合起来，广大群众与抗日军人联合起来，共同一致争取我们抗日战争的最后胜利！

话音刚落，掌声雷动，经久不息。

"彭雪枫太神奇了！啥都懂！"

"就凭这一点，新四军一定能打败日本人！"

这就是彭雪枫著名的《基督教友和共产党人联合起来》的演说。

这场别具风格的演说，站在今天的角度看，仍闪耀着光辉：在时代的洪流面前，一个政党与一个宗教，在精神上该如何风雨同舟。

精彩！永恒！

原来，彭雪枫早在育德中学时，就学过《圣经》，还会唱《赞美诗》等歌曲。他虽不信教，但博爱的情怀，始终流淌在他的血脉里。

踩着黄昏的脚步，夜，悄悄地来了。

低矮的茅草房内，散发着发霉潮湿的气息。昏暗的灯光下，蚊蝇凑趣，演讲已经够累了，可彭雪枫全然不顾，一边擦汗，一边奋笔疾书。

夜深了。远处的蛙声，响亮高昂，连绵起伏，仿佛是一首悦耳的催眠曲。可是，眼前一个个跳跃的字眼像一个个熟悉的老友，面带笑容，向他招手。他正在写《平原游击战的实际经验》一文。

理论与实践相结合，是彭雪枫治军的一大特色。

这个草稿，从窦楼战斗之后，就一直在他的脑海深处徘徊。

跳跃的火苗前，映出一张老红军黧黑的笑脸："司令员，过去打游击，主要在山林间，打得敌人鬼哭狼嚎。而今，在大平原上，面对敌人的机械化部队，新四军能应付得了吗？"

老红军凝望着彭雪枫，流露出期待的眼神，渐去渐远。

"能行吗？能行吗？"彭雪枫内心里，一声声质问像山谷间的喊声，在回荡着。

"没有攻不破的碉堡！"彭雪枫内心无比坚定。

一年来，游击支队纵横驰骋在江淮原野、豫皖大地，数次战斗的场面像电影一般不断地在他眼前浮现。多少个不眠之夜过去了，现在，终于写完了！

像陷入重围，忽然冲出了敌阵；

像穿过万里漆黑的隧道，忽然遇到一缕阳光；

像干涸已久的田野，忽然遇到一场甘霖。

他长长地出了口气，伸了个愉快的懒腰。此时，夜色渐散，雄鸡啼鸣，推窗望去，东方已露出一团绯红的云霞。

这时，译电员跑来报告："参谋长在永城收编了一支九百多人的抗日队伍！"

"太好了！发给《拂晓报》，祝贺一下！"彭雪枫高兴道。双喜临门，倦意顿时消退了一半。

原来，张震在永城东北活动时，遇到一支抗日游击队。领导人叫鲁雨亭，原名鲁鸿逵，很有正义感。鲁雨亭在当地影响很大，被誉为"抗日英雄"。

八月底，彭雪枫率游击支队离开淮上，回师永城、涡阳境，终于见到了鲁雨亭。

那是一个彩霞满天的黄昏。几匹战马自远方而来。马到门前，张震身后跃下一名中年男子。只见他身着白色的粗布褂子，背着一顶粗糙的大草帽，紫铜色的脸上胡须丛生，显得质朴刚劲。

"司令员，这就是雨亭先生！"

"雨亭兄，一路辛苦了！屋里请！屋里请！"彭雪枫满面春风，早已迎出屋。

"彭将军相貌堂堂，一表人才，久仰！久仰！"

寒暄之后，年长彭雪枫八岁的鲁雨亭，讲述了自己的过去。

原来，鲁雨亭之父也是西北军的。鲁雨亭十九岁时进入国民党开封军校，毕业后任军法官，一九三八年永城沦陷前，曾任永城县县长。一九三八年秋，返回家乡山城集，卖掉了自己的全部田产，组织抗日队伍。

"当今天下，日军猖狂，侵我河山，炎黄子孙无不切肤痛恨，雨亭兄率军加入新四军，共举抗日大计，真乃有胆有识的热血男儿！雪枫钦佩！钦佩！"

"过奖，过奖，雨亭不才，误落尘网数载，久闻将军大名，雨亭举家资加入抗日洪流，赴汤蹈火，在所不惜！"

"你们故乡有孔夫子驻足的夫子崖，汉高祖斩蛇的芒砀山，自古以来，便是风云际会的地方，盛产慷慨侠士啊！"最后，彭雪枫笑着盛赞道。

后来，鲁雨亭还把自己的战马"火车头"送给了彭雪枫。该马青白色，高大、体健，越壕过沟，腾跳自如，因在陇海铁路边赛过火车而得名。

这时，津浦路东国民党专员来信，要求派干部到该区工作，大家商议，决定派张爱萍去工作。

"爱萍，你的任务不轻啊！"

"我给你们打前站！"

生死与共的战友又要分别了。彭雪枫看着张爱萍的鞋子已经开了花，心里很不是滋味，遂向供给处负责人喊道："给爱萍书记做双鞋！"

秋天，是收获的季节。

一九三九年九月一日，在涡阳曹市集一座牛氏祠堂内，游击支队召开了第一次党代会。

这是一次不同寻常的会议。

雨后见彩虹，多么激动人心的一刻啊！回首誓师东征一年来，无数健儿浴血奋战，在窦楼的田野里，在睢太公路的寒夜里，在书案店的日日夜夜中……

一幕幕，一桩桩，念及于此，彭雪枫心潮澎湃，难以平息。

竹沟的父老乡亲们，我们没有辜负你们的期望，一年来，从敌人手中缴获一千四百余支轻重武器，唤醒了三千万在日寇铁蹄下的同胞，你们种植和灌溉的小树成长起来了！

多少战友静静地倒下了。窦楼战斗中，英勇冲锋的排长阎立泰；商丘坞墙战斗中，两腿中弹的老红军营长陈光勋……九泉之下的战友啊，瞑目吧！你们的鲜血没有白流！

古希腊科学家阿基米德曾说："给我一个支点，我就能撬起整个地球。"历史给了彭雪枫一个支点。一年来，他率领的游击支队从竹沟时的三百七十三人，已壮大成一万多人，成为一支活动在豫皖苏边区的抗日劲旅。彭雪枫功不可没！

会议总结了出征一年来的工作，讨论了豫皖苏边区的形势和任务，选举了出席党的七大代表谭友林。另外一个重要决定，就是要大刀阔斧开辟豫皖苏根据地。

会议结束后，拂晓剧团的小演员们表演了花灯舞，庆祝党代会圆满结束。

在牛氏祠堂门口，支队团以上干部嚷嚷着合张影，留个纪念。

"好！怎么站，我听你们安排！"彭雪枫道。

"司令员，同志们，往这里看！"

咔嚓一声，刹那间，留下青春的记忆，留下烽火中战友的深情。

第九章　山河多姿

请给我一支长笛，
让我吹起。
笛声倾诉心中的正义，
荡涤罪恶之后，
笛声依然萦回天地。

——纪伯伦

金秋时节，一个神秘的来客，忽至新兴集

秋天是喜悦的，因为它给大地带来了累累硕果；

秋天是迷人的，因为它给万物披上一层灿丽的金装。

就在秋高气爽、丹桂飘香的十月，一道清脆悦耳的电波，跋山涉水，从宝塔山下飞到一个古老的皖北小镇新兴集。

刘少奇要来了。

刘少奇这个时候为什么来这里呢？

原来，一九三八年九月至十一月，党中央在延安桥儿沟教堂召开六届六中全会。当时，华北发展起来了，华中则冷冷清清。会上决定"巩固华北，发展华中"，将长江局分为南方局和中原局。南方局书记非周恩来莫属，而

中原局呢？众望所归，刘少奇上任了。

一九三九年一月，刘少奇到达河南确山竹沟，开始指导华中的工作。不久前，刘少奇率中原局一百多名干部，从竹沟出发，经过汝南、项城、沈丘，于十一月四日来到新兴集，这是他行程的第一站。

新兴集，原名灵奶庙，位于豫皖交界处。曹市集党代会结束后，彭雪枫率支队司令部及机关于九月六日移驻这里。而对于部队进驻新兴集，当时还引发了一场小小的争论：

"这个地方太小，回旋余地不大！"

"地势低凹，一下雨，汪洋一片！"

会上，众说纷纭，莫衷一是。

彭雪枫听罢，笑道："此言差矣！古人云，'恩生于害，害生于恩'，利害是相互的。这里虽然小，但战略位置重要，向北是沟通华北八路军的枢纽，向东是苏北敌后的前哨，向南是华中战场的后方。"

"至于水患嘛，"他顿了一下，兴奋地挥了一下手，"事在人为，它能难倒抗战杀敌的新四军吗？"

一席话，让大家茅塞顿开，信心倍增。

刘少奇要来的消息，一经传出，宛如甘霖喜降，整个部队沸腾了！

好事成双。十一月二日，新四军军部来电："游击支队宜改名为新四军暂编第六支队。"由于国民党对新四军始终采取歧视、限制的态度，只限于原来几个支队，所以五、六两支队只能加上"暂编"二字。

十一月四日上午。澄空如洗，枝头飘香。

涡阳北，弯弯的田野小道上。

刘少奇（化名胡服）、徐海东、刘瑞龙等一行一百余人，策马前来。彭雪枫、吴芝圃、张震、肖望东等率直属队，迎上前去。

这是一个让人心潮澎湃的时刻！

远远地，彭雪枫翻身下马，走到跟前，啪的一声，敬个军礼：

"胡服同志，一路辛苦了，我代表支队全体同志欢迎您和同志们的到来！"

只见刘少奇面容消瘦，一身洗得发白的灰布军装干净整洁，岁月的沧桑染白了双鬓，含笑的双眸蕴含着睿智和谦和。

"雪枫同志气度非凡，能文能武，果然名不虚传，豫皖苏的将才啊！"

"过奖，过奖了。"

"从竹沟出发时的三百多人，到现在的一万多人，这可不是简单的事啊！"

"都是大家的功劳，我只是做了很微小的一部分工作，不足挂齿，还望您多多指教！"

两人一见如故，畅所欲言。其实，掐指算来，自临汾一别，已有四个春秋了。此次见面，二人都分外高兴。

一路上，看到道路两旁，战士们手持鲜花，呼声如潮，性格严谨的刘少奇深深地感动了。他举手示意，颔首微笑，一股暖流涌上心间。

一九三九年十一月七日，是一个不同寻常的日子——苏联十月革命二十二周年。

这天，第六支队在新兴集北门外大操场举行盛大的阅兵式，隆重庆祝这一伟大的节日，同时欢迎刘少奇一行的到来。

偌大的操场上，彩旗猎猎，歌声飘扬，洋溢着一片热烈的节日气氛。

彭雪枫主持大会。阅兵之后，掌声中，刘少奇站起身来，激动地说：

"来到豫皖苏，我要说的第一句话是：同志们辛苦了！"

顿时，台下响起海啸般的掌声。接着，他高屋建瓴地说：

"游击支队的发展、豫皖苏根据地的创建，证明党中央、毛主席进军敌后的方针是完全正确的，证明在平原地区开展游击战是完全可能的！"

最后，他高度赞扬道："游击支队是我党在游击战争中，在敌后创建的最好的部队之一！"

话音一落，掌声响彻天宇，久久不息。

寒夜降临了。茅草屋的窗户下，橘黄色的油灯光，映着刘少奇清癯的脸庞。他点燃一支烟，彭雪枫坐在旁边，聆听他畅谈。

在新兴集二十余天的日子里，刘少奇同支队干部谈话，他着重阐述了为什么要建立政权，怎样建立政权，从而得到人民的支援，克服经济的困难。

刘少奇的一番话，犹如一股春天的煦风，吹醒了大家，也温暖了彭雪枫的心灵。他终于明白了过去艰苦的原因：只注意发展军队，忽视政权建设，自然就缺少源源不断的给养补充。

刘少奇走后不久，彭雪枫雷厉风行，率部在豫皖苏边区的永城、夏邑、萧县、宿县等地迅速建立了地方政权，减租减息，大力发动群众。从此，部队不再为吃穿发愁了，抗日热情日益高涨。

新兴集的水，更美了；天，更蓝了。

后院起火，彭雪枫拍案而起："丧心病狂！"

天有不测风云。

一九三九年十一月中旬，就在彭雪枫率支队在新兴集准备大展身手的时候，传来了一个令支队上下无比愤怒的消息：

"竹沟遭到敌人的进攻！二百余名战士及群众惨遭杀害！"

"无耻！丧心病狂！"彭雪枫手持电报，火冒三丈，大声地咆哮着。拿着这份鲜血染成的电报，他浓眉紧蹙，愤怒的目光中浮现出惨不忍睹的一幕：

一九三九年十一月十一日拂晓，天阴沉沉的。寒风轻轻地刮着。黎明前的竹沟，一片寂静，人们还沉浸在冬日的梦乡中。无人能料到，罪恶的双手正在伸向他们。此刻，一群匪徒端着枪，悄悄地逼近东寨门。

后来证实，是国民党三十一集团军少将参谋耿明轩，纠集确山、泌阳、信阳三县自卫团，共一千八百余人，向竹沟留守处发动突然袭击。机关、医院被捣毁，财物被洗劫一空。新四军伤病员、军人家属及群众二百余人被杀害。

消息见诸报端，举国哗然，这就是震惊中外的确山惨案。

太阳慢慢地跃到头顶，茅草房内，彭雪枫、张震、吴芝圃等围在一起，低着头，心事重重，谁也没去吃饭。

此时，士兵们聚集在门外，海啸般的呼声此起彼伏：

"我们是竹沟的子弟兵，不能坐视不管！"

"打回去！惩罚匪徒！"

"为竹沟死难军民报仇！"

许久，张震缓缓地抬起头，神情庄重而诚恳地望着彭雪枫道："战士们情绪很大，我们是不是采取一下行动？"

彭雪枫看了张震一眼，没有言语，目光徐徐移向窗外，思绪却不禁翻滚起来。

古人云："路见不平，拔刀相助。"这是妇孺皆知的道理。更何况，战士中相当一部分是竹沟人，亲人惨遭不幸，谁不感到痛心呢？男子汉大丈夫，"富贵不能淫，贫贱不能移，威武不能屈"。逆来顺受，那是懦夫一个。可是，大敌当前，应三思而后行。否则，做莽汉是要吃亏的。君子报仇，十年不晚。

想到这里，彭雪枫慢慢抬起头，难过地说道："战士们的心情可以理解，但眼下我们处于弱势，时机还不成熟。我想，先暂时忍耐一下，先向胡服同志报告，然后向国民党提出严正抗议和交涉！"

不久，彭雪枫召开连以上干部会，讲述确山惨案的来龙去脉。

确山惨案发生在国民党顽固派华北受挫后，是蒋介石在华中地区欠下共产党人的又一笔血债。

恶有恶报。确山惨案的罪魁祸首耿明轩，后来在淮海战役中被解放军俘虏，后被判处死刑，一九五三年十二月执行。

雪枫沟，鱼水情

阴霾笼罩在战士们的心头，日子在沉闷的气氛中无声无息地滑过。不知不觉，一九四〇年的元旦快要来了。

新年，总让人有一丝兴奋。

这是一个阳光明媚的上午。彭雪枫和张震等正在开会。忽然，门外传来一阵喧闹声。

"报告司令员，乡亲们抬了一块石碑来了！"警卫员话音刚落，根据地抗日民主政府的几位同志，带着一群老乡，敲锣打鼓，笑容满面地来到了院子里。

原来是乡亲们为彭雪枫送德政碑来了。

这是怎么回事呢？

原来，自从刘少奇走后，彭雪枫率部大力建设豫皖苏根据地。他深深地明白，部队的兵源、军粮无不来自根据地。只有处理好军民、军政关系，支队这叶小舟才能在豫皖苏根据地的大海上自由游弋。为新兴集挖排水沟，就是光辉的一例。

秋天，淫雨霏霏。新兴集遇到了百年不遇的多雨日子。水往低处流啊，于是，麻烦就来了。

新兴集地势低洼，四周是一片洼地，洼地东西长三十里，南北宽二十里，名叫李家湖，新兴集就是这个湖上的一个"孤岛"。这里十年九涝，每年遇到雨季，老百姓就苦不堪言，外出逃荒习以为常。为了祈福避祸，老百姓修了一座龙奶庙，求神保佑。久而久之，龙奶庙成了新兴集的别称。

一九三九年的夏暮月，天公似乎是要与新兴集一带的老百姓过不去，大发淫威，一月之内，雨一直下个不停。

烧香、求神，无济于事。正当乡亲们绝望之际，彭雪枫率支队技术干部洪波赶来了。他决定助乡亲们一臂之力。

问题并不难。经过勘察，一致认为，只要在李家湖南岸的高岭子上开条沟，导水入淝河，就可解决水患。于是，彭雪枫找到农抗会主任赵清山。

"赵主任，眼下洪水成灾，我们想挖一条沟，把水引出去，为乡亲们解点忧愁！"一见面，彭雪枫就开门见山。

"行是行，只恐怕……"赵清山吞吞吐吐。

"恐怕什么，但讲无妨！"

赵清山慢慢地低下头，讲述了一段心酸的往事。

原来，在李家湖南岸，有一条长达几十里的岭子，岭南就是淝水，也叫淝河，历史上有名的淝水之战就发生在这里。岭子挡住了新兴集的积水流入淝河的去路，岭北人想开沟放水，可岭南人害怕一旦洪水过岭，会造成水灾，还有一些岭南人认为开沟过水会带来邪气，不吉利。为此，一岭之隔的邻居打了多年的官司，最后不了了之。不但没有解决问题，反倒结下了冤仇。

"岭南、岭北都是一家人，没有过不去的坎儿，马上开沟导水，岭南的工作，我们来做！"彭雪枫拍着赵清山的肩膀笑道。

赵清山和一群老乡半信半疑地鼓起了掌。

经过一番开导，岭南人终于想明白了，答应开沟。

"挖沟了！新四军开始挖沟了！"

"彭司令带领新四军挖沟了！"

喜讯传来，新兴集沸腾了。

乡亲们扶老携幼，扛着铁锨、耙子，纷纷赶来，加入到工地。

不大工夫，绵绵细雨飘飘洒洒地落下来。顿时，四野笼罩在茫茫的雨雾中。秋雨，沙沙的，洒落在秋日的江淮大地上，洒落在每个人的心坎上，甜丝丝的，美滋滋的。

彭雪枫、张震、肖望东等卷起裤管，和老乡们一道，赤着脚，挥锨挖沟。忽然，一位白发苍苍的老大爷走了过来。他一手拄拐，一手拉着小孙子，浑浊的眼里，闪烁着泪光。

"彭司令，俺老汉今年八十岁了，经历了清朝和民国，年年受灾，当兵的光糟蹋老百姓。共产党、新四军一来，就为老百姓开沟除灾，真是开天辟地第一回啊！"

言毕，扑通一声跪了下来。彭雪枫急忙上前，将其搀扶起来：

"大爷礼重了！新四军是咱乡亲们的子弟兵，乡亲们给子弟兵吃和穿，你们有了困难，我们能不管吗？我们能袖手旁观吗？"

汗水在恣意流淌，笑容在脸上绽放。

七天过去了。一条几十里长的排水沟赫然出现在乡亲们的面前。乡亲们请彭雪枫赐名。他想到，这是新四军、新兴集乡亲们汗水的结晶，于是取名为"新新沟"。

滴水之恩，当涌泉相报。朴实的乡亲们，决定自发募捐，刻下一块石碑，以此来表达心中的真挚情意。

于是，就出现了前文的一幕。

碑上镌刻着"陆军第十八集团总司令部参谋处长陆军新编第四军游击支队司令彭雪枫德政碑"等字样。

碑文如下:

　　我新兴集，地本下湿，田似平湖，每遇淫霖，禾黍淹没，居民苦之。今夏暮月，阴雨连绵，积潦四溢，弥望滂沱，耕锄俱废，秋收锐减，灾黎疾首，哭声载地，为状尤惨。被灾之氓，群相告语：非疏瀹宣泄，无以御水患而裕民生。惟事无首倡，工不克举。幸我新四军司令彭公，率吊罚之师，驻节于兹。见田园尽成泥淖，街市形同泽国，叹水利之不兴，恨灾祲之未已，遂动恻隐之心，欲勤决排之手。乃商同县长廖公在新兴集东，开挖新新沟。上自李家湖，下通沲河，军民合作，不日告成。时秋季九月也。沟渠既辟，隐忧尽去，乡里欢腾，万众悦服。愧无以报至德于万一，遂众议勒碑记铭，嘱予为文。予不辞聋聩，谨书俚词，聊表德政云。

前清五品衔尽先前即选知县联辉刘奎壁撰

涡阳县第三区新兴乡

中华民国二十九年元旦　敬立

　　一九四〇年春节刚过，应永城南李寨的请求，彭雪枫、张震、肖望东等带领战士们，从永城的李寨村到新兴集，又修建了一条长达十多里的排水沟，使积水从李寨流出，汇入新新沟，最终流入沲河。

　　当地民众为感谢新四军，在沟旁树碑，并将沟命名为"新四沟"，还镌刻了对联：

前引前导与五亿袍泽谋乐利

耐苦耐劳为三区广众造腴田

后来，涡阳、永城群众把新新沟和新四沟合称"雪枫沟"，表达对彭雪枫永久的怀念。至今，这里仍流传着一首民谣：

　　　　彭司令领导咱们挖沟打塘，
　　　　水涝虫灾一扫光，
　　　　雪枫沟流清水，
　　　　年年洼地变粮仓。

悲痛长叹："在公则损一良将，在私则失一良友"

光阴荏苒。不觉间，北风失去了昔日的威风。路沟里的积雪悄然融化，潺潺的小溪，缓缓地吟唱向前。杨树枝头，豌豆大的褐色蓓蕾在探头探脑地张望着。一群麻雀在枝丫间，叽叽喳喳地跳跃着，似乎在相互诉说着什么。

江淮的早春姗姗地走来了。

二月一日，奉新四军军部命令，支队名字去掉"暂编"二字，正式改为第六支队。彭雪枫仍任司令员兼政治委员，吴芝圃任副司令员，张震任参谋长，肖望东任政治部主任。

此时，游击支队由竹沟出发时的三个连三百七十三人，发展到十二个团一万七千余人，成为活动在东抵津浦线，西依黄泛区，北枕陇海铁路，南至涡河一带的一支劲旅。这样，包括皖东北、睢杞太等在内的豫皖苏抗日民主根据地，基本建立起来了。

美好的时光总是短暂的。就在彭雪枫率支队厉兵秣马，大力发展豫皖苏根据地时，一场暴风雨却悄悄地来临了。

一九四〇年，趁蒋介石掀起的第一次反共高潮，日军趁火打劫，加紧了对豫皖苏边区的"扫荡"。

以其人之道，还治其人之身。彭雪枫指挥部队，采取迂回包围、声东击西的战术，打得敌人晕头转向。

四月一日，驻扎在永城、砀山、萧县等地的日军一千余人、伪军两千人，乘坐三十余辆汽车，分路围攻永城东北山城集地区的新四军第六支队第一总队、第三总队。

"让这些狗崽了有来无回！"电话中，彭雪枫狠狠地骂道。他命令鲁雨亭、孔石泉避敌锋芒，转入外线，然后将敌人一网打尽。

不料，他们行至鲁雨亭的家乡李黑楼时，被日军重兵包围。

双方展开了一场遭遇战。

壕沟中，鲁雨亭不幸负伤。面对数倍于己的敌人，他临危不惧，振臂高呼："同志们，我们一定要坚守阵地！同志们离家别亲，不就是抗日打鬼子吗？现在打鬼子了，我们一定要狠狠地打！人在阵地在！"

战斗进入胶着状态。

天，渐渐地暗下来。

乘着夜色，鲁雨亭指挥部队突围，这时，"嗖嗖"两声枪响，鲁雨亭身子一歪，应声倒下。

噩耗传来，彭雪枫不胜悲痛，长叹："在公则损一良将，在私则失一良友。"四月三日，在新兴集精忠堂召开庄严肃穆的追悼大会。彭雪枫哽咽着，对鲁雨亭做出了最高的褒奖：

> 豫皖苏边最大的不幸，最大的损失，是在这一次的反"扫荡"的胜利中，失去了我们的雨亭同志！失去了一个最亲密的战友！

人们常说，在生命的旅途中，亲情、爱情、友情，是阳光，是雨露，是生命的润滑剂，是遮风避雨的擎天巨伞。

亲情，与生俱来，是生死相随的行囊；

爱情，生理因子的吸引，使生命之花绽放出绚丽的色彩；

而友情，则是两颗灵魂的相互欣赏与抚慰，从而使心灵倍感人间的温暖。

鲁雨亭的豪爽正直、忠厚勇敢，给彭雪枫留下深刻而美好的印象。友人先已而去，何其沉痛！经历了无数次生死考验的彭雪枫，悄悄地留下了眼泪。

生命之花在友谊的芳香熏染之后，会开得更加绚丽、动人！

六一战斗，处乱不惊，镇定指挥，扭转乾坤

田园风光是令人向往的。

这是一个晚饭后的黄昏。彭雪枫、吴芝圃、张震和警卫员一行，到村外散步。

已是暮春，但见落霞满天，与葱绿的村庄相映，宛如一幅富有动感的油画。脚下是松软的泥土和迎风起舞的青草。大家欣赏着，赞美着。

走着走着，彭雪枫停下来。他深深地陶醉了。他想起了故乡槐花满天的情景，想起了在北平和同学们一起到北海看白塔、划船的快乐时光……更令他高兴的是，四月的一天，毛主席来信表扬了他们。信中说，一年来，在中央的决策下，豫皖苏边区发展迅速，主力和地方武装不断壮大，工作很有成绩，中央是满意的。

满意就是无言的肯定。

满意就是潜在的支持。

望着眼前生机盎然的景色，彭雪枫内心情感与欲望的蓬勃力量油然

而生。

"芝圃兄，趁着这大好时光，咱们也要大干一场，组织各单位开展练兵大赛，如何？"

"一年之计在于春，我看行！"教师出身的吴芝圃微笑着点头。

"参谋长，你看呢？"

"好！"

于是，一场如火如荼的大练兵比赛在新兴集各支队展开了。

不久，彭雪枫和吴芝圃、张震等商量后，决定在六一这天举行庆祝五卅运动十五周年活动，并检阅部队。

六月一日上午，澄空万里，田野飘香。新兴集的乡亲们争先恐后来看热闹。

在新兴集东北操场上，支队各单位济济一堂。大会刚开始不久，彭雪枫正在讲话，留守南面村庄的炊事员神色慌张地跑来报告说："鬼子进村了！"

彭雪枫脑海里念头一闪：日军怎么知道我们的行动呢？是巧合，还是另有原因？

原来，会前有汉奸告密。敌人纠集了永城、商丘、夏邑等地伪、顽军一千多人，分四路袭来。

正说着，一颗炮弹呼啸着，在会场旁爆炸了。巨大的轰响，使会场顿时出现一阵骚动。

敌人坦克的履带嘎吱声，隐约可闻。

情况万分危急！

"同志们，不要怕，静一静。西方有句名言，叫'带着刀剑来的人必将被刀剑杀死！'今天，小日本从哪里来，我们就让他回哪里去！"彭雪枫镇定大声道。

看到司令员镇定自若，会场顿时安静了许多。

彭雪枫部署完战斗，最后一个走下主席台。刚走几步，两颗炮弹就在主席台边爆炸了。

不多久，日伪军在数十辆坦克的掩护下，向新兴集包围过来。一时间，爆炸声、枪声、战马嘶鸣声连成一片，新兴集淹没在硝烟之中。

彭雪枫亲自到最前沿二团一营指挥战斗。

"准备好了吗？"

"下命令吧，司令员！"战士们一看彭雪枫来到身边，顿时信心大增。

"不要怕！"他指着坦克说，"那玩意儿是死家伙，咱们下路沟，让它过去，专门打后面活的（指步兵）。"

路沟，又名抗日沟，是军民为应付敌人坦克专门挖的壕沟。这种沟一人多深，一米多宽，通向芦苇荡和青纱帐。敌人来了，战士们就像《封神演义》里的土行孙一样，钻进去，土遁了。

说完，他亲自指挥一连的机枪手，一梭梭子弹带着愤怒的火舌朝敌人扑去。鬼子倒下了，转过火力，朝这边射来。

敌人被激怒了，占领了新兴集，烧毁精忠堂，杀害百姓。

暮色渐重，枪声渐稀，在猛烈的反击下，敌人丢下一百多具尸体后，狼狈逃窜。

雨后彩虹，黄克诚来了

四月，山城重庆。迷雾蒙蒙。

南京失陷后，这里成了民国政府的陪都。

黄山官邸，晚饭后，在满眼翠绿的山间小径上，一身褐色丝绸长袍的蒋介石和着猩红锦缎旗袍、洁白披肩的宋美龄手挽手，一副很亲昵的样子，缓缓地在山林中散步。

林木蓊郁，山风习习。一帘瀑布飞流而下，溅起万粒玉珠。

"达令，你看这景色，多美呀！你趁机调养一下，不然，头痛病又犯了！"宋美龄柔声细语，相当体贴。

"哎呀，夫人哪，你不说，我还好些，你一说，我更头疼了。"

宋美龄微微一笑，她明白丈夫的"头痛病"：小日本的疯狂进攻，共产党的不断发展壮大。

魔爪开始悄悄伸开。

一九四〇年春，蒋介石先在华北掀起第一次反共高潮，继而在华中制造了一系列摩擦事件，企图让新四军撤至黄河以北，尔后借助黄河天险，置新四军于死地。

三月，国民党骑二军、骑八师，开始向涡河沿岸推进。安徽省主席李品仙密谋令其一部进攻新兴集。

面对敌顽的夹击，作为一个近两万人马的领导者，彭雪枫十分清楚六支队当前面临的困难：

没有红军老部队作骨干；缺乏大兵团作战经验；根据地创立不久，尚不巩固。

经过和张震、吴芝圃等讨论，他们先后几次致电延安，请求中央派八路军南下增援。

此时，抗日战争进入相持阶段，党的六届六中全会已提出"巩固华北，发展华中"的战略部署。共产党在华北敌后的战略完成后，胸怀大略的毛泽东很快把目光投向了华中局领导的淮河流域一带，即江苏、安徽、河南交界处。

这是一片令战略家们瞩目的地方。

横跨东西的陇海线和纵横南北的津浦线交会于此，北连华北，西抵中原，东到大海，南抵华东，直接威胁到南京、上海，战略地位可想而知。

毛泽东望着这片蕴含奇迹的土地，沉思许久，遂提出一个战略计划：调三四四旅到陇海、淮河之间，协助彭雪枫创立根据地，并策应刘少奇，将来再调一部深入苏北，为将来八路军、新四军连成一片打下基础。

他们果然来了。

一九四〇年夏，八路军第二纵队政治委员黄克诚率领的第二纵队主力三四四旅、新编第二旅，共五个团一万两千余人，分两个梯队，先后南下。

六月二十日，第一梯队三四四旅来到豫皖苏首府新兴集，与彭雪枫的六支队会师了。不久，黄克诚带领的第二梯队新编第二旅也来到新兴集。三四四旅的底子是由原红二十五军和陕北红二十六、二十七军编成的红十五军团。该部参加过平型关等战役，是八路军的绝对主力之一。

黄克诚也是原红三军团的，所以，大家见面，分外高兴。

"有朋自远方来，不亦乐乎？欢迎你啊，老战友！"彭雪枫在槐树荫下，紧紧握着黄克诚的手。

"几年不见，你变得更帅了！"

"你也一样啊！"

黄克诚被人群簇拥着，频频颔首，不停地打着招呼。

只见他一身灰军装，朴素、大方，身材颀长，鼻梁上架一副黑色眼镜，更增添几分儒雅和文气。黄克诚也是一名老共产党人，为人处事低调理性，考虑问题缜密而长远，性情温和，外柔内刚。

彭、黄二人相识于一九三〇年五月，上海到鄂东南苏区的轮船上。后来，都在彭德怀领导下的红三军团任职。一九三三年，彭雪枫在八角亭战斗中负伤，就是由黄克诚接替他的职务的。

黄昏时分，淡蓝色的炊烟像一缕缕绸纱，缠绕在林子的脖颈上。晚归的牧童，应着父母的喊声，骑着水牛，三三两两回家去。

彭雪枫、黄克诚饭毕，一起到野外散步。

"老战友，几年不见，手中已有几万人马，你真厉害啊，佩服你！佩服你！"黄克诚连连夸奖。

"老兄过奖了，都是在党中央、毛主席的领导下，我做了些微不足道的工作，还任重道远啊！"

黄克诚年长彭雪枫七岁。

"这次南下，带来这么多人马，克诚兄想过没有，该怎么使用？"

"南下时，主席曾经说过一些，但具体情况，只有到这里之后，才能做出决断。"

连日，两人共叙别情，谋划运筹，常常通宵达旦。

六月二十七日，中央军委发出命令，由黄克诚部与彭雪枫部合编为八路军第四纵队，彭雪枫任司令员，黄克诚任政委，张震任参谋长，肖望东任政治部主任。

这样，第六支队又变成了八路军。

望着眼前兵强马壮的敌后劲旅，彭雪枫的心情宛如夏天雨后涨水的小溪，充满了激越与亢奋。

白鸽，飞翔在新兴集的蓝天下

一九四〇年深秋的一个夜晚。

一弯皎洁的新月升起来，清辉轻轻洒落在一座高大的房子上。

这个大礼堂，名叫"精忠堂"，是彭雪枫取岳飞"精忠报国"之意亲笔题名的。这是彭雪枫等率支队来到新兴集之后修建的。砖木结构，房顶盖的是草，可容纳近千人，用于开大会和演出。

土台子上，拂晓剧团的两个小演员正在锣鼓声中表演《两个小战士的一天》。

台下，战士们席地而坐，掌声不断。

汽灯嗞嗞地响着，耀眼的灯光照在前排彭雪枫的脸上。他不时地带头鼓掌，朝身边的张震耳语一番。

突然，通信员走进来，低声报告道："任泊生部长急电！"

彭雪枫站起来，拍拍手上的土，笑着对张震道："说曹操，曹操到，任泊生真乃快马呀！"

说完，就和张震一起离开了会场。

果然不出彭雪枫所料，支队联络部部长任泊生，从河南沈丘骑二军军长何柱国处发来电报，说翌日邴参议来访，要他们做好接待工作。

看罢电报，彭雪枫轻轻递给张震。张震一看，笑了：

"咱们一片诚意，何柱国也够朋友，有好戏看了！"

"老蒋想着何柱国会听他的话，想不到，算盘又打错了，估计又该骂娘希匹了！"说完，彭雪枫哈哈大笑起来。

这是怎么回事呢？

原来，自从刘少奇走后，彭雪枫率部在三省边区大力建立政权，到一九四〇年秋，豫皖苏边区发展到东起津浦路，西达新黄河，南临淮河，北迄陇海路的二十四个县，面积达三万多平方公里。

边区的存在，让蒋介石如鲠在喉，因为这个地方太重要了。

它是侵华日军连接南北、掠夺资源的重要地带，是国民党顽固派从苏北、山东、河北向华中根据地进攻的必经要冲，是共产党联系华北、华中之间的枢纽。

蒋介石也盯紧了这块肥肉。

平原作战，骑兵最有优势。于是，他把从青海来的马彪的骑八师和桂军一三八师调进。不久，又派东北军出身的何柱国，率其骑二军驻扎在河南沈丘一带，到处制造摩擦。一则为了消灭新四军，二则为了消灭杂牌部队。一箭双雕，是蒋介石一贯的伎俩。

在顽军中，尤以何柱国部最强大。何柱国素有爱国之心，可是军令如山，不执行命令是要杀头的。正当何柱国彷徨之际，彭雪枫的特别代表任泊生前来拜访。

出人意料的是，双方一交谈，大有相见恨晚之意。

原来，何柱国是广西容县人，而任泊生是广东人，由于地缘关系，素来有"两广是一家"的说法，于是两人越谈越投机。

翌日，何柱国派少将参议王中义回访。

几天后，又派心腹干将邴参议前往新兴集，实地核实王中义的说法是真是假。

这是一个阳光灿烂的下午。

碧蓝的天空，一朵朵白云悠闲行走，雪白的鸽子在翱翔，金黄的田野里到处是忙碌的身影。到处呈现出一片丰收、喜人的景象。

一身戎装的邴参议率随从沿田间小道，骑马向新兴集赶来。

彭雪枫像上次接待王中义一样，率张震等迎出村外，拂晓剧团的演员也吹响了迎宾曲。

在新兴集，邴参议在彭雪枫等的陪同下，饶有兴趣地四处参观。几天来，八路军的生活给他留下了深刻而美好的印象。

在精忠堂召开的欢送会上，邴参议激动地说：

"首先，我感谢彭雪枫司令员几天来对我们一行的关照！"

接着，他高声道：

"在新兴集，敝人目睹了八路军的训练、生活，贵军是一支作风过硬、纪律严明的军队，是一支以抗日为大计，并与人民水乳交融的文明之师！敝人深受感动！"

说着，望了彭雪枫一眼，又继续说："敝人与彭雪枫司令员多次交谈，彭司令知识渊博，待人诚恳，尤其是治军打仗、战略战术、抗日救国，都胸有成竹，敝人深表敬佩，真是不虚此行！"

邴参议回去后，把他在新兴集的所见所闻，一五一十地向何柱国作了汇报。

得知此情况后，何柱国深受感动。不久，派人给支队送来大批子弹。后来，还为去延安路过沈丘、周口、漯河、郑州、洛阳等地的八路军、新四军干部提供食宿，并派兵暗中保护。

两军还交换了密电码，互通情报。

正是彭雪枫的统战关系，何柱国部与彭雪枫部一直没有发生摩擦。

鏖战板桥集，痛快淋漓

一计不成，蒋介石是不会善罢甘休的。

一九四〇年十月间，蒋介石又污蔑我军"破坏团结、破坏抗战"，命令黄河以南的新四军、八路军部撤到黄河以北地区，妄图配合日军聚歼我军，掀起了第二次反共高潮。

十一月十六日，驻徐州日军，以及驻蚌埠、宿县之日伪军共五千余人，汽车七十辆，坦克二十余辆，在飞机的掩护下，沿宿县、蒙城公路西犯涡阳、蒙城等地。

驻该地的国民党军闻风丧胆，迅即向太和、阜阳方向溃逃。

"吃软怕硬的东西！"彭雪枫愤愤地骂道。

"打，还是转移？"张震盯着彭雪枫，等着下命令。

彭雪枫神情凝重，沉思良久，用坚定的口吻道：

"咱们不管那么多，以大局为重，狠狠打一仗，灭灭小日本的气焰！"

经过商定，阻击地点选在蒙城以北的板桥集。

板桥集是当地一个大镇，约有三百多户人家。宿蒙公路从中穿过，沿街店铺鳞次栉比。四周有高厚的圩墙，墙外有环形壕沟，南、北、东三面有砖砌的寨门炮楼。

五旅旅长滕海清接到命令后，率部迅速集结于板桥集。滕海清召集旅部有关人员察看地形后，部署兵力，构筑防御阵地。又加宽寨墙一丈五尺，并在顶端修筑了碉堡与交通壕，连接各掩体。同时，又开展群众工作，宣传党和八路军政策，消除群众疑虑，发动群众破坏公路，加强军民团结，一起打击来犯之敌。

十七日上午，天空阴沉沉的。

五百余日军，一千余伪军，向板桥集扑来。

十时许，敌先头部队，举着膏药旗，气势汹汹，分两路进入我军火力圈内。

"开火！"一声令下，顿时，手榴弹、机枪响声大作。敌人死伤一片，接着，又波浪般地冲向五旅阵地，结果都是徒劳无功。

日军进攻受挫后，恼羞成怒，集中兵力向东门的十二连阵地进攻。他们以坦克开路，在烟幕弹滚滚黑烟的掩护下，接近城墙根。十二连的战士猛烈开火，并将炸药包和由七百多个分散捆绑的集束手榴弹，如骤雨般投入敌群，炸得敌人鬼哭狼嚎，尸横遍野。

下午一时许，疯狂的敌人又组织一次进攻。敌人的子弹、炮弹如雨点般落入我军阵地，一场血战展开了。数架敌机嗡嗡着飞临板桥集上空，对我军阵地轰炸扫射。

突然，一架敌机脱离机群，欲要逞能，耀武扬威地超低空朝五旅阵地俯冲过来。"娘的，太欺负人了！"三名重机枪手一边骂着，一边瞄准了敌机。几梭子弹带着愤怒的火舌，呼啸而去。"击中了！"随着一声欢呼，敌机拖起一溜长长的黑烟，轰隆一声，坠毁在蒙城以北的石山子。

日军气急败坏，遂增派部队蜂拥而至，企图包围我军。

天，渐渐地暗下来。滕海清想，这是敌后平原游击战，有利于敌人的机械化部队行动。敌众我寡，若我军被敌人包围，处境将非常危险。

"撤！"乘着夜色，滕海清率五旅，顺着西门外的抗日沟，迅速撤离到板桥集西北大赵家附近。

吃过晚饭，正要转移，纵队司令部作战科长白浪突然赶到，说纵队命令他率特务团前来板桥集增援五旅，坚守板桥集。于是，又从晚上十二点打到次日凌晨。

十八日拂晓，浓雾。转移途中，突遇敌人。

狭路相逢勇者胜。部队迅速展开，占据有利地形，打响了第一枪。敌人惊慌失措，乱作一团，坦克横冲直撞，低空飞行的飞机也慌忙爬向高空。

战士们如饿虎扑羊，怒吼着冲入敌阵，枪炮声、喊杀声交织在一起，敌人被震慑住了，狼奔豕突，乱逃乱窜。

经过两天一夜的鏖战，我军取得了毙伤日伪军一千二百余人，击毁敌汽车十七辆、坦克两辆，击落敌机一架的辉煌战果。但我军光荣牺牲、负伤者共三百余人。

彭雪枫闻讯，和张震一起来到五旅，高声道：

"同志们，这一仗打得猛！打得痛快！打出了我们八路军的威风！"

战士们举枪高呼：

"贯彻首长的战术！再接再厉！"

这架被击落的日机，机翼上显示编号"三八五"，日本昭和十四年二月造。飞机残骸被送到纵队司令部所在地之后，涡河两岸的老乡纷纷前来观看。大家啧啧称赞八路军真厉害。

一天，彭雪枫和张震一起来到飞机残骸前，饶有兴趣地看起来。"看来，敌人也没啥了不起的！"彭雪枫摸着光溜溜的机翼道。清冷的小风抚摸着他的脸庞，彭雪枫感到一丝凉意，凉意中又夹杂着一丝快意。

望着飞机残骸，他若有所思，眺望远方，惊心动魄的一幕渐渐闪入眼帘：弹雨中，成千上万的战士挥舞着大刀，像山洪暴发一般呐喊着，冲入敌群，大刀飞舞，枪声大作，所到之处，鬼子哭爹叫娘。不一会儿，战士同敌人扭打在一起，旷野中，厮杀声冲上云霄。

"留张影吧，司令员，也算小日本送给我们的纪念品！"张震走过来。

彭雪枫和张震在飞机的残骸前留影

"哦，"彭雪枫从沉思中缓缓转过头来，表情凝重，用低沉的声音说道，"张震，我们永远不能忘记，那些为国捐躯的英雄们！"

"是啊，血洒疆场，多么勇敢而伟大的战士，我们要永远铭记他们！"

拗不过张震的请求，在飞机残骸前，彭雪枫双手插在裤兜里，面带自信、从容，方寸之间，留下了永恒的记忆。

十二月初，彭雪枫派人护送飞机残骸到涡阳、洛阳一带展览，受到驻洛阳国民党第一战区司令长官卫立煌的表彰。

第十章　勇斗魑魅魍魉

重大之打击，决不能击倒坚强之人，反能增强其勇气！

——民谚

皖南惊雷，举世震惊

江南的寒冬，冷风凄厉，阴云低垂。

一九四一年一月六日，皖南泾县云岭地区。

杀人如麻，双手沾满了共产党人鲜血的蒋介石，再次向共产党人举起了屠刀。

顾祝同、上官云相，两名蒋介石的心腹干将，指挥七个师八万余人，在茂林的密林草丛中设伏，向途经这里的新四军开火。

军长叶挺同国民党谈判时被扣，副军长、政委项英被叛徒刘厚总杀害。九千余人，血战七昼夜，除两千余人突围成功外，其余全部壮烈牺牲。

这就是震惊中外的皖南事变。

怎么看待这一历史悲剧？

任何历史事件，只有放到当时的历史环境中去考虑，才能弄清它的来龙去脉。皖南事变也一样，让我们拨开岁月的迷雾，重回那段特殊的岁

255

月吧。

抗战之初的情形是，敌人在前面疯狂进攻，国民党惊慌向后逃跑。一九三八年十月，武汉会战之后，日军像一头巨兽，经过数回合的厮杀，虽然将对手打败了，但自己也是伤痕累累，元气大伤。于是他们改变了策略，采取政治诱降为主、军事进攻为辅的办法。

华北各界民众抗议国民党顽固派制造"皖南事变"

敌人终于停止了进攻，国民党可以喘口气了。可扭过头来一看，华北敌后是一片红啊。这引起国民党的不满和恐慌。统一战线算什么？那只是幌子。遂采取严厉打击共产党的政策，颁布了《限制异党活动办法》等。从这时起，欺软怕硬的国民党反动派开始到华北敌后"找事"了，即一九三九年的第一次反共高潮。碰了一鼻子灰后，并不死心，觉得华中是块"软肋"，于是便把目光投向我新四军。

皖南事变就是在这样的背景下发生的。

消息传来，举国哗然！

延安愤怒了。毛泽东桌子一拍，大发雷霆："血债须用血来还！新四军是斩不尽，杀不完的！"远在重庆的周恩来，在《新华日报》上愤怒地写下"为江南死国难者志哀""千古奇冤，江南一叶。同室操戈，相煎何急！"

豫皖苏边区军民的心，也在滴血。

"无耻之尤！"彭雪枫没有看完，就把电报狠狠地摔在桌子上。不久，彭雪枫、张震等代表第四纵队，发出最强烈的抗议通电：

此次皖南事变我叶军长被劫负伤，身陷囹圄，所率全部将士壮烈殉难，噩耗传来，我全军莫不泣血椎胸，眦裂发指！

新四军坚持大江南北抗战，奇勋特著，威震中外，竟因信仰政府当局，堕入圈套而被歼，竟因遵令北移，遵照指定路线而被歼，是则政府威信何在？！

包围进攻血战八昼夜，为时不为不久，而在举世愤慨，各方函电雪片飞驰紧急营救中，乃当局阴狠毒辣，一方面佯称已下令解围，一面暗下一网打尽，生擒叶、项之密令，是则仁义道德之何在？！

……

后来，当有《拂晓报》记者问到彭雪枫的心情时，他愤慨地说："以我个人而论，实在痛心之至。叶、项军长与皖南殉难的干部战士，与本人都是同生死、共患难的多年战友，抗战以来，功在国家，功高受戮，天下还有真理的话，此仇是非报不可的！"

野火烧不尽，春风吹又生。

一九四一年一月二十日，中央发布重建新四军军部的命令，任命陈毅为新四军代理军长，刘少奇为政委，赖传珠为参谋长，邓子恢为政治部主任，华中的新四军整编为七个师。其中突围出来的一千余名新四军官兵整编为第七师。

正如江苏盐城新四军重建军部纪念塔碑文所铭刻的那样："皖南奇冤，蒋日猖狂；重建军部，誓缚天狼；莽莽海疆，浩浩串场；将星云集，万众慷慨；政委少奇，勋业辉煌；雄才大略，陈毅军长；江淮河汉，纵横决荡；砥柱华中，铁壁铜墙。"

二月十九日，八路军第四纵队奉命改为新四军第四师，彭雪枫任师长兼政委，张震任参谋长，肖望东任政治部主任。

四师下辖四个旅，即十旅、十一旅、十二旅和萧县独立旅。

此刻，新四军的七个师，宛如七支钢枪，守卫着美丽的华中大地：

粟裕的一师在苏中；

罗炳辉的二师在淮南；

黄克诚的三师，在运河以东的苏北，东靠大海，北抵山东；

彭雪枫的四师主要在淮北一带；

李先念的五师在鄂豫皖边区；

谭震林的六师和张鼎丞的七师，则分别在纵深的苏南和皖南地区。

全军计九万余人，在西起汉水，东到黄海，北达陇海铁路，南跨长江两岸约二十五万平方公里的战场上纵横驰骋。

新四军的历史由此掀开了新的一页。

风云突变，血雨腥风骤来；陈团起义，反戈一击

蒋介石对华中新四军的存在，如芒在背，皖南事变"尝到甜头"后，又令其心腹汤恩伯指挥十四万国民党顽军（指抗日战争阶段，消极抗日而打击八路军、新四军的国民党部队），云集在豫皖苏边区，大肆扬言，欲将新四军"斩草除根"。

大兵压境，彭雪枫等率四师健儿磨刀霍霍，严阵以待。

就在这阴霾重重，暴雨将至的时刻，历史出现了戏剧性的一幕。

日军为了逼迫蒋介石投降，集中五个师团，于一九四一年一月下旬，突然发起豫南战役。

其中一路从东向西，由宿县进犯涡阳、蒙城、太和、界首等地，在平汉铁路以东，企图围歼汤恩伯、李仙洲、李品仙等国民党军。

战场风云，瞬息万变。面对突如其来的局势，四师该怎么办呢？

"加强侦察警戒，密切关注局势变化，并向延安请示！"彭雪枫叮嘱张震。

不久，毛泽东来电：敌至何处，新四军即应至何处。但不要去得太猛、太吓人，同国民党未全面破裂之前，是打击日寇，而不是打击顽军。

兵法曰："静如处子，动若脱兔。"

一月三十一日，夜，悄悄地来了。

晚饭后，彭雪枫等率部队迅速出动，在西进过程中，一路凯歌，不断痛击日伪军，收复了涡阳、蒙城等地。四师主力迅猛前出，根据地扩大了一倍还多。可是，他们忽略了兵法上还说"兵不厌诈"。占据过大的地盘，并非一件好事。

果然，二月九日，一个令人意想不到的消息突然传来：日军突然停止向国民党进攻，撤回原防。

得知这一消息，彭雪枫、张震、吴芝圃等多少有点措手不及。因为自一月二十八日接到西进的命令以来，都是尾敌西进。部队分散，通信联络又跟不上，一时难以集中。现在，倘若顽军乘机反扑过来，势必造成被动。

果然不出所料。就在彭雪枫下达收缩的命令时，二月十日晨，雾霭沉沉，阴风呼啸，隐蔽在新黄河以西的顽军第九十二军、骑兵八师、第三师等部，兵分三路，以九个师十四万兵力突然杀个回马枪，向张村铺、王市集、江口集等纵队的前沿阵地，发起猛攻。

此时的四师，由于向西、向南突进过猛，兵力分散在收复国民党留下的城镇据点上，根本来不及收拢部队。面对七倍于己的国民党军，四师陷入重重危机。

从二月十日至十七日，在彭雪枫、张震等的指挥下，四师官兵在江口集、马店子等地给顽军以重创，但因寡不敌众，损失较大。

二月下旬，已被我方解放的涡阳、蒙城均告失守。

三月初，反顽之战进入白热化。在蒙城以南的半古店，十旅二十九团的一个营与顽军两个团，激战竟日，杀敌五百余人。但该营突围后仅剩八十余人。

不久，在罗集战斗中，该团另一营的两个连与骑八师，白刃拼搏到最后，大部壮烈牺牲。

乌云遮蔽，大地悲鸣。

夜幕降临，大地沉沉地睡去了，敌我双方停止了枪响。

初春的夜晚，寒气依然袭人，远处村庄的狗吠，更增添了大地的寂静。一小村的茅屋里，灯火通明，烟雾缭绕。中原局、军部的电报一封接一封，重重困难面前，是坚守还是撤退？彭雪枫、张震、吴芝圃等召开旅以上干部会议，大家你一言我一语：

"困难是前所未有的，可是根据地的乡亲们，反而更加支持我们了，愿与我们风雨同舟，我们就这样走了，对得起他们吗？"吴芝圃深情地说，眼圈有一丝泛红。

"可是，几天来部队伤亡很大，而且十分疲劳。长此下去，仗怎么打啊……"有人道出了一丝担心。

"不流血的战争是不存在的，关键是怎么打！"

"发挥我们游击战的特长，以分散与集中相结合的办法！"张震指着地图说道。

最后，大家把目光投向师长彭雪枫。

他缓缓地站起来，掐灭烟，轻轻地掸去落在袖口的烟灰，动情地说：

"豫皖苏根据地，是山东和苏北的战略支点，是我们的衣食父母，放弃它，那里的父老乡亲将面对一场灾难！"说着，他顿了一下，"得寸进尺，素来是顽军的本性，决不能让他们的阴谋得逞，不到万不得已，决不放弃！"说完，他在空中重重地挥了一拳。

部队在奋力抵抗着，还击着，在运动中寻找战机……就在这时，一件令人鼓舞的事给彭雪枫沉重的心灵带来一丝喜悦。

四月十七日，黎明时分。在一个小村子里，部队正要出发。忽然，警卫员前来报告："师长，有两个自称姓孙、屠的商人，有急事要见您！"

天刚亮，就有人来，会是什么人呢？

"走，出去看看！"正要出门，只见两个商人打扮的中年男子在秘书的带领下，已来到院中。

上前一问，一个叫孙兴魁，另一个叫屠凤麟，两人分别任国民党九十二军一四二师四二五团的副团长和指导员。

原来，两人此行是奉中共地下党员、该团团长陈锐霆之命，前来商谈起义之事的。

低矮的茅草屋内，彭雪枫背着手，来回踱着，兴奋道："你蒋介石不是要消灭我们吗？我让你内部开花，精神上给你一刀！"

"对，战场起义，对瓦解敌军意志，意义重大！"吴芝圃补充道。

"不过，"彭雪枫皱了一下眉，"话说回来，起义也要看时机，现在是否妥当，值得研究。来，咱们商量一下！"

经过讨论，决定先派师部侦察参谋罗会廉，以商人身份，前去打探一下。

罗会廉性格沉稳，办事老练，一天后，顺利而归。

中央认为，在派系林立的蒋介石部队里，四二五团系杂牌。对杂牌欲除之而后快，是蒋的一贯手段。陈锐霆升官与发展，都很困难，而关系一旦暴露，则容易被一网打尽，或者被调往后方，从此，很难与我军接近。所以，不宜长期埋伏。

机不可失，时不再来。

四月十八日一早，彭雪枫率骑兵连赶赴十一旅三十二团驻地陈巷子，亲自谋划、主持陈锐霆起义之事。

四月十九日，在陈锐霆的率领下，国民党四二五团在怀远县褚集举行起义。

二十日晨，一个叫陈巷子的小村庄。

东方曙色熹微，空气中弥漫着缕缕的草香，淡蓝色的烟岚像轻纱一般缠绕在高大的老槐树上，一群喜鹊站在枝丫间，叽叽喳喳地叫个不停。小村的黎明真美啊！

"陈团长来了！"话音刚落，一个身材魁梧的军人，从外面一阵风似的走来。

"锐霆同志，你辛苦了！"在一间干净整洁的农舍前，彭雪枫迎出门，紧紧握着陈锐霆的双手。

"久闻彭师长大名，今日一见，倍感荣幸！"

"过奖，过奖，你今天终于解放了，十分不易啊！我代表党中央、毛主席欢迎你归来！关键时候，给蒋介石一刀，让他尝尝难受的滋味！"

阴云仍在头顶徘徊。

已是暮春时节，但似乎一点也没有感到春天的气息，整个大地笼罩在一片血腥的气氛中。夜深了，但彭雪枫辗转反侧，夜不能寐。

三个月来，四师健儿左右冲杀，给顽军以迎头痛击，但自身也陷入了前所未有的困境：根据地急剧缩小；减员严重；弹药缺乏；部队十分疲惫，急需休整。

全师和地方机关、团体，伤亡、失踪、非战斗减员几千人。

想到此，爱兵如子的彭雪枫，心如刀割、义愤填膺。一个个可爱的战士，还没有杀日本鬼子，却倒在自己同胞的刀下。同室操戈是多么令人悲哀和气愤的一件事啊！

四师该往何处去？

四月二十五日，华中局两封急电："目前，四师在津浦路西，困难重重，坚持下去，可能性不大，迅速撤到皖东北地区。""张爱萍，率三师九旅并统一指挥北调的二师五旅，封锁津浦线，掩护接应彭雪枫部撤入皖东北地区，确保安全。"

夜雨潇潇，挥泪告别："我们会回来的！"

撤离用鲜血换来的热土，心有不甘，也很难过。

傍晚时分，余晖静柔，风儿无语。

战士们默默地开始收拾行李，动作那么轻，那么慢，仿佛有千钧压在心头。此刻，桀骜不驯的骣马也似乎明白了什么，安静下来，候在一旁，流露出难舍的眼神。

一种悲伤、压抑的气氛弥漫在空气中。

相见时难别亦难，东风无力百花残。

四师的战士，大多是路西人，离开生养自己的故土，想到战斗的日日夜夜，一个个铮铮铁骨的汉子，禁不住潸然泪下。

目睹此景，彭雪枫的心也在流泪。他神情严肃，仰望阴沉的天空，几朵闲云交头接耳，仿佛在密谋着什么。一股股复杂的情绪涌上心头，想到即将要离开亲手创建的豫皖苏根据地，彭雪枫心都碎了。

他激奋而慨然地说：

"同志们，君子报仇，十年不晚，从哪里跌倒，就从哪里爬起来！路西是我们的家，将来我们一定要打回来！"

得知新四军要撤离的消息，乡亲们扶老携幼，从四面八方赶来送别。房前屋后，挤满了前来相送的人们。

出发了，黑暗的人群中，有人在轻声啜泣。

白发苍苍的房东大娘，迈着一双小脚，颤颤巍巍地拉着彭雪枫的手，浑浊的眼里闪烁着泪光：

"你们这一走，不知啥时能回来，鬼子汉奸又来了，日子又不好过了，俺真舍不得你们走啊！"

"放心吧……大娘……早晚有一天，我们会回来的！……让您受苦了！"彭雪枫语调低沉，喉咙里仿佛藏着万般痛苦，声音有点哽咽了。

夜色苍茫，四野无声。

天边一团硕大的乌云缓缓移过来，转眼间，下起沙沙细雨。

夜雨，潇潇的，仿佛是为四师健儿唱起一首低婉伤感的曲子；

晚风，呜咽着，仿佛是为四师的离去而暗暗悲吟；

滚雷，隐隐而来，仿佛是为四师的悲壮而鸣不平。

雨雾迷蒙中，彭雪枫转过头来，含着泪水，朝打着灯笼的乡亲们不断地挥手。

雨，越下越大了。

第十一章　洪泽湖畔

真正的爱情能鼓舞人，唤醒内心沉睡着的力量和潜藏着的才能。

——薄伽丘

仁和集，痛定思痛，卧薪尝胆，只待时日

一九四一年五月五日夜，彭雪枫率师直属队等跨过津浦铁路（即今天的京沪铁路线），来到皖东北地区。

这里，陇海与津浦两大铁路交会，南京、徐州、蚌埠等重镇触手可及。战略地位太重要了！

先期而来的张爱萍，在这个国民党、日伪军、共产党三方龙争虎斗的地方，和皖东北地下党领导人江上青等经过一番打拼，站稳了脚跟，创建了这块宝贵的根据地，创建了三师九旅。

据记载，四师主力由路西有计划地撤到路东，进入皖东北根据地后，先在灵璧县南边的濠城安营扎寨。

张爱萍后来回忆道：

彭雪枫见到我，第一句话就说逃难逃到你这里来了。我说，这是什么话啊？我到这里来不就是给你搞后方根据地的嘛！不要

想那么多，这里就是你的地方嘛。

患难见真情。张爱萍说了很多安慰的话。两人还像长征时一样，相互关照着。

五月中旬，在洪泽湖西南的管镇，首先召开参谋长会议，总结、反思三个月来军事工作的经验教训。彭雪枫也讲了话，但讲着讲着，他就有点心痛了，毕竟，揭开伤疤是一件很痛苦的事。

到路东后，张震发现，彭雪枫瘦了，像变了一个人，以往爱说话的他，现在变得沉默寡言。看到师长心情不好，性格开朗的张震，便寻找各种借口，和吴芝圃一起，邀请师长到离驻地不远的洪泽湖边散步、聊天。

美丽的洪泽湖，古称富陵湖，两汉后称破釜塘，唐以后称洪泽湖。

湖泊东西约五十公里，南北约六十公里，是旧黄河、淮河冲积而成的内陆湖。碧波荡漾，一望无垠，宛如镶嵌在苏北大地的一颗明珠。

周围数百里，水浅、滩宽、港汉多，密密麻麻的芦苇随风摇曳，一眼望不到边，是伏兵的好去处。

杨柳岸，微风草动。尖尖的小船在岸边轻摇慢摆。湖水轻柔地抚摸着滩头的乱石，发出"哗——哗——"的声音。

抬望眼，烟波浩渺，锦鳞游泳，水鸟啼鸣，翱翔于一色的水天之间。

"真美啊！等将来革命成功了，我要在这里盖座房子，像陶渊明那样，工作、学习！"吴芝圃道。

"呵呵，我很羡慕芝圃兄的美好设想。"张震笑道。

彭雪枫却一言不发。

旖旎的景色，没有吸引他的目光。

他依然沉浸在痛苦的回忆中。

自从撤离路西，他的心中就像被打翻了五味瓶，有说不出的滋味。转瞬之间，多少战友血洒路西，这是他自长征以来从未经历过的。想起来，他就感到阵阵难过和内疚。生命如花，对每人只有一次，无数风华正茂的有志青年，血洒江淮，长眠在那块古老的大地上。

"张震，你说，这次咱们三个月反顽，算是失败了吗？"彭雪枫突然回过头来，驻足盯着张震道。

张震微微一愣。"不，我认为主力尚在，只是受挫。面对敌人七倍于我的兵力，能完成中央交给我们的任务，就已经不错了。遭受损失，我也有责任！"说完，张震低下了头。

"雪枫，不必过于内疚，胜败乃兵家常事，'留得青山在，不怕没柴烧'，来日方长，我们还有报仇雪恨的日子！"吴芝圃安慰道。

"对，我们要报仇的！早晚有一天，要打回路西去！替死难的战友报仇！不过，'事不避难，义不逃责'，我是一师之长，要负主要责任。男子汉大丈夫，敢做也要敢当。在哪里跌倒了，就在哪里爬起来。磕掉了牙齿，和血吞下去！"

张震、吴芝圃望着律己甚严的彭雪枫，良久，两人眼睛慢慢湿润了。

不久，部队东渡洪泽湖。师部驻地在当时的淮宝县仁和集。

在仁和集老街上，有一幢左氏商人的商号"福祥昌"，两层小楼，青砖砌成，朴素大方。七月十九日，四师军政委员会扩大会议在"福祥昌"召开。彭雪枫代表师部，总结了三年来豫皖苏斗争的经验教训，并对路西反顽中自己的失误，做了自我批评。

可是，少数人无端攻击指责，甚至对豫皖苏三年的工作全盘否定，矛头直指彭雪枫，出现了"人至苦，则无言"的局面。彭雪枫采取了"一不辩驳，二不还击，三不伤身"的态度。会议开不下去了，只好暂停。彭雪枫报请华中局和新四军军部派人前来主持。这时，新四军政治部主任邓子恢正带工作组由淮南来皖东北检查工作，华中局确定由他代表华中局和军部，参加四师的军政委员会扩大会议。

最后，邓子恢做了总结发言："在这次路西三个月的反顽斗争中，四师坚决执行中央和华中局的指示，面对七倍于己的顽军，顽强奋战，完成了阻止顽军东进和北上的任务。这本身就是很大的胜利！"

当时正值盛夏，天气很热，窗外知了声声。他喝了一口水，继续道：

"天下从没有常胜的将军，我们不能一叶障目。雪枫同志在创建四师和豫皖苏边区的过程中，功勋卓著！并把主力带到路东，这很不容易！"

场下一片静寂。

最后，他站起来，大声说道："这次反顽虽然损失不小，但从全局来说，不能称为失败，只能算是挫折！"

热烈的掌声，久久地响起来，回荡在小楼里。

后来，张震在其回忆录中这样写道：

> 他（彭雪枫）虚怀若谷，主动承担了全部领导责任，充分表现了共产党人的高风亮节。子恢同志也为雪枫坦荡无私、光明磊落、不诿过于人的高尚品格所感染。

前事不忘，后事之师。仁和集——

一座四师战史上擎起航标灯的殿堂；

一片让四师的老战士难以忘怀的热土；

一个让彭雪枫内心世界得到升华，生命绽放绚丽光芒的新的一隅。

在这次会议上，应彭雪枫的请求，主持会议的邓子恢被留下来担任四师的政委。

邓子恢，福建闽西人，闽西苏区的创始人之一，在根据地建设和群众工作方面，经验十分丰富。

七月二十五日，会议仍在继续。谈到部队整编时，彭雪枫掏出手帕，擦了一下汗，严肃地说：

"整编，就是有的要合并，有的要地方化，有的要撤销。路西我们吃了顽军骑兵的亏，我同张参谋长谈过多次，我们要搞一支快速反应部队。也就是说，我们要新建一个骑兵团！"

"哦，要搞支骑兵？"旁边的邓子恢，扭过头来，笑眯眯地插了一句。

彭雪枫微微点下头，继续道：

"事出必有因。第一，这里是大平原，骑兵能发挥比较大的作用，南宋名将岳飞说，'步兵利险阻，骑兵利平旷。'元朝成吉思汗的骑兵，'来如天坠，去如电逝'，所向披靡。俄国十月革命后，三年内战，在顿河大草原上，就是用骑兵打败白匪军的。

"第二，这里能买到马，洪泽湖边上草多，喂马没问题。

"第三，我们把路东的事情做好后，还要打回去。那里的敌人有骑兵，以其人之道，还治其人之身，我们也要搞一支骑兵，来对付他们！"

建立骑兵团是有原因的。

三个月的反顽，彭雪枫吃亏最大的就是没有骑兵。那三个月，四师被马彪的骑八师追着打，毫无办法。这个骑兵师，原是国民党西北军马步芳的部队，号称"黑马队"。红军过草地时，曾在松潘大草地北边设伏偷袭，给红军造成不小的麻烦。抗战爆发后，国共两党建立了统一战线，蒋介石令马步芳派出一支部队东去抗日。马步芳派出的就是这支部队，师长叫马彪。不料，后来竟成了进攻新四军的卒子。

会场的气氛，像黎明的村庄上空，突然飞来几只喜鹊，顿时热闹开了。

几分钟后，邓子恢挥着半旧的芭蕉扇，从容地站起来，微笑道：

"我完全赞同！雪枫同志有一个全面的建军指导思想：既有主力部

队，又有地方武装，另外还有一支机动性很强的快速部队，也就是骑兵团。这样结合起来，我们整编后的部队就全面了。"

掌声在小村庄的上空经久响彻。

经过筹备，八月一日，在苏北洪泽县的岔河镇，召开骑兵团成立大会。彭雪枫临时有事，委托张震代表他宣读骑兵团成立的决定，任命黎同新任团长兼政委。骑兵团由师部直接指挥。

从此，在淮北人地上，有了一支让敌人闻风丧胆的骑兵团。用今天的话来说，就是四师有了一支快速机动反应部队。

骑兵团战士在训练

八月，四师师部移驻洪泽湖畔西侧的半城镇。

半城是一个具有两千多年历史的小镇，春秋时徐国曾建都于此，古称"徐城"。南北朝时设置半城镇，因古城墙犹存少半，始称"半城"。

在这里，成立了以邓子恢为书记的军政委员会。部队还进行了整编。

骏马啸啸，淮北大地起劲旅

师部特务团有一个骑兵连，十旅、十一旅都有骑兵排，凑在一起，骑兵团的底子出炉了。

刚组建不久，就发生了一次战斗。

那是八月下旬的一天下午，烈日炙烤，天地像一个蒸笼。战士们正在遛马避暑，忽然接到命令："到陈圩子歼灭敌人！"

当时，盘踞在苏北泗阳一带的，是国民党顽固派王光夏的部队，他们经常勾结日军伪军，四处抢劫骚扰老百姓，弄得民不聊生。

骑兵团的战士都是步兵团的战斗骨干，在路西都吃过顽军骑兵的亏，现在自己当上了骑兵，一听说要去打顽军，都很兴奋。

"上马！"团长一声令下，几十匹战马，嘶鸣着，扬起一溜尘烟，飞驰而去。

小试牛刀，结果却是失望而归。这是为什么呢？

时任骑兵团副团长的周纯麟后来回忆道：

> 有些新买的马，只能驮载、拉车，不善奔跑，上了战场跟不上队伍，战士们只好下马拉着走。
>
> 马具更差，有的是木鞍，有的是驴鞍，有的干脆没有鞍，用条破棉被绑在马背上，走不多远，就会连被带人滚落马下。
>
> 马缰绳各式各样，有的是用皮带剪开，有的用麻绳，一用劲就拉断。
>
> 一些没有受过训练的马匹，听见枪响就朝树林里乱窜，使部队跑得七零八落，不成队形……王光夏手下的常备队，开始看到

新四军的骑兵，吓得四下乱跑。后来，看到我军队形混乱，他们的胆子又壮了，很快围拢过来，齐声高喊"抓活的"。

俗话说："吃一堑，长一智。"

夜深了，远处，蛙声齐鸣。茅草屋里，橘黄色的灯光下，蝇蚊嘈杂。

彭雪枫抽着烟，皱着眉头来回踱着。苦闷之时，在烟雾升腾中，让思绪飘然驰往，内心会感到一丝轻松平静，不知不觉，苦闷烟消云散。

他想到了一九二六年，随育德中学撤往绥远，在茫茫大草原上，自己练习骑马的情景。学了三个月，才仅仅是一般的骑手，而眼前的这支骑兵团，成立才十多天，看来，要想驰骋疆场，路漫漫其修远兮。

他又想到在路西的情景。那是四月中旬的一个下午，在蒙城东北围歼了顽军一个支队。黄昏悄悄来了，部队转移到附近的大、小营子休息。第二天拂晓，部队刚要出发，敌人的骑兵就追来了。四师的主力老二团，那是自己最心爱的一个团，损失了六七个连队。想到这里，他的心就开始淌血。

办不好骑兵团，我就不当师长！他在心里暗暗发誓。

不久，骑兵团团长黎同新去延安抗大学习，副团长周纯麟走入了彭雪枫的视野。原来，周纯麟也是一名老红军，西路军兵败祁连山后，他辗转到新疆，当过骑兵连长，对骑兵很在行。

经过考察，周纯麟被任命为骑兵团团长。

困难，从来没有难倒过彭雪枫。他下定决心，不惜重金，办好骑兵团。他找到周纯麟，决定拿出三万元淮北币给骑兵团，"用来买马，打马刀和马装具"。

那时，每人每天的菜金大致是淮北币二角。三万元淮北币，相当于当时全师半年的菜金。大家一听师里给了这么多钱，纷纷说："彭师长建设骑兵团的决心真大啊！"

俗话说："步兵的脚，骑兵的马。"战士们爱马，夏天天热，战士们拿自己的津贴买鸡蛋、绿豆、西瓜给马吃；马瘦了，便买油条补养（当时津贴很少，战士们自己是舍不得花钱买油条吃的）。每个战士都给自己的马起了有趣的名字，"小花""小红""小豹""草上飞"……

有的还编了爱马快板：

> 自古英雄爱战马，
>
> 马壮才能杀敌人。
>
> 当骑兵，马是命，
>
> 不加爱护马会病。
>
> 别人打仗上前线，
>
> 你只能掉队拉马行。
>
> 平时若把马匹调理好，
>
> 战时不负有心人，
>
> 待到疆场杀敌时，
>
> 人马一起立功勋。

"士不先教，不可用也！""人常死其所不能，败其所不便，故用兵之法，教戒为先。"于是，在军事训练上，彭雪枫提了一句响亮的口号：

"你们上马要像蚂蚱一样敏捷，骑在马上要像磐石一样稳固，奔驰要像闪电一样神速！"

在周纯麟的带领下，骑兵从养马、护马，到马上战术训练，日渐长进。

不仅有好马，还要有好刀。大家博采众长，最后设计了一种比日军马刀长五厘米，比国民党骑兵马刀长十厘米的马刀，战士们起名叫"雪枫刀"。

团里流行着一首快板：

> 雪枫刀，明晃晃，
>
> 千锤百炼是好钢。
>
> 一马扑到敌阵前，
>
> 势如破竹谁敢挡。
>
> 杀个东西南北趟，
>
> 好比关公斩蔡阳。

时间久了，一些战士有点飘飘然了。一天，一些战士遛马，马吃了老乡的庄稼，战士还不以为意。老乡们有意见了，找上门来。彭雪枫听说后，十分生气。他放下手头工作，心急火燎地赶到骑兵团，召开全团大会。

在会上，他严肃地说："我们是人民的骑兵，在敌人面前我们永远是猛虎，在人民面前我们永远是绵羊。我们与人民是鱼水关系。没有水，鱼就要死。没有群众的支持，我们就要打败仗，就不能最后战胜敌人，就不可能夺回我们的路西根据地！"

一席诚恳的话语，说得一些战士红了脸，不好意思地低下了头。

会后，骑兵团根据师长的指示，制定了三项制度：一、为了防止马啃树皮，一律不准在树上拴马；二、为了防止马啃庄稼，马嘴一律戴笼头；三、切实执行"三大纪律八项注意"，部队离开驻地时，一律派专人检查。

常言道："是骡子是马，拉出来遛遛。"

一九四二年，初夏。麦浪滚滚，一派丰收在望的景象。

蛰伏在附近屏山、黑山的鬼子出来抢粮。接到命令后，骑兵团一、三大队的战士们像猛虎下山，半个小时的光景，三百余名鬼子被全部消灭。

骑兵团的战士们

消息像春风一样吹过，彭雪枫脸上洋溢着难以掩饰的喜悦。

胜利总是让人兴奋的，兴奋之余，他想让骑兵团成为一支锋利无比的宝剑。于是，他号召各单位首长把自己的战马送到骑兵团去。

他首先把自己的"火车头"大青马送来。一听说师长要把"火车头"送来，大家都惊呆了，那可是鲁雨亭送给他的宝贝啊！

一九四一年三月，三十二团路西失利时，彭雪枫正在前线指挥作战，顽骑兵已攻到面前百米的距离，他还不肯撤退。旁边的师骑兵连的战士们急了，不由分说，把他拥上"火车头"，在马屁股上猛抽一鞭，这马便风驰电掣般地突出重围，使他安全脱险。

这也是彭雪枫在路西反顽中最危险的一次战斗。

现在，师长亲自把"火车头"送来，一阵阵海啸般的感情之潮袭过每个人的心头。

雄师狂飙起江淮，铁骑雄风扬美名。

在广袤的大平原上，骑兵团的传奇故事，已广为流传：

新四军骑兵，真是来时从天降，去时一阵风！骑在马上的是眼明手快的"猴子兵"！

骑兵团像条龙，行动起来一二十里长，遇到敌人把龙尾巴一卷，就把敌人卷掉！

那些马是神马，逢山越山，遇水过水，跑起来四个蹄子不沾地，可以在荷叶上走，只要水里有点草叶，马蹄一跐就过去了。

马背上，骑兵战士豪情万丈，激情地唱道：

逐鹿中原飞骏马，

心中豪气贯长虹。

长驱直入冲敌阵，

不灭日寇誓不还。

……

彭师长有三宝：

拂晓剧团，骑兵团，

还有一张拂晓报。

九月的天空，霞光万道，美丽而多姿

爱情，是人间最美丽的生命之花。

爱情像一张巨大的网，让尘世间的男女难以逃脱。

爱情是两颗心灵的剧烈碰撞，像闪电，像雾里看花，充满期待、希冀和新奇。

三十四岁的彭雪枫，正值生命之花绚丽多姿之时，心灵的芳草地难道真的没有蝴蝶飞入吗？

到路东以后，他变得多思起来。清风明月的夜晚，他常常独自在月光下徘徊，对生命，对往昔，对一切的一切，渐渐多了一份思辨和感悟，多了一份审视和回味。苦闷、自责、痛苦像藤蔓一般紧紧缠绕着他。哪个少男不善钟情，哪个少女不善怀春，何况他是已过而立之年的人呢。但是，烽火连天的岁月，哪有闲暇时间来考虑。

但的确，生命中，已有两个女子与自己休戚相关。和秀芹——父母包办的婚姻；李桂敏——让自己怦然心动的女孩，可惜，红颜薄命。

唉，难道真的像林语堂所言，不完美，才是最完美的人生？

他的确有点挑剔，不过，挑剔有挑剔的理由。他相貌堂堂，一表人才。英俊飒爽，文武兼备，举手投足之间，散发着东方美男子的阳刚之气。

那么，他心中的她，到底应该是什么样子呢？也许，这是个谜，但谜底早晚是要揭晓的。

一九四〇年五月，远在重庆的邓颖超来信了。信中，提到要给彭雪枫当红娘。看完之后，他摇头一笑，二十八日，写下这样的回信：

> ……特向大姊郑重声明，我个人问题并未解决，也不打算解决，海阔天空，独来独往，岂不惬意？已经老了，已经老了！

显然，这是自嘲之词，他仍在寻寻觅觅的等待中。

真的是那么难找吗？彭雪枫的爱情观究竟是什么呢？后来，在给林颖的第三封信中，他这样表述：

> 一种小资产阶级的恋爱观，是另一种——花前月下卿卿我我，这究竟是小资产阶级的呀！无产阶级先锋队则不然，这首先建立在政治上，工作上，性情上和品格上，自然同样也有花前月下，然而已经不是卿卿我我了，而是花前谈心，月下互勉，为了工作，为了事业，为了双方的前途！

这就是一个坚定的布尔什维克对爱情的理解。

千呼万唤始出来。这时，生命的长河中，一股巨大的波涛呼啸着，掀起万丈狂澜，终于撞开了他那久闭深锁的情感大门！

一个皮肤白皙、脸庞俊俏、一双清澈的大眼里透出无限热情与喜悦的女孩，笑盈盈地向他悄然走来了。

她叫林颖，原名裕群，又名楠，姓周。林颖是后改的名字。一九二〇年三月生于湖北襄樊一个富裕家庭。接受新思想后，先到竹沟，后到豫皖苏边区，现在淮宝县任县委妇女部长，是根据地有名的美女。

那是六月的一天，晚饭后，彭雪枫正要下连队检查工作，淮北区党委副书记刘子久、淮北行政公署主任刘瑞龙，步履匆匆，兴冲冲走过来。

"师长，哪里去？我们有好事找您！"

"哪股春风把二位吹来了，快说说，有啥好事啊？让我高兴高兴！"说着，彭雪枫拉过两把凳子，三人坐下来。

刘子久神秘兮兮地朝刘瑞龙一笑，刘瑞龙挤了挤眼。

彭雪枫看看这个，望望那个，急了：

"搞什么名堂，弄得多神秘似的，再不说，我就走了！"

这样，两人才把事情的来龙去脉讲了一遍。

"呵呵，我知道，那是一个很大方、秀气的同志！"说着，彭雪枫的脸微微红了。一张似曾相识的笑脸连着一桩桩往事涌上心头。

那是一九三八年还在竹沟的时候，大批热血青年从四面八方来到竹沟，参加竹沟教导大队。其中，有几个女孩子格外引人注目。后来，在豫皖苏边区，他曾接见过她们一行。

当刘瑞龙把他们的打算告诉林颖时，她在惊喜之余又略显迟疑，对刘瑞龙说道："我还不太了解彭师长，等我们接触一段时间，看看彼此感觉能否一致再说吧。"

人们总是用各种借口当挡箭牌，实际上，她是想在兴奋中让奔腾的感情之马停下来，平息一下慌乱的心绪，再进行判断。毕竟，这是终身大事啊！

其实，林颖早就认识彭雪枫了。

两年前，当她刚刚跨进豫皖苏根据地的那个晚上，她便同其他立志投身抗日洪流的热血青年们一道，受到了时任八路军第四纵队司令员的彭雪枫的设宴款待。席间，彭雪枫兴致勃勃地同青年们握手，并询问了每个人的姓名。当彭雪枫走到林颖面前时，林颖就被他英俊的相貌、脱俗的气质和出色的口才所吸引。

一弯上弦月穿过厚厚的黑云，露出皎洁、柔和的笑脸，大地像在牛乳中洗过一样。

夜晚，彭雪枫住处。

"雪枫，就看你的了！"当刘瑞龙把林颖的想法告诉彭雪枫后，便甩下一句话，笑呵呵地跨出了门。

温柔的灯光下，林颖那乌黑的眸子、甜甜的笑靥和娟秀静美的身影，一直在他眼前浮现。他的脸庞红彤彤的，内心久久无法平静。

踱来踱去，他终于鼓起勇气，摊开纸，提笔向她写了第一封信。

林颖同志：

事情或者过于突然，但敌后两年我们是在相互了解着的，所以又不见得如何突然。由于子久、瑞龙两同志的美意，使我们得有通信的机会。

我想，你对我也许比我对你了解得更多一些，因为那是党的生活使然，然也许双方了解得一样，那也是党的生活使然。

既然是终身大事，必然要格外慎重，正因为如此，我已经慎重了十年了。我心中的同志，她的党性、品格和才能，应当是纯洁、忠诚、坚定而又豪爽，军人究竟还是军人，我的军衣已经穿了十八年了。

我是一个十分平凡的共产党员，有许多缺点，很需要一位超过同志关系的同志，更多地了解我，才能更多地帮助我，也才能更多地相互帮助。

有时间，我们需要长谈，但为了先使我了解得更多一些，盼望你能抽暇写信给我。

要写的话很多，会晤时详谈吧。

此致

敬礼！

顺祝

健康！

彭雪枫　一九四一年九月四日

写完信，他小心翼翼地装到信封里，仿佛把自己的一颗心也装进去了！

收到彭雪枫的来信，林颖的内心荡起圈圈涟漪，心里充满了喜悦、激动、忐忑，同时，又有一丝担忧。她眼前浮现出关于彭雪枫的片片记忆：他既有儒雅、多情的文人特色，又有豪爽、刚毅、豁达的军人气质，讲起话来非常潇洒。就是说起情话来，也那么坦然、率性，毫无矫揉造作之气。也许，这就是这个男人的魅力所在吧。

一颗敏感的心啊，开始陷入情感的漩涡中。

后来采访时，彭雪枫夫人林颖告诉笔者，当她接到彭雪枫的第一封来信时，心情确实是复杂的。

她说，一方面，当时的知识女性，已沐浴五四的风雨，思想在悄悄地发生变化，"娜拉出走"已深深地印在心灵深处，个性凸显，反对走首长路线，做官太太。

另一方面，对彭雪枫的文武兼备、不凡仪表心存爱慕。只是，由于东方女孩深受儒家传统文化的洗礼，性格矜持、内敛，很少有火辣辣的情感表达，只好把这份特殊的情感深深地埋在心底。

铮骨柔情，战地黄花分外香

九月五日，"鸿雁"飞来了！六日，彭雪枫迫不及待地写下第二封信。信中，他这样写道：

林颖同志：

昨夜月色皎洁，正开着会，接到你的信！怎么读下去呢？那样靠得近的好几个同志，而会又开得那样长，二时半才散了会。读了你的信，三时就寝，左右睡不着，翻了几个身，司号员已经打号音了，于是只好起床，到河边去了。我想了许多问题。

九月，这月份对于我有特别意义，是我生平过程中的转捩点。阴历的八月初二（往往是在阳历的九月）是我的生日（不必为外人道），一九二六年的九月二日是我由当时的青年团转入党的日子，一九三〇年的九月我们从长沙入江西开始建立苏维埃，而一九四一年的九月呢，终身大事得以决定了！这叫作"巧合"吧，我总以为我还是个小孩子。

……

我的想象中，你的信，雪片般地飞来！

祝你

平安！

　　　　　　　　　　雪枫　九月六日午后三时于半城

281

鸿雁传书，感情渐渐浓烈，浓烈中，是殷殷的思念和牵挂。从一九四一年九月到一九四四年七月，彭雪枫共给林颖写了八十七封信。信中，大多是对人生的抱负和为理想而献身的壮志豪情，同时，流露出对年轻爱妻的柔情。

古人云，人生有四美：一曰洞房花烛夜，二曰金榜题名时，三曰久旱逢甘霖，四曰他乡遇故知。婚姻即为第一喜，由此可见，它在人的生命中的重要性。

千呼万唤中，这个特殊的日子终于姗姗而来。

一九四一年九月二十四日。

黎明，半城一座整洁的小院内。

树影婆娑，肥硕的芭蕉，含笑起舞。几只喜鹊，站在高大的槐树上，喳喳着，仿佛为这喜庆的日子昂首歌唱。

树下的茅草房内，一片欢乐的笑声。在师供给处资凤处长的带领下，十几名《拂晓报》、拂晓剧团的美术人员，说说笑笑，在为师长装扮洞房。

其实，屋内除了一张床、一把椅子、一张写字桌之外，什么都没有。他们只是打扫一下，在屋内贴些画，添些气氛。

"师长哪里去了？"

"会不会是接新娘去了？"

"那还用问吗？"

果然如此，一大早，彭雪枫就带着警卫员，来到洪泽湖畔，静候林颖的到来。

漫步在湖边的草丛中，晶莹的露珠闪着银光。清新湿润的空气，夹杂着稻花的芳香，轻轻地吹拂着还在睡梦之中的洪泽湖。湖中，鳞光闪闪，光影迷离，清风徐来，令人眩晕。

彭雪枫有点陶醉了。这个清新的天地，是属于他的，在这个喜庆而不凡的日子里，一阵阵情感的波涛，撞得他有点晕眩。他微微闭起眼睛，摸摸扑扑乱跳的心。那颗赤子之心啊！

不一会儿，一阵船桨击水的哗哗声，渐渐传来。近了，又近了，只见一位英姿飒爽、乌黑齐耳短发、明眸皓齿、笑意盈盈的女孩，立在船头。

林颖来了！

船靠岸边，彭雪枫走上前，低语笑道："你一路辛苦了！"说着，轻轻拉起林颖的小手。

刹那间，一股温暖的电流，闪过全身，她战栗了一下，莞尔一笑，脸颊已飞上了两朵红云。望着英气逼人的彭雪枫，她轻柔道：

"咱们走吧！"

邓子恢、张震等，站满了院子，大声地祝福道："欢迎新郎新娘走入洞房！"笑语声中，二人被簇拥着，来到焕然一新的小屋内。

只见床上那条白被子补丁摞补丁，那还是一九三七年在临汾时，一位爱国民主人士执意相送的。小屋收拾得整整齐齐，一尘不染。墙壁上，红红的喜字与样子可爱的鸳鸯嬉水民俗画，给小天地增添了几分浪漫。那张"古董级"的写字桌上，还放了一碟喜糖。

"吃喜糖！吃喜糖！"众人一阵嬉闹。望着温暖的小家，两人满意地笑了。

年轻人总是好奇的。采访中，当笔者饶有兴趣地问到何以芳心相许时，饱经沧桑的老人露出难得的笑容，淡淡道：

"一是文武双全，二是长得帅。"

老人还说，当时结婚时，除了身上的衣服，什么都没有，一切都是师供给处提供的。

那个时代的婚礼啊！

晚上，大家吃着丰盛的晚餐，喝着醇香的喜酒，沉浸在一片欢乐和喜庆之中。

夜深人散，喧闹的洞房开始安静下来。橘黄色的灯光下，二人面对面，沉浸在温馨的柔情蜜意里。咫尺之间，仿佛能听到对方的咚咚心跳。

"雪枫，我和你的差距很大，你以后可要帮助我啊！"林颖满脸娇羞，坐在床沿，低声细语。

"我也有不少缺点。以前，批评人很严厉，做事急躁，人家都怕我。到路东以后，我改了不少，但还不够。我喜欢读书，在读书中提高，这方面，咱们互相学习吧！"

彭雪枫起身走到林颖身旁，缓缓坐下来。

"我也有自己的工作，我不喜欢做官太太，希望你能尊重我！"

林颖眨着秋水般的大眼望着心爱的人，深情的眸子中带着一丝期待。

"没问题，我就喜欢你这样的，免得人家说闲话，你说是吗？"

说着，彭雪枫轻轻地把林颖揽在怀中，在她姣美的脸上重重地亲了一口。

月儿害羞地躲到云层后边去了，星星兴奋地眨着眼睛，仿佛是为彭雪枫和林颖送来深情的祝福。

林颖与彭雪枫新婚留影

看着彭雪枫和林颖新婚时在洪泽湖上的合影，不禁让人想起苏东坡那传诵千古的名句："遥想公瑾当年，小乔初嫁了，雄姿英发……"

一个英雄，一个美人，天造地设的姻缘啊！

美妙的时光总是短暂的。

还没有细细品尝蜜月的滋味，三天后，林颖就要返回淮宝工作了。

两人虽是新婚燕尔，还沉浸在无限柔情蜜意中，但战地黄花已开得格外灿烂，芬芳四溢了，只需用心灵的泉水去哺育，浇灌。

夕阳西下，披着抹抹余晖，彭雪枫、林颖肩并肩，向洪泽湖畔走去。

"裕群，烽火连三月，家书抵万金。我希望咱们经常通信，减少点思念，你说好吗？"不知怎的，彭雪枫心头多了几分儿女情长。

"只是我的文笔不如你，写起来力不从心，不要怪我！"

"我怎么能怪你呢？你能回信，我就很高兴了。咱们是夫妻，互相学习、互相帮助嘛！"

"嗯。"林颖凝望着自己心爱的人，点点头。

慢慢地，洪泽湖湿润的气息，一缕缕扑鼻而来。

"颖，我舍不得你走，等打败了小日本，我好好地陪陪你，好吗？"

杨柳依依，翁郁的树林下，彭雪枫一边说着，一边把包袱递给林颖。

"还记得宋朝秦观的名句吗？"

"记得，两情若是久长时，又岂在朝朝暮暮！"说完，林颖娇羞地低下头，面若桃花。

"让我们铭记着，分别是为了更久的团聚。到那边来信，多保重！"

彭雪枫怅然地望着小船渐去渐远，最后，变成一个模糊的黑点，消失在水天之处。

工作之余，一股思念之情悄悄啃噬着彭雪枫的心。几天后，他又写下一封信：

颖：

别离才仅三天，好像已经三月了，这一形容并不过火，理智排除情感，总是一件需要斗争的事，何况是在二十四日之后，又何况是在长夜倾谈而话才吐出了千分之一的以后呢？我不愿写出这种情思，生怕引动你的更加浓厚的惦念之情，然而事实如此，叫我有什么法子呢？人们说我是个感情丰富的人，过去可以压得下，近来有点异样了，一个人的影子，白早至晚怎么样也排遣不开！外人知道了，真是有些好笑！

数日以来，月色如画，唯少一月下谈心的你，可谓辜负良夜太甚！此情此景此事，何日才能到来呢！？你有同感没有？比如今夜——二十九日，你在做什么呢？不见你的信，难见你的信！然而我又知道你是昨天才到的淮宝，何忍责备你呢？真是矛盾！

纸短言长，夜深人静，下次再写吧。是谁先给谁写呢？记着我们的时间，也许此刻现在，你同样在握笔疾书吧？

祝你

愉快！

枫　九月二十九日夜一时二十三分于半城众人入梦时

对爱人的思念与惦记，跃然纸上。真是侠骨柔肠啊！

奔赴程道口，途中遇顽军，化敌为友

清风吹起，清风中裹着芳香，但也夹杂着令人作呕的臭味。

正当彭雪枫喜结良缘，沉浸在幸福的喜悦之中时，顽军阴鸷的双眼，正虎视眈眈地盯着彭雪枫部。

不"斩草除根"，他们是不会善罢甘休的。

国民党江苏省政府主席韩德勤，乘日军向苏北"扫荡"之际，派其保安第七旅旅长兼第三纵队司令王光夏，率两个团，侵占淮海区泗阳县西北的程道口。

程道口是位于泗阳西北的一个小镇，夹在六塘河（自东向西，流入运河）、大运河之间，位置历来十分重要。

王光夏，为人凶狠残忍，杀人成性，是泗阳县一霸。占领该地后，强拉民夫一千多人，大兴土木，经过五十天经营，筑起三个圩子：西小圩子、东小圩子、老圩子。四周是丈把高的围墙，寨外挖了战壕、水沟，并设置铁丝网四道。兵力达三个团。

古人云："器小则盈。"不知天高地厚的王光夏，查看完工事后，得意扬扬地对民众吹嘘道：

"就凭这工事，连日本鬼子都打不开，就别说新四军了！"

王光夏为何如此狂妄呢？

原来，鬼子曾经试探性地放了几炮就走了。王光夏自以为修建的防御工事固若金汤，敌人没有办法，就飘飘然起来。同时，觉得自己是有靠山的：东有韩德勤，西有李仙洲，将来一旦遇险，两部赶到，来个里外夹击。

王光夏早已打好了如意算盘。

一九四一年十月十六日，彭雪枫再次接到陈毅的电报："部队星夜赶往程道口一带。"

新婚的彭雪枫，心情是愉悦的，接到电报后，宛如身上注入一股兴奋剂，有使不完的劲儿。当日下午，彭雪枫携师部侦察科科长罗会廉，火速由半城出发。

在赴老圩子的途中，一件意想不到的事情发生了。

十七日下午，两人正策马向前奔去。彭雪枫那匹枣红色大马忽然扬起前蹄，长长嘶鸣一声，彭雪枫勒住缰绳，定睛一看，原来，前方是王光夏的一支队孙玉波的部队。

打吧，众寡悬殊；撤吧，已来不及了。处境十分不妙。

"一〇一（彭雪枫代号），这恐怕危险，要不，咱们绕道而行，以免惹起不必要的麻烦？"

半路杀出一个程咬金，怎么办？彭雪枫脑海里迅速闪过往昔遭遇土匪、顽军时的画面。

明知山有虎，偏向虎山行。彭雪枫浓眉紧蹙，目光坚定，当即道："化干戈为玉帛。顽众当前，走是来不及了，孙玉波和王光夏素有矛盾，不如趁此机会，做孙玉波的工作，协助我军消灭王光夏！"说着，彭雪枫让人送去自己的名片。

彭雪枫和罗会廉一行，不一会儿来到孙玉波的驻地陈庄。孙玉波早已迎出门。二人寒暄之后，互相执礼。

在派系林立的国民党部队里，军官之间心存芥蒂。孙玉波曾任国民党八十九军的参谋主任，并以勇敢善战、精于射击而小有名气。

"孙队长骁勇善射，山河破碎，给王光夏卖命，可是枉了一世之才啊！"

"不敢，彭将军过奖了，唉，一言难尽哪。我孙某只是华夏儿女中的一个，抗日大计，是大家的事，我愿与将军携手！"

"孙队长爽快！"见孙玉波有抗日诚意，彭雪枫让罗会廉从行囊中取出一千块银圆。

"这是一点意思，弟兄们辛苦了，权当一点茶水费吧。"

孙玉波大为感动，接钱时，手微微颤抖，表情激动。

"绝不同室操戈，这点做人的道理，我无论如何还是知道的。为了感谢彭将军对弟兄们的厚爱，我孙玉波和弟兄们，愿与贵军里应外合，消灭王光夏第二支队陈儒和李守宽两个老贼，杀杀王光夏的威风，让这个祸首早上西天！"

"好！一言为定！"

孙玉波果然未食言。十九日，彭雪枫派二十六团与孙部联合，将陈、李部消灭。

八载喜逢，并肩作战，程道口枪声激

十八日，夜幕降临之时，彭雪枫驰马终于赶到了军前线指挥所小李庄。在这里，他与阔别八载的陈毅，再次相遇了。

"陈军长，我来了！"彭雪枫走进院子，大声喊着。陈毅已走出屋，朗声道："雪枫，自一九三四年在中央苏区分手，光阴似箭，一别可是八年喽！"陈毅拖着长长的川音，兴奋地伸出双手。

"陈军长，长征一别，烽火连三月，真不知道你后来在南方是怎么度过的！"

"哎呀，梅山被围，蒋介石差点要我的老命啊！哈哈，马克思不要我，要我继续和老蒋对着干……咱们又走到一起了！"

两人笑着互相打量着对方，烽火的磨砺，使双方的气质、举止都有了不小的变化。

陈毅后来回忆道：

> 十年重逢，长谈竟夜，我觉得他当年英锐之气收敛许多，人心所向正转向沉着老练方面，而严肃整饬，仍一如往昔……

故旧重逢，有说不完的话。小叙之后，陈毅当即任命彭雪枫为战役参谋长，参与指挥程道口战役。

寨内，王光夏的部队有三个团，三千余人。

陈毅决定派五个旅，以绝对优势兵力，来拔掉这个钉子。

四师的九旅参加了此战。

从十五日黄昏到十八日，参战部队分别攻克了史集、张庄、大兴庄等外围据点，然后转入近迫作业。

十九日晨，彭雪枫陪同陈毅察看地形。彭雪枫举起望远镜，只见几百米之外，阴沉沉的天空下，横竖着一片模模糊糊的土围子。炮楼上，几个夜游神似的哨兵，缩着脑袋，来回走动。

寨下壕沟，纵横交错。湿冷的秋风飒飒地吹过，无数枯叶飘然落下，更增添战场萧杀的气氛。

"王光夏啊，王光夏，你这个秋后的蚂蚱，我看是蹦跶不了几天了！"陈毅放下望远镜，呵呵笑道。

"对，再过几天，让他哭娘找不到门儿！"

一个豪放坦荡，一个爽快正直，两名儒将一唱一和，配合相当默契。

准备工作在紧张地进行着。当晚，陈毅召开参谋工作会议。会上，陈毅对彭雪枫说："此次战役，是新四军几个师之间的协同作战，为了取胜，必须制定战场纪律！"当即口述几条。

彭雪枫整理后，定为《消灭王光夏战斗奖惩军律》，全文如下：

一、奋勇先登者奖。

奋勇砍铁丝网者；迅速越外壕者；不顾一切攀登围墙者；巷战获胜者；领导冲锋者；白刃决战者。

二、活捉王光夏者重赏。

三、临阵退缩者罚。

观望不前者杀；擅自后退者杀；造谣惑众者杀；夸大敌情者严办；借故离开火线者严办。

陈毅看后，连声说道："好！好！立即颁布！"

二十日下午，程道口笼罩在战争一触即发的气氛中。

十七时许，清脆的冲锋号声划破寂静的上空。顿时，枪声大作，突击队在炮火的支援下，迅速突进到寨围下。

这是一次典型的阵地战、攻坚战。

突击队分工明确，分破坏组、填壕组、运递组、手榴弹投掷组，一阵猛烈攻击之后，后续部队迅速跟上。

敌人困兽犹斗，拼命地还击。晚上八时，三师七旅十九团占领了西小圩子。当时，部队决定乘胜追击，继续攻击大圩子，但根据俘虏交代，大圩子附近还有三道铁丝网，未能侦察清楚，加上部队连续进攻，相当疲劳，所以改为翌日总攻。

二十日十七时许，总攻开始了。在炮火的支援下，激战至二十时，共毙伤俘顽军一千四百余人，火光中，王光夏早已吓得魂不附体，伪装成士兵率二百余人，逃之夭夭。

这是彭雪枫到路东后打的第一次胜仗。愉快的心情，像夏日雨后的田野，生机勃勃。"独乐乐，与人乐乐，孰乐？"于是，他提笔给心爱的人写下这封信：

裕群：

托谢胜坤同志寄你的两封信，不是说我要到前方去指挥作战吗？昨天——二十三日，亦即"我们的日子"的前一天，我"凯旋"了！胜利会使你为党为四师为你的伴侣而欢呼的！也许你已经听说了，就是王光夏被我们消灭了！

三年来，唯有这一次程道口战役较为壮烈，从红军时起经常打大仗，的的确确已经上了瘾，此次算是过了一次瘾，打游击战是不大有兴趣的，打运动战才会使人感到够味。古人说身经百战就好像了不起了，谁能数得过这些老的红军干部打了几百次仗了呢？

灯光下，眼前浮现出林颖甜甜的笑容，彭雪枫会心一笑，提起笔来，洋洋洒洒，让心湖的波浪自由荡漾开来。

肝胆相照，友情难觅，相见时难别亦难

相逢是欣喜的，相处是愉快的。

程道口并肩作战，短暂而快乐。但战地的杀气与凝重，与温情的友谊扯在一起，似乎是有点不合时宜。

八年了，多少个难熬的日子，就这样悄悄过去。生命的风景随风而逝，内心的欢乐与挣扎，有几人知晓？千金难买是友情。趁此机会，一则让军长对四师工作提些宝贵意见，二则与军长畅叙友情。彭雪枫诚邀陈毅到半城，检查四师的工作。

十月三十日上午，彭雪枫抑制不住内心的激动，敞开心扉，给林颖写道：

今天接到电报，陈军长昨宿营于莫圩子，今天可到半城，我们正准备欢迎中。这样一来，短时间内恐怕不能东渡了！倘有机遇，八九天或一礼拜之后，亦许有到淮宝之条件，如陈军长最近赴二师时，我当伴之赴淮宝。我们八年没有见面了。

友情、爱情，皆是生命画卷中最灿烂夺目的一页啊！

三十日下午，陈毅一行，由洋河镇以南的莫圩子抵达半城，受到彭雪

枫、邓子恢、张震等热情欢迎。这是陈毅第一次到四师。

面对这支从竹沟出发、在敌顽夹缝中发展壮大，如今已成为敌后雄师的队伍，陈毅被深深地感染了。

翌日下午，在欢迎会上，陈毅慷慨激昂道：

"没有党的领导，没有群众的拥护，个人的力量是不能发挥的。一个共产党员无论在什么境遇当中，都要有推翻全世界的勇气！"

黄昏后，洪泽湖畔。

沐浴着落日的余晖，微波荡漾的洪泽湖，像披上了一层美丽的外衣。深秋了，潮湿的清风裹挟着丝丝寒意扑面而来。

陈毅和彭雪枫二人肩并肩，边走边聊。

"陈军长，八年了，还记得在江西的情景吗？"

"当然记得喽，那怎么能忘记呢？你当政委，我当司令，一唱一和，还受到毛主席的表扬呢！回想起来，那可是一段美妙的时光喽——"陈毅拖着长长的川音，神采飞扬，仿佛又回到那段难忘的岁月中。

"雪枫啊，你这段时间好像很怀旧，也变沉默了，这可不是以前的你，怎么回事啊？"

"没什么，只是……"

"只是什么，不要吞吞吐吐嘛！男子汉大丈夫，爽快点！"陈毅微笑着，扭过头来，目光中透出鼓励。

"陈军长，路西反顽失利，我有很大的责任，想起来，就感到内疚，请军长批评。"彭雪枫抬起头，一口气说完。

"哈哈，我以为啥子事么。你呀，责己太重了。世上哪有常胜将军呢？胜败乃兵家常事嘛！"陈毅挥一下手，"这个，中央、华中局已开过会，作了定论。虽然受挫，但四师从小到大，你还是头号功臣嘛，过去的事就让它过去吧，以后，四师的发展还要靠你！"

"我不会忘记，"彭雪枫停下来，喃喃道，"但我要率四师打回路西去，为九泉之下的烈士们报仇！"

"严责己者必得益嘛！打回路西去，那是一定的事。"陈毅低下头，略微思索一下，抬头说道，"哎，雪枫，现在小日本不断扫荡盐城，苏北形势很紧张，要不，你去给我当参谋长吧？"

陈毅微笑着，用征询的目光望着彭雪枫。

"不。在哪里跌倒，就在哪里爬起来。磕掉了牙，和血吞下去。不然，请组织批准去延安学习。"彭雪枫抬头望了一眼云霞燃烧的天空，声音有点哽咽。

彭雪枫难过，陈毅觉得话语有些不当，歉意地笑道："哎，哎，这只是我个人想法，不算数的，你别当回事，还是安心工作！"说着，拍拍彭雪枫的肩膀。

看着昔日的战友渐渐成熟起来，陈毅暗生钦佩。从竹沟出发时的三百多人，发展到今天的近两万人，成为驰骋在敌后的一支劲旅，有谁不感叹！彭雪枫作为缔造者，这中间需要付出多少心血和代价呢？

陈毅赠送彭雪枫的《战争论》一书

路西反顽战斗中，面对七倍于我的顽军，凛然不惧，最后把主力打出包围圈，带回路东，不同样是一件令人钦佩的事吗？

虽然现在是自己的部下，但能有这样的朋友，真乃人生之幸事啊！想到这儿，陈毅让警卫员取出一本书，递给彭雪枫，意味深长地说：

"雪枫啊，我看了好几遍了，这可是一本好书，是十九世纪普鲁士军事理论家卡尔·冯·克劳塞维茨著名的《战争论》，对恩格斯、列宁、毛主席都有影响，送给你，希望你也喜欢！"

"谢谢军长，我一定熟读！"

借着余晖，陈毅写下"雪枫同志存阅"几个潇洒的字。

不知不觉，暮色四合，两人向半城方向走去。

一九四一年十一月十二日上午，陈毅应邀作团以上干部会议报告。这是在敌后奋战的四师干部，第一次见到军长。

豪放坦荡的风采，有滋有味的川音，使在场的每一位无不动容。

会场不时报以热烈的掌声。最后，陈毅军长深情地望着大家，拉长声音道：

"我这次到四师看望大家，特别是要看望彭雪枫同志。雪枫同志是我的老战友，是我军的优秀指挥员，在红军时期屡立战功。雪枫同志对自己要求很严，有着许多好的作风。四师的创建与发展，雪枫同志是头号功臣，四师离不开他，谁也代替不了他。今后，四师的工作还是要他来主持的！"

话音一落，会场上响起雷鸣般的掌声。

台下的彭雪枫，拍着手站了起来，眼睛里闪烁着晶莹的泪光。他感到肩上的责任和情重如山的力量。

在半城的日子，陈毅的心情是轻松的。

一天上午，陈毅在彭雪枫的陪同下，到《拂晓报》视察。他随手翻看了几期，不一会儿，就皱起了眉头："雪枫啊，这报纸可是文艺多于政治，政治多于军事啊。一定要注意报纸倾向，不能搞花架子！"在一旁的彭雪枫不好意思地笑了，当即接受批评。

午饭时候到了。彭雪枫把陈毅送到小灶上，自己径直和战士们要到食堂去。陈毅不解地问："军部有规定，旅以上干部可以吃小灶，你们是怎么回事，怎么没执行啊？"彭雪枫呵呵一笑："军长，我和战士们在一起吃挺好的，同甘共苦嘛。"

"话是这么说，但规定还是要执行的嘛，各师都这样做了，你们为什么搞特殊？"陈毅眉毛一扬，抱怨中带着一丝关心。

后来，彭雪枫在给林颖的信中这样写道：

> 我近来在生活上有了一个大变动（请你先不要诧异，这在人家的确小得算不了什么，然而在我却的确是"大"了），党为了去掉'平均主义'，使干部可以多活几年，早即决定旅以上干部在饮食上要好一些，然而总没实行。邓政委来说一说，大家没有理，搁下了。自陈军长来，旧事重提，而且非这样做不可。勉强之中，每人每天增加菜金四毛，共六毛了。司令部只有四个人，每餐是大米饭，白面馍，有时甚至还有饺子之类，两菜一汤，可谓阔气也哉！人谁不想吃好的呢？然而为了顾及影响，所以总是没有办，如今既然要成为制度，而且各师均早已实行，而四师则又何必与众不同呢？实行将近三星期，倒也听不见什么，其实在开头，'小厨房'三个字真不好听，我曾经禁止喊。固然也有好处，据说我近来红胖起来了，然而又有人说，理由尚不在此，乃因新婚之后，'心广'而后始体胖了云云，由它去吧。

看到军长整日辛苦，更需要一匹好坐骑，于是，彭雪枫让警卫员把自己的"火车头"牵过来。陈毅呵呵一笑，真的留下了。可是，过了两天，陈毅又将马送了回来。原来，这匹马桀骜不驯，认生，陈毅哈哈一笑："还是老弟你留着骑吧！"

黄昏时分，操场上热闹非凡。

原来，战士们正在举行足球比赛。陈毅的夫人张茜，嚷嚷着去看热闹，彭雪枫高兴地陪同前往。

十六日，张茜不等在二师检查工作的丈夫回来，执意要走。彭雪枫无奈，只好相送。临别时，拿出一张纸，挥笔写下："相见时难别亦难！"

友谊的芬芳，弥漫在彭雪枫的心间。

诤言润丹心，未雨绸缪；辞旧迎新谋未来，根据地里唱新歌

冬日的淮北大地，阳光撒着欢儿，拥抱着风儿在田野里飞跑，凉意中透出一丝宁静、恬淡。几只鸟儿啁啾着，似乎在歌唱着什么。

这是一九四一年最后一天的下午。在半城南边的一片旷野里，到处插满了花花绿绿的标语：

"平时多流汗，战时少流血！"

"杀敌报国才是好男儿！"

战士们赤膊上阵，汗水四溅。呐喊声惊天动地，呈现出一片冬日里小阳春的景象。这是四师冬季练兵的一个场景。

每天黄昏收操之前，彭雪枫和张震等，总是来到战士们中间看一看。今天，他照例来到这里。

战士们看到师长来了，马上列队完毕，等候师长检查。

"同志们，你们有没有忘记，我们为什么到这里来？"

彭雪枫目光威严，不等大家回答，他郑重地说：

"我们是打了败仗，是被人家赶到这里来的！君子报仇，十年不晚！我们一定要打回去，为死难的烈士们报仇。路西的几百万父老乡亲，还在等着我们！"

"同志们，有没有信心？"

"有！"回声如海啸般，滚过冬日的上空。

原来，不久前，陈毅视察四师时，点头赞许的同时，也会偶尔摇下

头："文艺多于政治，政治多于军事。"

古兵书曰："练兵之法，莫先练心。"彭雪枫非常重视，立即和张震等研究后，制定一系列措施：

各单位创立"军事教育研究会"；

加强《军事杂志》（该杂志是司令部的学术性刊物，创办于一九三九年六月）；

加强《拂晓报》军事专版。

十二月二十一日，彭雪枫还在《拂晓报》上发表了《马列主义者要学习军事》一文，吹响了全师开展冬季练兵的号角。

一九四二年的元旦。

夜幕降临半城。洪泽湖潮润的寒风呼呼地吹来，透过镇中间三间空茅草房的窗棂，桌子上，一盏油灯的火苗在风中狂舞。

四师一九四二年元旦晚会，正在这里热闹地举行。

拂晓剧团表演完节目后，从二师返回的陈毅，兴致勃勃地作了《目前形势和今后工作方针》的报告。之后，他话锋一转，提出一个很好的建议，即在华中地区建立起一个可以跨区行动的突击师，其余部队则地方化。

大家一愣，窃窃私语起来。随后，邓子恢站起来，提出要结合中央指示，强调精兵简政，共渡难关。

彭雪枫频频点头："太好了，说到心窝里了。"

一切都是雷厉风行。彭雪枫和张震等旋即作出决定，确定九旅为师机动部队，十一旅取消了团，由旅直辖四个营。

一月二十一日，彭雪枫在《拂晓报》上发表《论精兵主义》一文，指出："决定军队胜利的因素是人力（指战员加上广大群众），其次是物力（精良的武器加上善于使用武器的技术），加以科学的装备，灵活的战术，尤其能以弱抵强以少胜众，而后始可称之曰'精兵'。"

在政治工作、后勤工作等方面，彭雪枫抽出一定的时间，亲自检查。特别是在对干部的培养方面，彭雪枫更是倾注了不少的心血。

抗日军政大学第四分校，原随营学校，是四师干部的摇篮。自一九三八年三月十八日建校开始，彭雪枫就一直兼任校长。抗大分校共培养五千余人，为四师输送了大批新鲜血液。

种瓜得瓜，种豆得豆。在彭雪枫、邓子恢等努力下，根据地在一天天地巩固起来。

古刹月光书生情

古镇的月夜，是迷人的。

大地静穆，笼罩在一片皎洁的月光中。家家户户已进入甜甜的梦境。偶尔两声犬吠，更增添了冬夜的静谧。可是在镇东头一座小庙内，却是另一番情景。暗淡的灯光，映着一张英俊清瘦的面孔。他，正专心凝神地看着什么，一动不动，仿佛完全忘记周围的一切。

他，就是彭雪枫。

少小离家，流离辗转，戎马岁月，少暇读书。来到路东之后，战事相对平静一些。此时，对读书的渴望像野草一般在心中疯长。读书，需要一个安静的环境。找来找去，镇东头的两间破庙，比较合适。

这座古庙，是洪泽湖渔民祭祀水神、菩萨的庙宇。由于连年战火，里面既无泥塑又无木雕神像，前来烧香拜佛的人很少。

警卫员帮助打扫干净，搬来一桌，一椅，用门板搭了一张床，就成了简易书房。彭雪枫称之为"密室"。

旁边就是美丽的洪泽湖。彭雪枫来过几次之后，便深深地喜欢上这幽静的地方了。

一位彭雪枫身边的战士，描述了当时的情景：

> 每每苦读至深夜，实在困倦极了，他就伏案迷蒙一下，当警卫员给他轻轻披衣因而惊醒时，他揉揉眼又继续读下去。有时我们劝他不要这样苦读，免得把身体搞坏了，他却笑着说："我还没有头悬梁，锥刺股，算什么苦读？不抓紧时间读点书，会输给工作的。"

在给林颖的信中，彭雪枫娓娓道来。他独到的读书心得，闪烁着智慧之光，穿越岁月的时空，即使今天看来，仍令人回味无穷。

对于中国古典文学名著《三国演义》，他这样评价：

> 《三国演义》也是一本必读的书（陈军长说不读《三国》和《水浒》的即不是中国人），如你愿看，我可按本送你看，那里有战术，有策略，有统战，有世故人情。

对于一代文豪鲁迅的文章，他这样评价：

> 鲁迅的文章简洁、尖刻，极有骨气，多读不仅在文字之技巧有益处，更可加强自己之修养。

对诺贝尔文学奖获得者、苏联著名作家肖洛霍夫的长篇巨著《静静的顿河》，他写道：

> 肖洛霍夫文笔隽永，描写细腻。我觉得第一部不如二、三部矛盾冲突高潮迭起，但也只有耐心了解第一部顿河上哥萨克民族

风俗民情的意境，才能了解第二、第三部的因果关系。

对世界文豪托尔斯泰的《安娜·卡列尼娜》，他写道：

描写手段高超，故事生动细腻，对话漂亮俏皮，译笔流利通畅。

对于文学作品的妙处和选择，他对林颖这样介绍：

我劝你多看小说和文艺性作品，这不仅可以提高文化水平，而且可以增加社会经验（古人的）和修真养性。外国小说为主（旧俄和苏联的），中国小说也要读……

"埋头，埋头，再埋头！苦读，苦读，一百个苦读！"小屋内，高高悬挂着他的座右铭。

头枕洪泽湖的涛声，胸怀古今中外风云。在古庙内，他读了大量的书籍，至于多少，已无从考证。但从给林颖的信中，可以看到包括马列著作、军事类、文学类、传记类等，共计五十余本。

他爱书如命，特意托人给他刻了两个印章：新收到的书，在扉页盖上"书有未曾经我读"；读过的书，则盖上"有书大家看"。

他自己爱书，对部下也同样如此要求。

一九四一年九月的一天，四师九旅二十六团团长、老红军罗应怀，到师部半城汇报工作。结束之后，彭雪枫向他提出建议："要抓紧时间，多读点书！"

罗应怀挠挠头，笑道："师长啊，整天到晚忙忙碌碌，哪有时间？还有，找不到书啊！"

彭雪枫笑了，郑重道："这不是理由，读书的时间只有一个办法，就是挤。把一点一滴的时间都用上。欧阳修读书还有'三上'，就是厕上、枕上和马上。想必欧阳修肯定也忙，不然还用骑在马上，蹲在厕所里读书吗？"

说着，他拿出钥匙，打开箱子，取出三本，递给罗应怀：

"你先读读这本《水浒传》。这本书很好，很多章节写得很精彩。像'三打祝家庄'，前两次为什么没有打下来，还牺牲不小，后一次为什么打下来了，这里面有学问，就是要注意调查研究，摸清情况，情况不明，决心就不能下，这和我们当前作战是一个道理。读《水浒传》既能提高文化水平，又能学到军事谋略。"

罗应怀笑着接过书，啪地敬个军礼，满意地离去了。

后来，彭雪枫也被战士们冠以"三上"的美誉：马上、庙上、船上。

彭雪枫给婚后的林颖的第一个生日礼物，就是一本崭新的《斯大林传》。在扉页上，他这样写道："我们忠诚坦白之对于爱，一如我们忠诚坦白之对于党！"

特别是新四军四师撤到路东以后，彭雪枫变得更加谦虚起来，他戒骄戒躁，虚心接受批评，他要在书中寻找另一个世界，寻找精神的慰藉，使内心世界变得更加广阔、更加强大。

正如泰戈尔所言："从别的日子里飘浮到我的生命里的云，不再落下雨点或引起风暴了，却只给予我的夕阳的天空以色彩。"

有人说，人生具备"三度"就成功了：一个人的品格是厚度，一个人的胸怀是宽度，一个人的境界是高度。而这三度，彭雪枫都具备了。

亮剑锋从磨砺出，民主政权得人心

一九四二年十月十四日。

已是秋高气爽的季节，洪泽湖畔，草深鱼肥，到处洋溢着收获的喜悦。

在半城的一座小四合院内，坐满了淮北苏皖边区的参议员们。他们正在聆听彭雪枫作军事报告。

彭雪枫戎装整洁，浓浓的河南口音，抑扬顿挫，听起来刚劲有力。他深情地望着台下，他们中有的白发苍苍、美髯飘飘，有的西装革履、仪表不俗……他们抻着脖子，专注地听着。

自刘少奇来到华中以后，解放区抗日民主政权按照"三三制"原则，逐渐组建起来了。

所谓"三三制"，是指抗日战争时期中国共产党在各根据地建立抗日民族统一战线政权时，在人员构成上采取的政策。即抗日民主政权机关中的共产党员，左派进步分子，中间派大体各占三分之一。

根据地能够取得成功的主要因素，一是在根据地实行了民主改革，实行"三三制"原则和参议会制度；二是在军事上形成了主力部队、地方武装和民兵自卫队三位一体的结构。

彭雪枫深知，以前被刘少奇批评为"扛着枪要饭吃"的日子，是难以发展壮大的。到路东以后，他更加深刻地认识到，政权、根据地和"一个篱笆三个桩，一个好汉三个帮"的重要性。有了根据地，部队才有立足之地，才有兵源补充，才有粮饷补充。正所谓，军民乃鱼水关系也！

建立根据地的中心环节，就是实行减租减息，把农民从封建桎梏中解脱出来。这是共产党区别于国民党的做法。

一个亲近农民，一个脱离农民。"君，舟也，民，水也，水能载舟，亦能覆舟。"

因此，在根据地的建设上，他倾注了大量的心血，一首民谣在百姓中广为流传：

> 彭司令，真是强，谁提起来谁夸奖。
>
> 生活艰苦又朴素，关心群众像爹娘。
>
> 你种地，他帮忙；
>
> 你打麦，他扬场；
>
> 日本鬼子"大扫荡"，抗敌拿起刀和枪，
>
> 军民合作一条心，打跑鬼子保家乡。

他首先回顾了十六个月以来，在淮北大地发生的可喜变化。他指出，四师作战三百四十次，缴获各种枪支三千多支，击毙日伪军六千多名。

振奋人心的消息，化作一丝丝快意写在参议员们的脸上，特别是提到敌我发生的变化时，群情振奋。他高声道：

"这喜人的变化，我用三句话来概括。第一句话，就是我们过去是夜间战斗，现在，可以白天战斗了！"

一阵掌声响起来。

"第二句话，就是过去是游击战，能打就打，不能打就走，'三十六计走为上计'，现在，我们可以进行运动战了！"

大家的掌声更响了。

"第三句话，就是过去我们很少进行攻坚战，原因是我们底子薄。今天，我们强大了，可以攻坚了！"

接着，彭雪枫话锋一转，笑意中带着严肃：

"这些成绩和胜利是怎么来的呢？原因在哪里呢？一些部队同志几个

月没有解过子弹带，更不要说脱衣服睡觉了，他们没有一天不在战斗。后勤工厂的同志，制造炸弹炸药时，眉毛都被烧焦了，还继续干着。同时，人民的支持也功不可没。一位五六十岁的老先生，卖了五亩地，得了六百多块，亲自送上门来。这种'解衣衣我，推食食我'的伟大精神，值得我们永远感激和钦佩！"

话音刚落，掌声如雷。一些参议员的脸上，流下了两行热泪。

彭雪枫也被大家的情绪深深地感染了。他顿了顿，高声道："江山易改，秉性难移。我们存在一天，敌人就不安一天。敌人大规模的'扫荡'总有再次来临的那一天。同样，我们也做好了一切准备！"

夕阳西下，整个小镇，笼罩在一片霞光之中。

第十二章　浴血奋战

故善战者，致人而不致于人。

——《孙子兵法》

临危不乱，巧施良计破宿敌

一九四二年十一月七日，一个特殊的日子。

太阳脸庞娇红，在冬日的薄雾中，宛如快要出嫁的新娘，显得格外美丽动人。

早饭过后，在抗大四分校驻地姚祖庄的操场上，人山人海，鼓乐齐鸣。四师各单位人员六七千人，会集在此，举行庆祝十月革命二十五周年纪念日阅兵演习。

抗大四分校，是彭雪枫建立的。

从上午八点开始，一直到下午五点，操场上，杀声震天，掌声不断。快要结束时，参谋突然跑来报告，日寇开始向淮北根据地大举推进！

历史上淮北抗日根据地有名的三十三天反"扫荡"开始了。

淮北抗日根据地（又分两块，津浦路以西为豫皖苏根据地，俗称"路西"；以东为皖东北根据地，俗称"路东"）是抗日战争时期中国共产党领导的全国十九个抗日根据地之一。打开地图，可以看到，它的战略地位是多么重要。

它位于豫皖苏鲁四省交界处，敌人的两大交通命脉——津浦、陇海铁路在此贯通，接近敌人占领的徐州、蚌埠、南京。面积四万一千三百平方公里，人口六百一十七万，北面是冀鲁豫和山东根据地，是八路军与新四军的联系枢纽；东面是苏北与苏中根据地；南面是淮南根据地，是新四军东进苏北、西连中原的前哨。

所以日军千方百计进攻这一地区，掠夺这一地区，以实行"以战养战""以华制华"的毒辣政策。

鬼子果然来"扫荡"了。

由于日伪据点不断被拔出，日寇感到惶恐不安，视根据地为心腹之患。

十一月十三日，驻徐州、蚌埠、嘉山一带的日军第十七师团、第十三独立混成旅团各一部及伪军，步兵七千六百多人、骑兵六百人，汽艇十九艘、坦克六辆、飞机八架，以青阳、半城为目标，分五路向四师分进合击，企图聚歼四师于洪泽湖畔。

自程道口战役之后，边区出现了一时的"和平"。一些干部和战士产生了"太平"观念，有人甚至异想天开地认为，敌人不会来了。对此，彭雪枫多次提醒一些干部战士，要做好反"扫荡"准备。就是在一个月前的参议会上，他还大声呼吁，要时刻警惕日寇的到来。

兵来将挡，水来土掩。

十四日晚，师部茅草房内，烟雾袅袅。彭雪枫手持香烟，和邓子恢等商量之后，站在地图前，望着大家：

"这次日军来势凶猛，我们要避其锋芒。我们采取的对策是：一、主力跳出敌人的包围圈，但遇到有利的目标也不放过。二、在敌人的侧翼和后方与之纠缠，实行破击战。三、袭击、拔除日军在我根据地内建立的据点。

"我国古代伟大的兵家孙子在他的《军争篇》中说：'是故朝气锐，昼气惰，暮气归。善用兵者，避其锐气，击其惰归，此治气者也。'

"老子也曾说：'故飘风不终朝，骤雨不终日。孰为此者？天地。天地尚不能久，而况于人乎？'狂风暴雨尚不能久，而况于日本军阀乎？"

"雪枫同志说得有道理，此次反'扫荡'，只要我们军民一致，按照刚才雪枫同志布置的战术，就一定能粉碎他们的扫荡！"邓子恢站起来，带头鼓起掌。

反扫荡中在敌占区的我侦察兵

后来，在给林颖的信中，彭雪枫披露了这一段不凡的生活：

十几天以来，我们过的是昼伏夜出的生活，恢复了路西时期的游击了。白天隐蔽封锁消息，夜晚行动，跋山涉水，淮河已经来往渡了三次。目前我们围绕着盱凤嘉的小山地，童山濯濯，没树林，然而较之平地，总算较胜一筹了。我现在是在这个荒山之中的一个荒村里给你写信，心里不知道是一种什么滋味，到处是敌寇的烽烟，东望淮宝云天漫漫，高良涧岔河已被敌人占领了！
你到底是在淮宝或淮南呢？我不知道，简直无法知道，我默默地
为你祝福！

字里行间，流露出在炮火连天的岁月，对爱人的牵挂，对战争的独特
体味。

由于师主力及时跳出敌人的包围圈，敌人是竹篮打水——一场空。
十九日，鬼子灰头土脸地被迫撤退，第一阶段的"扫荡"不了了之。

再接再厉，再破"扫荡"

可笑的是，敌人还掩耳盗铃，十一月二十四日，在伪《徐州日报》上
发表社论，大肆吹嘘：

> 现在此种匪共据点，既被友军攻破，匪共覆灭，殄夷几尽，
> 大好湖田，将一变为良民之居住生产地带，共匪所失凭藉，便永
> 无卷土重来之一日。
> 兹于大东亚战争将近周年纪念之际，友军竟将洪泽湖上之共
> 匪巢穴粉碎，辉映时局，洵为极有价值极有意义之胜利！

"无耻！可笑！"张震摇着头笑道。

"敌人的阿Q精神胜利法，真是发挥到了极点，让他们做梦去吧！"彭
雪枫看罢，把报纸扔到一边。

敌人是不会善罢甘休的。休息三天之后，二十三日，敌人第二次出
动，从泗县分三路向中心区域推进，开始了第二阶段的"扫荡"。

对此，彭雪枫在给林颖的信中，这样写道：

> 泗县之敌约三千，坦克汽车各两辆，骑兵四百，分三路进占上塘陈冲郑集，距我们二十里，夜里我们又不得不回盱风嘉，果然二十五日（即昨日）敌即经双沟到鲍集官镇，与我们是一河之隔，昨晚又返回竹沟，今晨各处情报敌有南渡进犯盱风嘉模样，大家又紧张了一个上午，盱风嘉太狭小了，怎么能经得起三千敌人的纵横驰驱呢？下午情报，敌人由双沟北去了，大家才放下了心，我们决定仍回泗南，与敌周旋，绕大圈子去。

彭雪枫运用"内线与外线相结合"的战术，在运动中寻找敌人的弱点，打击敌人。

十一月二十三日，骑兵团第三大队于泗东击毙日军小队长以下十五人；

十二月一日，十一旅三十二团一部夜袭进占我马公店之敌，毙伤日伪军一百四十余人。

……

日寇在根据地处处碰壁。最后，不得不窜回巢穴，二十九日于泗县毫不知耻地召开所谓的"祝捷大会"，第二次"扫荡"呜呼哀哉！

沉着应对，一鼓作气，反"扫荡"高奏凯歌还

常言道："事不过三。"

狡猾的敌人，也深知中国这句古训。两次失败之后，他们开始改变战略，即采取稳扎稳打的方法，以建立据点、打通并巩固泗（泗阳）宿（宿

迁）公路为目标。

十二月初，敌人开始建立据点，控制青阳、马公店、金锁镇、归仁集、老韩圩、新关、董圩子、黑塔、赵庄，以及侍卫圩、双蔡圩等据点，不时向我方出扰抢掠，或奔袭合击。

在地图前，彭雪枫一手点着香烟，猛吸一口，一手用笔在地图上画了几个圈，笑道："想当老鳖，没那么容易！敌疲我打，该咱们打他们了，让他们尝尝新四军的'果子'。"

这时，一道电波飞来，带来华中局的两个重要决定：一是批准邓子恢、彭雪枫、吴芝圃、刘子久、刘瑞龙五人为淮北区党委委员，邓子恢为书记。二是撤销淮北军区，由第四师兼淮北军区，彭雪枫兼军区司令，邓子恢兼军区政委。

从此，淮北军区实行党政军民一元化领导。

新官上任三把火。一九四二年十二月一日，彭雪枫立即发表《慰问边区同胞书》。

一是组织民兵自卫队。洋枪、土炮、长矛、大刀、锄头等都是武器，打击敌人。放冷枪、截尾巴、捉哨兵……

二是打汉奸。

三是坚壁清野，使敌人处处碰壁。

民者，兵之本也。战争是双方综合实力的较量，而起决定作用的是觉悟的民众意志。人民，是不会为一个残酷压榨他们的政府而战的。

彭雪枫决定打一场军民联合战！

主力方面，决定以九旅一部歼灭金锁镇之敌，另一部袭扰归仁集、青阳镇之敌，十一旅主力再袭马公店，骑兵团一部阻滞泗县之敌对马公店的增援。

十二月九日夜，驻青阳镇、归仁集、金锁镇等地的日伪军一千五百余人，分三路合击朱家岗。二十六团团长罗应怀率部扼守村落圩寨，与敌反复肉搏，血战竟日，后在韦国清旅长率领的骑兵团二大队策应下，杀出重围。

此战，共毙伤日伪军二百人。

十二月十二日晚，伸手不见五指，巨大的夜幕像黑色的魔爪伸向大地，一切显得恐怖、阴森。

不一会儿，下起冷雨，阵阵寒风吹来，战士们直打寒战。十一旅三十二团二营，准备第二次袭击马公店之敌。十二月一日第一次袭击后，鬼子撤回了泗县，仅留伪军三百余人在城内，强迫民工修筑据点。

二营组织了突击队，每人携带十八枚手榴弹，经过激战，将敌人压入一座大房内。突击队员爬上屋顶扒洞，往下投掷手榴弹。爆炸声中，敌人血肉横飞。

这时，一股敌人狗急跳墙，也爬上房顶。于是，双方展开了肉搏战。

此次战斗，共毙伤敌八十余人。

三十二团二营两次主动袭击马公店，迫使敌人放弃在此安设据点的企图，战绩誉满淮北。

从十一月十四日至十二月十六日，三十三天打了三十七仗，彭雪枫指挥部队，采取袭击战、伏击战、破击战、守备战等方式打破敌人的"扫荡"。共歼灭日伪军七百余人，粉碎了敌人合击我主力、蚕食根据地的阴谋。

有得就有失。对此，彭雪枫在给林颖的信中，他作了这样的总结：

此次扫荡，主力部队能机动地首先跳出合击圈，继而能各线打击敌人，总算是深可庆幸的事！但表现最严重的弱点是政府机关人员的不沉着，地方武装的无能。这都是往昔长期太平环境所赐的恶果。在实际战斗和苦痛中，应当会给以警惕的吧？这一次血淋淋的事实，比过去任何一篇文章和报告都要来得切实！

高尔基小说《母亲》中主角伯惠尔说："人们是不信任赤裸裸的说话的，非吃苦头不可，非用血来洗炼说话不可！"

胜利的消息，伴随着恣肆的寒风，吹遍洪泽湖畔的大地。村庄、商店、学校，锣鼓喧天、鞭炮齐鸣，到处传着一个声音——"彭师长，计谋高，打仗好，是诸葛亮再世！把小日本打得屁滚尿流，这回咱们可以过太平日子了！"

晚年的刘瑞龙，回忆起在淮北那段刻骨铭心的岁月时，曾深情地对他的几个子女说，一九四二年年底，在淮北抗日斗争史上，一次胜利粉碎日寇持续时间最长的大'扫荡'的战斗中，彭雪枫同志所表现出来的卓越指挥才能，给他留下了极其深刻的印象，使他永志难忘。

第十三章　军政双赢

我衷心地欢畅，吹过的风带着清香。

——泰戈尔

山子头战斗，活捉韩德勤

一九四二年年底，反"扫荡"结束后，四师司令部移驻半城西南的大王庄。

大王庄距半城四五里，是一个有几百口人的小村子，东边四五里处就是碧波荡漾的洪泽湖。

冬去春来，万象更新。

一九四三年的春天姗姗来到洪泽湖畔。

就在根据地沉浸在一片祥和、平静的气氛中时，一股阴霾悄悄地走来了。

重庆，夜晚。一座花园洋房内。

蒋介石一袭丝绸长袍，背着手，站在璀璨如银的灯光下，听着广播。一条重要的消息，通过播音员甜甜的声音传来。

原来，欧洲大陆和太平洋战场，已发生了重大变化，盟军已开始转入反攻，德、意、日已处于不利地位。

蒋介石兴奋地来回踱着，口中喃喃有词。此时，他开始打起了如意算盘。

一方面，他希望盟军在迅速战胜德国后，能集中力量打败日本，中国便能很快赢得抗日战争的胜利；另一方面，他担心在抗日战争胜利后，共产党的力量会壮大，使他的统治难以为继。为此，他准备发动一次新的反共高潮。

不久，由陶希圣执笔以蒋介石名义发表的《中国之命运》出版。在书中，蒋介石大肆鼓吹"一个主义，一个政党，一个领袖"，污蔑共产党领导的八路军、新四军为"新式军阀""变相割据"。

同时，蒋介石发出密令，对中国共产党领导的各抗日根据地严密封锁，进行围剿，力求逐步消灭八路军和新四军。

魔爪开始悄悄伸出。

三月上旬，驻安徽阜阳、蒙城地区的国民党第三十一集团军王仲廉部，越过津浦路，东犯淮北抗日根据地。

与此同时，在三十三天反"扫荡"中，被日伪军逼得无路可走，被新四军三师保护退入淮海根据地的国民党苏鲁战区副司令韩德勤，竟然背信弃义，以收复失地为名，突然率领国民党第八十九军、独立第六旅和保安第三总队共四千余人，西渡运河，进占淮北根据地的金锁镇、界头集、山子头等地区。并派第八十九军赶赴灵璧，接应王仲廉部。

这时，王仲廉先头部队三个团，越过津浦路日夜兼程向东进犯。

消息传来，激起一片怒潮。

"雪枫，我们对韩德勤仁至义尽，既然他不客气，咱们就狠狠地揍他一下！"邓子恢挥了一下拳头。

"对，按照中央有理、有利、有节的原则，教训一下他们，向军部建议，马上发起攻歼韩德勤的战役！"彭雪枫扭头向张震说道。

不久，陈毅来电，同意彭雪枫、邓子恢指挥四师九、十一旅和三师七旅等部，在韩、王会师之前，发起对韩进攻。

十七日夜，明月高悬，大地如昼。各部队迅速赶往预定地点，在山子头地区，把敌人围得水泄不通。山子头是一条东北—西南走向的土岗，岗上有几个小村子，韩德勤部就龟缩在这几个小村子中间。

箭在弦上。

十八日零时，在炮兵的掩护下，总攻开始。我军势如破竹。战斗中，第二十五团第八连指导员孙长兴从俘虏口中得知，韩、王龟缩在屋内，遂不顾头部负伤，率四名战士冲入屋内，击毙了在程道口战役中逃跑的王光夏，活捉了韩德勤。

到十八日下午，战斗结束，我军全歼韩德勤部四千多人，缴获轻重机枪六十多挺，大炮六门。

韩德勤绝食耍滑头，彭雪枫铁证如山

胜利了！战士们高兴地打扫着战场，但接着就遇到一件麻烦事。对此，旅长韦国清后来回忆道：

> 韩德勤被我二十五团八连俘虏后，在战地释放他，但他不走，自己承认是"副司令长官""江苏省主席"，要求见四师领导人彭雪枫、邓子恢。但是，当我军战士要他离开战场时，他又耍赖皮不走，反而责问我军战士："你们为什么要打国军，是韦国清下的命令，还是彭雪枫下的命令？"

彭雪枫知道后，带着张震等来到界头集一处农家小院，走进一间茅草房。只见昏暗的光线下，一个肥胖的中年男子衣衫不整，神情沮丧地背靠着墙壁，一言不发。

"你就是韩主席吧？"

良久，韩德勤微微抬起头，有气无力地问道："请问你是？"

"彭雪枫！"

韩德勤身子抽搐了一下，脸上露出惊愕的表情，接着平静下来，不服输地说：

"你们凭什么关押我？我是堂堂的苏鲁战区副司令、江苏省主席！你们这是破坏抗战，我要电告委员长！"

韩德勤反咬一口。

"韩德勤，你率部入侵我边区，配合王仲廉东西夹击我四师。难道你还不清楚吗？"

"不要血口喷人！有何证据？"韩德勤像一只被激怒的狗熊，顿时露出狰狞面目。

"看看这是什么。"彭雪枫说着从口袋里掏出几张发黄的电文纸。原来，这是战斗中缴获的韩德勤给蒋介石的预谋合击四师的电文。

"白纸黑字，还有你韩主席的签名。韩德勤，铁证如山，你还想说什么？请你认清形势，不要执迷不悟！"

韩德勤用颤抖的双手拿着那几张电文，顿时像被霜打了似的，直冒冷汗，一下子瘫软下来。

"好好招待'客人'！"彭雪枫甩下一句话，带着张震等人走了。

一波三折。没想到的是，韩德勤开始绝食了。

自从被俘后，他感到很没面子，堂堂一个省主席竟成了阶下囚。同时，他也不想承认自己是反共的帮凶。

第三天，在彭雪枫等人的劝导下，韩德勤开始吃东西。也许是饿急了，他狼吞虎咽，但还是嚷嚷着："我要见陈毅，我要见陈毅！"

嘴里说着，嚼着，腮帮子鼓鼓囊囊的，样子看着有点滑稽可笑。韩德勤自言自语道："你们不要同独六旅打，不然，你们新四军吃亏更大！"并说有一次，日军围攻六旅了好几天，最后还是没办法。说着，表现出一丝得意。

"独六旅旅长李仲寰已经阵亡，三个团长已被新四军俘虏！"正在这时，彭雪枫、张震带着被俘的韩德勤的副官走了进来说道。

"什么？"韩德勤先是一愣，接着号啕大哭起来。

"我历来是抗日的啊，就是蒋秃子从来都不信任我，不让我抗日，我实在是没办法啊……呜呜……你们不知道，那些当官的，就知道吃喝嫖赌，玩女人，娶小老婆，我就一个女儿，没儿子，我亏呀……呜呜……"

"少来这一套！"彭雪枫厉声道。

再狡猾的狐狸，也难逃猎人的眼睛。

看着韩德勤极力"表演"，为自己开脱，彭雪枫和张震相视一笑。

彭雪枫清醒地认识到，山子头战斗，不光是纯粹的军事战，也是一场政治战。一旦让蒋介石知道新四军活捉了他的省主席，一定会抓住口实，污蔑新四军，重新发起反共高潮。

义释韩德勤，一片赞誉

由于事关重大，加上韩德勤的一再要求，三月二十五日，应彭雪枫的邀请，陈毅从淮南的黄花塘来到了大王庄，亲自处理此事。

听说陈毅来到，韩德勤像变了个人似的，在屋内来回走动，惶恐不安。

原来，韩德勤历来就是个反共老手。早在一九三一年九月中旬，在中央苏区第三次反"围剿"的方石岭战斗中，韩德勤所属的五十二师被全歼，他就做过俘虏，后逃脱。

"久闻将军大名，今日相见，惭愧，惭愧！"

一见面，韩德勤红着脸，显出一副很尴尬的样子。

"不打不相识嘛！抗日大计，你也是知晓的，你们夹击新四军，这可是不对呀！希望你回去好好想一想，是同室操戈，还是枪口一致对外？这个道理，我陈毅相信你韩主席是明白的！"

接着，陈毅向韩德勤讲述了当前的抗战形势，共产党的政治主张和方针政策，以及国民党顽固派制造摩擦的罪行。

最后，陈毅厉色道："我们发起山子头战斗是被迫的，是自卫的，王光夏被击毙是罪有应得，你韩德勤被俘也是罪有应得。不过，只要你能痛改前非，与我们携手抗日，不再围攻新四军，我们就既往不咎！"

一席话，说得韩德勤满脸通红，像小鸡啄食似的，频频点头："将军放心，我以后绝不会和新四军搞摩擦了。即使是王仲廉东进，我也要制止他反共！"

彭雪枫在一旁笑道："那以后，就看韩主席的表现啦！"

四月一日，根据中央指示，为争取韩德勤与新四军合作抗战，阻止顽军进攻根据地，我军决定释放韩德勤部三百余人，送还电台、弹药、马匹等，划定其活动范围，并派牛车、骑兵大队礼送其出境。

陈毅军长送韩德勤出境。前排左一为陈毅，左二为韩德勤

是夜，按捺不住心头的喜悦，彭雪枫在给林颖的信中这样写道：

至于韩德勤事件，当然是很大的，会给人以反共的口实。但在半月谈判中，双方得到互相谅解。他的实力已消灭殆尽了，他绝无再行反共的力量。因之他表示今后不再反共，即便是王仲廉（王是受他指挥的），他也要制止他东进后，不反共，这当是很好的。而我们答应不再进攻他。于是在欢洽的空气中，今日为之饯行，送他出境了。

四月四日，彭雪枫代表陈毅与韩德勤正式签署了《韩德勤与新四军陈军长晤谈备忘录》。从此，洪泽湖畔又恢复了往日的平静。

第十四章　友情，亲情，鱼水情

夫将之所以战者，民也；民之所以战者，气也。

——《尉缭子》

酒香浓浓，大柳巷里，陈毅诗兴大发

"送走"韩德勤，彭雪枫长长吁口气，连日来的疲惫和忙碌，使他和邓子恢等仿佛要散架似的。

晚饭后，彭雪枫、邓子恢漫步在大王庄的田埂上，不一会儿，就来到了洪泽湖边。

此时，正值桃花盛开，春意盎然。只见碧波如镜，渔帆点点，余晖给一望无垠的湖面穿上了一层薄薄的彩装。

望着富有诗情画意的美景，彭雪枫感慨地说：

"若是军长在此，必定诗兴大发，吟出一首到处传唱的江南绝句！"

"雪枫，你也是才高八斗的，和军长比试比试，我为你研墨。"

"呵呵，过奖了！现在正是春暖花开，何不邀请军长到大柳巷游玩，酒香景美，消除疲劳，何乐而不为呢？"

"是啊，太好了！哎，喊上长江吧，他也是一个文人，大家在一起，凑些情趣。"

四月十八日，澄空如洗，鸟儿啁啾。

陈毅、彭雪枫、邓子恢、范长江等，驾着骀荡的春风，在泗南县县长张太冲的陪同下，策马西行。

双沟镇，是他们的必经之地。

这里濒临淮河，是一个水旱码头，船来人往，格外热闹。一线长街，铺满青石板。两边古朴的店铺，鳞次栉比，透出千年古镇的繁华与沧桑。

镇上，"贺全德"酒糟坊老板贺子谋，是一名开明绅士，任淮北边区的参议员。在张太冲的建议下，一行人到贺子谋家参观，以此激发贺子谋的抗日热情。

品尝了双沟大曲后，一行人乘一叶扁舟，来到风景宜人的大柳巷。

大柳巷，位于峰山脚下，洪泽湖畔，是淮河上的一个三角洲，四面环水，景色宜人。

放眼望去，小沙洲上，翠柳葱茏，梨花绽放，宛如缤纷的屏障。走近一看，却似一道绿色长廊。芳草萋萋，鸟儿啁啾，彩蝶翩翩，一片生机盎然。

"好景，好景！果然名不虚传，真乃世外桃源啊！"陈毅摘下帽子，双手叉腰，宛若孩子一般高声嚷道。

"军长，咱们下棋吧！"彭雪枫在一旁笑道。

"好啊，拿棋来！"

在一棵花蕊缀满枝头的梨树下，陈毅、彭雪枫、范长江等席地而坐，开始"厮杀"起来。不一会儿，陈毅连胜几盘，心中怡然。一阵微风吹来，白色的花瓣，纷纷扬扬，悠然而下，幽香沁人肺腑。陈毅不觉诗兴大发，仰望蓝天，轻轻吟出一首小诗：

围棋树下镇日闲，
君醉起舞我欲眠。
风动落英香满座，
拈花微笑更陶然。

"好诗，好诗！'风动落英香满座'，真是神来之笔，自然、生动，意境优美！再来一首！"大家都喝起彩来。

"你南阳老乡、唐朝诗人岑参，那可是写诗的高手啊，'忽如一夜春风来，千树万树梨花开'，无人不知，无人不晓。不过，老夫聊发少年狂，今天我陈毅要与他一比高下！"陈毅又即兴一首：

为惜春残共举杯，

泥红难伴苦相摧。

人间好景随时在，

满眼梨花锦作堆。

接着，乘着诗兴，陈毅又在胡琴的伴奏下，唱了一段《空城计》。琴声袅袅，曲声悠扬，随风飘荡。

夕阳西下，一行人恋恋不舍地离开了大柳巷，沿淮河大堤向回走去。余晖中，几匹大马似乎也感奋起来，扬蹄长嘶。陈毅灵机一动，扭头笑道：

"雪枫，听说你骑术不错，咱俩比试一下怎么样？"

"好啊，能与军长在此地比试，我很荣幸！"

说着，二人鞭一抽，马宛如离弦之箭，奋蹄飞奔在绿荫成廊的大堤上。最终，彭雪枫技高一筹，陈毅大大咧咧地笑了：

"还是雪枫老弟厉害啊！"

一阵掌声响起来。

一位剧作家说过："我们赏一幅画，看一出戏，听一曲琴，读一首诗，都是为逃避那空气紧迫、威严胁人的现实世界，来到悠然自如、耳目清新的另一世界。"

外出游玩，又何尝不是如此呢？

寸草报得三春晖

风，轻轻的。云，淡淡的。嫩草吐翠，花香四溢。一片恬淡、悠闲的景象。

宜人的景色总让人留恋。美酒、佳景、挚友，在四师的日子里，陈毅的心情是愉快的。

一天黄昏，晚饭后，陈毅和彭雪枫到村外散步。走到麦地边，看到一位老大爷吃力地挑着两桶水走过来，肩上的扁担嘎吱嘎吱的。

二人见状，连忙迎上前去。

"老乡，你们都在这里挑水吗？"陈毅皱着眉头问道。

"是啊！"

"这不太远了吗？"

老汉叹口气说："远是远些，但全村就这一口井啊！"

"为啥不打一口离村子近点的井呢？"

老汉苦笑一下，讲了事情的来龙去脉。原来，大王庄虽然距离洪泽湖较近，但地处湖畔岗陵，地下水位很低，打井很难，几百口人只有村南野地里的一口井，雨水充足时还好些，遇到干旱，水位降低，全村人只能排队等水。

说完，老汉吭哧吭哧地挑着水远去了。

"走，过去看看！"不一会儿，两人来到了井边。陈毅若有所思道："村上就这一口井，离村又这么远，影响群众生活！"彭雪枫微微点头："是啊，群众帮助我们，我们也应回报他们。"

其实，自从四师司令部进驻大王庄以后，彭雪枫就发现了这个问题，想为乡亲们打口井，但忙于反"扫荡"，没抽出空来。现在，军长的话再次引起他的关注。

第二天，彭雪枫找来邓子恢、张震等，专门研究打井问题。他说：

"大家知道，军民是鱼水情，老百姓有困难，咱们就应该帮助。群众事无小事，这关系到他们的切身利益，我们不能袖手旁观！"

打井并不难，关键是在哪里找块地方。因为占谁家的土地，谁都不愿意，毕竟，土地是农民的宝。彭雪枫完全理解。最后，总算找了一块"官地"（全村人共同所有的土地），才算解决。

动工那天，彭雪枫走在前边，挥锹铲土。军民合作，经过几天的劳动，一口新井终于打成了。

当清凌凌的井水提到地面上来时，全村沸腾了。大家奔走相告。人群中，一位白发苍苍的老大娘，颤颤巍巍地踮着小脚，走到彭雪枫面前，双手捧起井水喝了一口，啧啧称赞道：

"彭师长啊，俺活了一辈子，国民党的兵抢东西，共产党的兵送东西，喝着这水，俺心里就是甜，俺们忘不了你们新四军啊！"

一席话，让全场的人都笑了。

位于江苏泗洪县半城镇大王庄的"新四井"

滴水之恩，涌泉相报。朴实的中国农民，深深知道这句古训的含义。为了让后代铭记新四军的恩德，大王庄的乡亲给这口井起名叫"新四井"。

二〇〇九年春天，笔者因公前往苏北大地。公余，慕名前往大王庄。

踏上将军昔日生活的土地，心头自然涌起一股暖流。举目望去，昔日的土路早已变成了水泥路，低矮破旧的草房没了踪影，到处是整洁漂亮的砖瓦房。村子并不大，房屋稀稀拉拉的。岁月沧桑，人去物非。清风中，洪泽湖的涛声依稀可闻。走在乡间的小路上，仿佛回到了那段峥嵘岁月，看到将军来去匆匆的身影。

采访中，当年彭雪枫的房东的儿子王家瓒先生，告诉笔者这样一件真实的小事。

一次，王家瓒家的麦糠放在了彭雪枫的住处，那是两间草房。警卫员看到后，心想麦糠脏，师长是个爱干净的人，于是，趁彭雪枫不在，把麦糠挪了。

彭雪枫回来后，一看麦糠由里屋挪到外屋，一问是警卫员动的，大发雷霆。最后，警卫员很委屈地把麦糠挪了回去。

当年还是懵懂的少年，今天已是古稀之年的王先生，说着说着，浑浊的眼里闪烁着一丝泪光："那时的干部啊！"

有诗为证：

> 咱们师长彭雪枫，
>
> 跨过铁路到路东。
>
> 好像太阳当头照，
>
> 人民心中一片红。

雪枫人马到半城，

人民心中挂红灯。

拿起长矛扛起枪，

跟着雪枫闹革命。

淮北屏障，华中干城

春去秋来。

这时节，洪泽湖一带，每天都是乌云滚滚，连续二十余日大雨不止，淮河水位急剧上涨。

八月二十八日上午，师医务工作会议正在模范乡大柳巷举行。坐在主席台上的彭雪枫，愀然地望着窗外的瓢泼大雨，忧心忡忡。突然，一名泗南县的干部闯了进来：

"不好了！大柳巷堤坝溃堤了，师长、政委，快去看看吧！"

"同志们，险情就是命令！堤内三万多亩良田，一万多名群众的生命，面临洪水的威胁，抗洪工作刻不容缓！走！全体干部马上赶赴堤坝，十一旅马上出发！"彭雪枫立即下达命令。

刚一出门，一阵狂风裹挟着铜钱大小的雨点子，噼里啪啦地砸了下来。滚滚乌云中，不时闪过一道道蓝光，接着传来震耳的响雷，雨雾溟濛，使人分不清东西南北。

彭雪枫和战士们，踏着泥泞的小路，跌跌撞撞往前跑。不一会儿，跑到了圩堤最危险的地段，彭雪枫亲自抱草、抬土，领导军民加固堤坝。

突然，在土名叫"老鼋窝"的地方，圩堤被冲开一道缺口，洪水奔腾而入。眼看圩堤就要被冲塌，彭雪枫急忙喊道：

"同志们，快来呀，这里快决堤了，堵住它！"

说着，便抱起一捆麦秸，从两人高的堤上，纵身跳进缺口，试图用身体挡住水流。

战士们闻声赶来，看到师长跳下去，也纷纷跳进水中，形成一堵人墙。

浊浪一波接一波向彭雪枫和战士们袭来。身上，嘴里，鼻子里……他浑身湿透，脸色苍白。战士们劝道："师长，您有胃病，时间久了，身体吃不消，还是快上去吧！"

"不，洪水就是敌人，不打败敌人，我决不上岸！"

附近的群众也抬来门板、稻草和泥土，从天黑一直奋战到天亮，才将缺口堵住。

十几个昼夜，大小抢险十余次，九月十三日，大柳巷新堤初步告成，堤长四十里。

一抹绚丽的阳光，穿过厚厚的云层，轻洒在大堤上。

人们欢呼着，挥舞着，让喜悦与激动的泪水，肆意流淌着。

结束大柳巷筑堤的下午，边区民众敲锣打鼓，把一面鲜红的锦旗送到彭雪枫、邓子恢面前。锦旗上写着"淮北屏障，华中干城"八个金色大字。

阳光下，八个大字熠熠生辉。

一九四五年一月，淮北苏皖边区行政公署为了纪念牺牲的彭雪枫将军，决定将此段淮河大堤命名为"雪枫堤"，把大柳巷附近的村庄命名为"雪枫村"，并将将军安葬的半城镇更名为"雪枫镇"。

至今，在泗洪县淮河沿岸的村庄，依然有叫雪一、雪二、雪三、雪四村的。老百姓以朴素的方式，铭记着他的恩德。

无情未必真豪杰

彭雪枫和林颖结婚后，一个在湖西，一个在湖东，过着牛郎织女般的生活。只有星期六时，林颖才过来相聚。那时，根据地已实行星期天制度了。

大王庄村北头，有一座茅草房小院。

北屋两间，平时是彭雪枫和警卫员的住处，林颖来时，就是他们的爱巢。西屋一间是存放文书和平时开会的地方。

简陋的北屋，比较窄小，里间是"卧室"，除了一张方凳、一张书桌之外，还有一个用门板搭的床。外间是"客厅"，空空如也。

在中国人的观念里，结婚就意味着成家了。家是人生的港湾，家是心灵的栖息地。彭雪枫戎马十几载，能有一片温馨的小天地，格外难得。

结婚后，邓子恢准备把林颖调到四师司令部，以便在生活上照顾彭雪枫，可是，个性要强的林颖没答应。

她不想让别人说三道四。

白天忙碌，晚上读书，只有晚饭后这段闲暇时光，才是彭雪枫心灵的"芳草地"。

彩霞满天的黄昏，二人常常漫步在大王庄村外。春去秋来，弯曲坑洼的田间小路上，布满了爱的足迹。

看落日恋恋不舍远去的情景，听倦鸟归林掠过天空的翅翼声……富有诗意的时刻，令两人屏息驻足。两颗心扑通跳动，似乎彼此都能听见。

每个人的心灵都是一个独特的世界。

看到爱人凝眸沉思，林颖歪着头问道：

"雪枫，你在想什么呢？"

"我在想，什么时候打回路西去，为死难的烈士报仇！"彭雪枫肃然望着西方的天空。

林颖嘴角微微一撇，白了爱人一眼，柔声叹道："路西、路西，做梦都想着路西，你们男人啊，整天就知道打仗！"

听到爱人有些怨气，彭雪枫有些不高兴了：

"战士们为革命牺牲了，难道我们不应该为他们报仇吗？"

林颖感到刚才的话有点不妥，不好意思地笑了：

"仇是要报的，路西也是早晚要打回去的。"

彭雪枫一听，转过头来，呵呵笑道：

"算你明白。知我者，爱妻也！"

林颖深受感染，向前一步，要挽着爱人的胳膊，不料，彭雪枫却推了她一把。"怎么了？"林颖不解地瞪大了眼睛。

"你没看见后面的警卫员吗？他们还没结婚！"

林颖扭头一看，小刘和小王跟在后面，正盯着他们。

林颖羞赧地低下头，俊美的脸上顿时飞起两朵红云。细细一想，丈夫说得有道理啊，念头一转，一股暖暖的细流涌上心头。

她为丈夫的细心和替人着想而暗生钦佩。

还有一件事让林颖"耿耿于怀"。

那是一九四三年的秋天，林颖被组织上安排到抗大四分校学习。

到了周六，林颖照例来到大王庄和彭雪枫团聚。可是，按照学校规定，学员必须星期天晚上返校。

夕阳西下，离开的时候到了。林颖细心地把彭雪枫的衣服洗完晒干叠得整整齐齐，叮嘱爱人一番，准备出发。

可是，天公好像有意要挽留林颖似的，突然，一声闷雷滚过，凉风从洪泽湖边肆意吹来，霎时，天空阴云密布，不一会儿，绵绵秋雨落下来了。

秋雨，沙沙的，似乎在和林颖作对，一直到晚，没有停下的意思。这可急坏了林颖。她一会儿扶着门框，朝天上望望，一会儿在外屋走来走去：

"晚上回不到学校，要受处分的！"

林颖的喃喃自语，并没有惊动在里屋看书的彭雪枫。天色暗下来，他点着油灯，在昏暗的灯光下，如醉如痴，全然不知林颖的焦急。

"林颖同志，天快黑了，要不，骑着师长的马回学校吧！"这时，警卫员冒雨从屋外跑进来。

林颖微微一愣，目光中流露出一丝放松和喜悦：

"是啊，从大王庄到学校驻地姚祖庄少说也有十里路，天下着雨，路又滑，要想不迟到，最好的办法就是骑马！"

警卫员一听，马上就想去牵马。

"慢着！"林颖喊了一声，她皱下眉，摇了摇头，"这个，让首长知道了，恐怕不太妥当。"

知夫莫若妻。她知道，以爱人的脾气，说了也白说。

看到林颖有点担心，警卫员笑了："还是我来说吧。"说着，兴冲冲地走进了里屋。

果然不出林颖所料。当警卫员把话说完之后，彭雪枫放下书本，扭过头来，严肃地说道：

"天下着雨，没有马，难道我们就不能行军打仗了？如果大家都这样，我们还干革命吗？"

一席话，说得警卫员脸红脖子粗，站在那里，愣住了。

站在外间的林颖，听了之后，有点后悔，也有点不高兴。但她转念一想，自己结婚时不就反对做首长太太吗？怎么到关键时刻就使脾气呢？

十分钟过去了。眼看天快黑了，再等下去就走不了了。

"你放心吧，我会准时到校的！"

也许有点怨气，也许个性使然，不知哪来的勇气，林颖卷起裤管，拿起一把油伞，挎起小包袱，甩下一句话，跨出了门槛。

也许意识到自己的老脾气又犯了，彭雪枫站起来走到外屋，想解释几句，可是一看，人去屋空，林颖不见了踪影。

风吼着，吹得院中槐树上的枯枝吱呀作响。

天完全黑下来了。

估计林颖快到学校了，彭雪枫跑到西屋，拿起电话，询问学校林颖到了没有。当得知林颖平安到校时，他安心地笑了。

可是，灯光下的他，心中总有点忐忑。他拿起笔，给妻子写下一封信，解释了这么做的道理，并向妻子表示歉意。

雨，沙沙地下着。夜色中，大地更加迷人。

律己的楷模

清朝诗人张潮曰："律己宜带秋气，处事宜带春气。"这话用来形容彭雪枫，可谓恰如其分，特别是到路东以后。

一次，彭雪枫到军部参加整风，白天开了一天会，晚上照样孜孜不倦地学习。这是他的习惯，无论工作多么繁忙，他都要挤出时间读一会儿书。

夜深了。窗外的秋虫，轻轻地弹着琴，似乎在奏着一首催眠曲。可是，彭雪枫越看越精神，丝毫没有睡意。警卫员从外屋走过来，关心道：

"师长，深更半夜了，明天再看吧。"

"你先睡吧，我再看一会儿。"彭雪枫头也不抬，说着又将书翻了一页。

可就在这时，坐在凳子上的彭雪枫突然摇晃起来，身子差点歪倒，豆粒大的汗珠从额头滚下来。

警卫员见此情景，急忙上前扶住他，焦急地问道："师长，师长，你怎么了？"

彭雪枫扭过头来，镇定地看了一下警卫员，然后掏出手帕，擦去脸上的汗珠，若无其事地说：

"没什么，看把你吓的！"

"我……我去找医生！"警卫员慌张地说着，转身欲要出门。

"回来！深更半夜，医生同志已经休息了，以后再说吧。"彭雪枫拒绝了。

"到底是怎么了？"警卫员手足无措，急坏了。经过再三追问，彭雪枫才道出了实情。

原来，由于长期与战士们同甘共苦，加上工作繁重，彭雪枫患上了低血糖症。

这种病，一旦犯病，会心里发慌，头上冒汗，不过，吃一点东西，马上会好一些。

为了不给炊事员添麻烦，他总是暗暗地克制着，从来不对任何人讲，直到这次警卫员发现。

这种病说犯就犯，不分时候。

那是初冬的一个夜晚。

彭雪枫在油灯下看书，忽然，"饿病"犯了。警卫员看到后，偷偷地让炊事员老王做了一碗面条。他知道师长爱吃面食。

当老王小心翼翼地端着一碗热腾腾的面条，走到彭雪枫的窗前时，他犹豫了。他知道，师长学习、办公时是不让人打扰的，可是，想到师长整日操劳日益消瘦的脸庞，老王坚定了信心。

门吱呀一声开了。

老王硬着头皮，缓步走进里屋，将面条端到彭雪枫面前。

望着眼前的情景，彭雪枫已全明白了。他放下手中的笔，严肃地问道："谁让你做的？同志们连面糊糊都喝不上，怎么能单独为我做面条！"

彭雪枫口气严厉，目光中带着一丝怒气，老王还是第一次见师长发这么大的火。

"师长整日操劳，身体又不好，做碗面条，补补身体，这也是我的职责。"老王满脸通红，说着，眼圈红了。

彭雪枫也是外刚内柔的人，看到两鬓苍苍的老王眼里含着泪水，语气缓下来：

"炊事员同志，你的心情我能理解，可是你没想想，一个合格的共产党员应该吃苦在前，享乐在后。在革命队伍中没有贵贱之分，你为啥没给别的同志做面条，偏给我做呢？"

几句话，说得老王哑口无言。

室内，久久的沉默。

"哦，对了，邻居老大爷病了，你给他端过去吧！"

老王快快地端着碗出去了。

从那以后，彭雪枫每次遇到病情发作，都要警卫员拿出在挎包里准备好的凉馒头，对付一下。

除了低血糖，彭雪枫还患有胃病。

那是在过草地时，吃草根太多留下的后遗症。由于生活艰苦，他常常犯病。

看着师长消瘦的面容，老王心里非常难过。

一次，老王到半城赶集，看到集市上的黑鱼非常多，心想，黑鱼不贵，老百姓都吃得起，这次，师长见了该不会生气了吧。于是，就买了一些回去。

午饭时，当他把做好的黑鱼端上去时，彭雪枫的脸色马上变得难看起来：

"干吗加一个菜，战士们在吃什么？群众在吃什么？"

老王哑口无言，头低得像锄钩。

"是的，黑鱼并不贵，洪泽湖里多的是。可是，如果大家都讲究吃穿，这还是共产党的军队吗？"

一席话，让老王面红耳赤。

第十五章　大军纵横驰奔

战士们是利剑的响声，白夜里永恒的乐曲。

——阿莱克桑德雷·梅洛

黎明来了，彭雪枫心潮汹涌

风雨送春归，飞雪迎春到。

一九四四年的春天来得似乎格外早，刚一立春，小鸟就整日立在枝头，叽叽喳喳，一展歌喉。冰冻的小河也早早地醒来，欢唱着，挣脱寒风的羁绊，欢快地投入洪泽湖的怀抱。

一切似乎都预示着有喜事要发生。

果然，眺望遥远的欧洲战场，一九四四年的春天，英勇的苏联红军，向希特勒的老巢柏林进军了。

太平洋战场，一九四二年中途岛海战之后，茫茫大洋上，日军逢战必败。波澜壮阔的怒潮，宛如千万冤魂向法西斯的声讨。

多行不义必自毙——日军开始走向灭亡的坟墓。

但是，狗急是会跳墙的。

一九四四年四月，为了打通大陆交通线，日军调集三十五万兵力，发动了豫湘桂战役。国民党军队不战而溃，望风而逃，八个月损兵六十万，河南、湖南、广东、广西大片国土相继沦陷。驻守在河南的汤恩伯四十万大军，三十七天丢掉三十八座县城，使河南广大地区沦入日寇之手，这是抗战史上国民党的又一耻辱。

鉴于时局变化，中央指示各解放区趁国民党溃败、日军在新占领区立足未稳之际，抓住时机，打击和牵制日伪军，扩大根据地，准备战略反攻。

彭雪枫、邓子恢和张震等率四师发起春季攻势，相继拔掉大店集、灰古集、归仁集、老韩圩子和张楼等据点，歼灭伪军五千余人，为不久的西进，开辟了坚固的后方。

大王庄的黄昏，知了声声，烟岚如带。

老乡们正在吃晚饭。忽然，一阵嚷嚷声从门外传来：

"俺要见彭师长！俺要见彭师长！"

彭雪枫放下碗筷，迎出大门，只见警卫员带来几个老乡，一问，是从路西过来的。

"彭师长，您可不能忘记我们呀！我们是天天盼，月月盼，真是盼得焦心啊！"

"日子实在过不下去，真是度日如年啊！"

几个月来，一批批路西的乡亲们，秘密来到路东，不断地向彭雪枫诉苦。

热忱的话语，怎能不触动彭雪枫内心的情感之弦呢？望着大汗淋漓、满脸皱纹的老乡，彭雪枫紧紧拉着他们的手，激动得不知说什么才好。想着，想着，他眼前不由得浮现出去年冬天的一幕：

反"扫荡"结束后，彭雪枫不顾多日的劳累，来到十一旅三十一团看望战士们。彭雪枫正讲得起劲，忽然一个小战士举手道：

"报告师长！我有个问题！"

彭雪枫微微一笑，问道："小同志，有什么事你说吧！"

"师长，我们什么时候收复路西的失地呀？"

彭雪枫哈哈大笑："你问我，我还要问你呢！你们准备好了没有？"

"准备好了！"部队齐声回答。

多么可爱的战士啊，善感的彭雪枫心头一热，眼睛有点湿润了。自己何尝不是如此？三年来，多少个夜晚，梦中飞到路西。在那片土地上，多少亲爱的战友长眠；鲜血染红的土地呀，承载着自己多少希冀和渴望。那是自己心头永远的痛。

他顿了一会儿，接着又问道：

"你们这个单位准备好了，可其他单位准备好了没有？你们思想上准备好了，物质上准备好了没有？出发阵地准备在哪里？当前的时机怎样？这些我们都要全面地考虑啊！我同你们一样希望早一天收复路西失地，这就要求我们一起来创造条件。当时机成熟、条件具备了，我跟你们一路打回老家去，好不好？"

战士们齐声回答："服从命令听指挥！"

黎明，是美丽的，因为它充满了人们对新一天的期待与向往；

黎明，是饱满的，因为它积蓄了万物苏醒后丰盈的激情与力量。

彭雪枫的心境，像满弓之箭，像黎明前鼓满风的帆，蓄势待发了。

厉兵秣马，彭雪枫大手一挥："我们报仇雪恨的时候来了！"

古人云："虽有智能，不如乘势，虽有镃基，不如待时。"

时机终于来了！

为了打击日军，收复豫皖苏失地，开辟豫南、豫中广大敌后地区，拯救中原沦陷区人民，将华北、华中、陕北三个战略区连接起来，中共中央作出了进军河南敌后的指示。

一九四四年七月二十五日，华中局下达命令："四师主力五个团执行西进任务，两个团配合地方武装和民兵坚守在淮北边区。"

八月四日，彭雪枫、吴芝圃从华中局开会回来，向部队传达了中央的指令。顿时，部队上下，一片欢腾。"打回路西去！"的口号声不绝于耳。

张震在回忆录中这样写道：

> 转眼之间，来到豫东已经三年多了，我们时时刻刻都在怀念着生死与共的豫皖苏边父老兄弟姐妹。三年前，这块根据地是从我们手中丢掉的，现在，我们要打回路西去，一举恢复豫皖苏边区。雪枫不止一次地与我交谈，说君子报仇，三年不晚。今天，这个时刻终于到来了，真叫人兴奋不已，彻夜难眠。

因部队中大都是路西人，所以，这宛如一把烈火，点燃了埋藏在战士心底的激动、思念、渴望……种种亢奋的情绪，与三年前刻骨铭心的一幕幕交织在一起，凝结在无限的兴奋之中。彭雪枫何尝不是如此呢？

兵马未动，粮草先行。

八月十三日，新四军军部送给四师二百万元，以资西进之用。

经过漫长的等待，终于迎来了这一天！

夕阳西下，倦鸟归林。彭雪枫静静地漫步在大王庄村外的田野里，天地间，仿佛只有自己在享用这傍晚的平静。

这个世界仿佛是属于自己的。

从那一刹那起，生命的分分秒秒都在流泻着缤纷七彩，血液中翻滚着亢奋、冲动、激越，根根神经跳起欢快愉悦的舞蹈。

夕阳恋恋不舍地把最后一抹余晖涂在彭雪枫微瘦而坚毅的脸上。稻田的小径旁，滋润杂草泥土的淙淙小溪，像无数灵巧的手敲打出博大而单纯的音乐。

他爱这片土地，因为它以博大的胸怀为他们遮风挡雨；

他更爱那片土地，因为它是无数英雄健儿魂归大地的地方。

戎马一生的他，心从未像今天这样剧烈地搏动。暮色朦胧，他陷入一片激动，神思有些恍惚……我们回来了，大娘，您还认识我吗？……往事怎能如烟？悲壮与苍凉在耳畔流淌……颖，明天我就走了，我爱你，但我更爱我们共同向往的革命事业，保重吧，我会给你更大的惊喜！

情与理的冲撞崩裂，在脑海中嗡嗡作响。

"师长，师长！"一阵急促的呼喊声，由远渐近。

警卫员上前一问，原来是政委有事要商量，派人找到这里来了。

夜深了，在两间矮矮的茅草房内，彭雪枫、邓子恢、张震等几个人你一言我一语，一直到天亮才散去。

八月十五日下午，半城镇的南广场上，微风徐徐，彩旗飘扬，早已成了一片欢乐的海洋。四师西征誓师大会在这里召开。

这是一个让四师健儿魂牵梦萦的时刻！

彭雪枫、邓子恢、张震、吴芝圃、刘瑞龙等淮北党政军领导人，精神焕发，来到主席台。

彭雪枫戎装整洁，腰挎左轮手枪，目光中带着一丝坚定和笑意，神采飞扬，威武而英俊，在热烈的掌声中，开始作出征动员讲话：

"同志们！今天是一个什么日子啊？"

"誓师西征的日子！"台下响起地动山摇般的回答声。

"对了，三年前，我们被迫离开了豫皖苏边区，至今三年三个月了，时间虽然不长，可是，无论是谁，都有一日三秋之感！三年来，我们无时无刻不在惦记着路西，谈论着路西，念念不忘我们的父老兄弟姊妹！

"从我们撤出豫皖苏边区的那天起，路西的父老乡亲又陷入水深火热之中，'上半天伪军催粮催工，下半天顽军催粮催款，一到夜晚又到了土匪世界！'如今，日寇占领我中原大地，汤恩伯、胡宗南的大军不战而溃。

"最让人恨之入骨的是，汤恩伯在河南中部的叶县，大兴土木，占民田二十余顷，建所谓的会场、公园。在我中原同胞遭受伪顽蹂躏之际，我四师奉命打回老家去！

"我们要报仇！为路西人民报仇！骑兵团要把路东的威风带到路西去！同志们，我们报仇雪恨的时候来了！

"大家准备好了没有？"

霎时间，广场上传来海啸般的回答声：

"准备好了！打回路西去！为路西人民报仇！"

彭雪枫看着眼前振臂高呼的战士们，心情无比激动，这口气他憋了三年了，终于等到了这一天。

会场的角落里，有一张熟悉的面孔——爱妻林颖，她满脸汗涔涔的，脸上洋溢着笑意。彭雪枫心头怦然一动。

"你怎么来了？"会后，彭雪枫走下台来，兴奋地问道。

"我来为你们送行。"此时此刻，千言万语涌上林颖心头，一想到自己已身怀六甲，爱人又要远征，一丝难舍、依恋和感伤涌上心头。她开始抽噎起来。

女人的情感总是复杂和细腻的。

"哭什么，不吉利！等部队西征获胜的时候，我们的爱情就结出果实了。"说着，彭雪枫掏出手帕，轻轻地为她拭去脸上的泪水。

他深情地凝望了她一会儿。

"你多保重！"最后，彭雪枫跃上战马，和警卫员消失在返回大王庄的小路上。

太阳像喝醉了酒，脸红红的；高粱笑弯了腰；青纱帐里传来沙沙的鸣奏声。这一切仿佛在为大军西征送行。

半城人民夹道欢送，队伍中响起雄壮的《豫皖苏进行曲》：

> 豫皖苏是我们生长的地方，
> 豫皖苏是我们的家乡，
> 我们热爱着豫皖苏边区，
> 我们永远战斗在家乡。
> 涡河上岸，淮水两旁，
> 我们的兵马浩荡，军旗飘扬。

队伍像强弩之箭，一直向西插去。

经过几天的行军，二十日黄昏，终于听到了火车的鸣叫声。显然，快过铁路了。

彭雪枫骑着银黄色的"雪里钻"走马（马在未经训练时，小跑时步伐较乱，一般称为颠马；经过训练后，小跑时前后蹄能够有规律地交替前进，这时骑在马上，就不会颠簸，人马均很舒服，这叫作走马），马儿兴奋起来，咴儿咴儿地叫了两声，旋即飞奔起来。张震策马紧随其后。

夜色中，一条贯穿南北的铁路终于出现在眼前——那熟悉的影子——黑色的铁轨，高耸的电线杆，以及五线谱似的电线。哦，到路西了。彭雪枫勒住马，情不自禁地深深吸一口久别了的土地上的空气，就像久别的孩子回到了家，激动之情溢于言表：

"我们盼了三年了！"

"是啊，我们终于打回来了！"张震也很兴奋。

看到师长走在前面，战士们情绪极高，高兴地说："这回师长和我们一起，准能打大胜仗！"

"近乡情更怯，不敢问来人。"他深情地凝望夜空，几颗星星兴奋地眨着眼睛，大地一片寂静。无数人影在前行，十一旅三十一团为左路，三十二团为右路，九旅二十五团、萧铜独立团居中，骑兵团殿后。

大家谁也没有说话，唯有脚步声、马蹄声，在茫茫的黑夜里，轻轻地回荡着。

二十日夜晚，大军经桃山集附近的小店子，跨过津浦路，踏上了阔别三年多的豫皖苏大地。

八月小朱庄，王传绶插翅难逃

八月二十一日晨六时，三十一团前卫部队在萧县白顶山遇到国民党顽军苏北挺进军第四十纵队王传绶部的阻击。三十一团当即发起冲锋，敌人溃退，退守到一个叫小朱庄的村子。

小朱庄位于萧县永固寨山口子上，东面是山，其他方向地势较为平坦。背靠大山的小朱庄，像一个狂傲的匪徒傲视着周围，炽热的阳光下，显得格外惹眼。

上午，侦察科科长罗会廉驰马前来报告：

"盘踞在小朱庄的，是一个外号叫'王疤拉眼'的司令王传绶，他有两个团约两千人，迫击炮两门，轻重机枪三十六挺，为人十分凶残，是一个杀人不眨眼的家伙。"

彭雪枫淡淡一笑："我就要看看他王疤拉眼的盾厉害，还是我新四军的矛厉害！

罗会廉接着道："王传绶原籍安徽萧县，抗战开始后，他花钱买了一个杂八队队长的职务，把当地的土匪、流氓、恶霸都笼络在自己的手下，坚持拥蒋反共，得到王仲廉的赏识，很快被封为苏北挺进军第四十纵队司令，曾狂妄地夸下海口：'有我把住小朱庄这扇路西的大门，新四军插翅也别想飞过去！'气焰十分嚣张！"

午饭后，彭雪枫冒着酷暑，和参谋长张震、十一旅旅长滕海清等察看了小朱庄四周的地形。

隔着望远镜，只见无数纤细的热气流，蜿蜒着窜向云霄。白花花的太阳下，小朱庄四周有一道高四米、宽一米的围墙，四角有三层射孔的碉堡，外面还有宽、深各约三米的水壕。寨外有鹿寨等障碍物。

西征时，当地群众积极支援部队，这是用作渡河的工具

四野，一片静悄悄。

张震道："他凭借着坚固的工事，扼守山垭口上这个要道，妄图阻止我军前进，休想！"

兵贵神速。彭雪枫马上召集旅、团领导开会。

彭雪枫郑重道："这一仗能不能打好，决定着我们能不能恢复路西！

如果打不好，我们就要退回路东去。因此，一定要打得狠！敌人在围子里，由步兵解决；如果突出围子，由骑兵解决！"

滕海清插了一句："路西人民在盼望着我们首战告捷！"

"是啊，这是我们回路西的第一仗，虽然敌人装备良好、经营多时，貌似强大，号称'东方铁军'，但他们欺压百姓不得民心，内心是发虚的。"张震补充道。

接着，彭雪枫发布命令："三十一团担任主攻，三十二团担任助攻，二十五团打援，骑兵团隐蔽在小朱庄东南角二里路的干河道内，歼灭突围之敌！"

二十三日早上七时许，进攻的战斗打响了。

霎时间，山炮带着愤怒的呼啸声，飞向敌人的碉堡。轰隆轰隆几声，敌阵地顿时变哑巴了。

经过一上午的战斗，外围障碍被清除。

下午一时许，迫击炮声、机枪声如暴雨般响起。但是，进展并不顺利，牺牲很大，张震也负了伤。彭雪枫见状，拔出左轮手枪，大吼一声："拿下小朱庄，为战士们报仇！"然后，亲自来到离寨墙只有一百多米远的地方指挥战斗。

三十一团的战士们看到师长在火线上，顿时劲头十足，呐喊着，像利剑一般插向敌阵。他们采用多路人梯的办法，首先从西南角攻入寨内。接着，三十二团从北面攻入。

王传绶见大势已去，下令突围。

这时，晴空万里，骄阳似火。守候已久的骑兵团团长周纯麟用望远镜望去，只见小朱庄东南角上，一批只穿裤头的敌人，甚至有的连裤头也没穿，提着枪像丧家之犬，慌慌张张，爬过围墙，窜向村外。

"上马！"周纯麟下达了命令。

嘀嘀嗒，嘀嘀嗒，冲锋的号声催着，战马嘶鸣着，像离弦之箭，冲向溃散的敌人。

一大队首先出击，他们用机枪一阵猛扫，将敌人打散。接着，二、三大队的勇士们挥舞着寒光闪闪的"雪枫刀"，呐喊着，旋风一般，冲向敌群。顿时，敌人血肉横飞，哭爹喊娘。

"不要放走王疤拉眼！不要放走缺耳朵的王传绥！"冲杀处，一片喊声。

老骑兵王长金，带着炊事员，挑着烙饼和稀饭，来给部队送饭。看到战友们左右冲杀，心头痒痒，跃上战马，拔出马刀，冲向敌阵。

正杀得起劲，忽然看到十几个拿驳壳枪的敌人，护着一个大个子敌人，伺机逃窜。

"大个子定是个大官！"有人喊道。

说时迟那时快，王长金纵马闯到大个子跟前，对准大个子脑袋，猛砍一刀。大个子头一歪，刀砍在马屁股上。此刻，几个敌人猛地向王长金扑来，大个子侥幸逃脱。

王长金盯着不放，拔马就追。

"妈的，看你龟孙往哪里跑！"马到跟前，瞅准机会，他照着大个子的脑袋狠狠地劈下去，只听啊呀一声，大个子已人头分家。

这正是匪首王传绥。

战斗中，彭雪枫指挥步兵攻寨时，最近处距敌人仅一百米。这时，他又来到小朱庄东南高处的一个大坟包上，用望远镜看到骑兵纵横驰骋，当得知王传绥被杀时，他非常高兴：

"真的？在哪里？快抬过来给我看看！"

彭雪枫让师政治部联络部长任泊生拍了照片，并连声道："好！骑兵团打得勇敢！敌人不过如此！"

此仗，共击毙王传绥等三百多人，俘虏一千二百余人，缴获迫击炮两门，轻机枪三十余挺，步枪九百支。

落日的余晖，格外迷人，宛如嫦娥的浣纱，给大地披上一件美丽的盛装。绿油油的田野里，蜻蜓飞舞，鸟儿歌唱，一片动人的景象。

胜利的喜悦，写在战士们的脸上，流淌在彭雪枫的心里。

风卷八里庄，铁骑滚滚惊敌魂

首战告捷的消息，像春雷一般，炸响了豫皖苏沉闷的天空：

"彭师长一来，王传绶的脑袋就搬家了，新四军真是神兵啊！"

"彭师长真厉害，率领部队又打回来了！"

宜将剩勇追穷寇，不可沽名学霸王。

小朱庄战斗胜利后，彭雪枫率部乘胜向西挺进。一路上，敌顽闻风丧胆，纷纷逃遁。部队在彭雪枫等率领下，横扫敌军如卷席，迅速收复了萧县、永城、宿县等广大地区。

昔日的政权又恢复了，老百姓一扫心头的阴云，拍手称快。

这时，盘踞在夏邑县八里庄的顽伪军二十八纵队第八十二支队李光明部，是集伪、顽、匪于一体的家伙。这条地头蛇，四处骚扰，无恶不作，老百姓恨之入骨，成了我军西进途中侧后的一个心腹之患。

据侦察，为了阻止我军西进，李光明在八里庄修筑了围寨，并在寨西南角修了个小围子，在小围子中间又修了一座很高的碉堡，可以观察四周。

一九四四年九月十日，彭雪枫等决定攻打八里庄，把任务交给九旅二十五团和骑兵团。

早饭后，彭雪枫骑着心爱的"雪里钻"，亲自到二十五团布置任务。

是夜，二十二时整，预定出发的时间到了。

这是一个凉爽的月夜。时值中秋，一轮明月高挂在深蓝色的夜空。皎洁的月光，轻轻地洒向原野。田野里，秋虫嘶鸣，更增秋夜的寂静。

在几条大路上，步兵和骑兵迅疾前进。

彭雪枫骑着"雪里钻"，后边是骑兵团团长周纯麟。行军中，彭雪枫总是喜欢和骑兵在一起。

突然，部队停了下来，前边轻轻传来"原地坐下"的口令。这儿离八里庄已经很近了，围寨里传来敲梆声，在寂静的夜里，传得很远。接着有人喊："来了！来了！不要跑，打枪啦！"偶尔，也听到零星的枪声。向导说，那有喊声的地方就是八里庄。

彭雪枫勒住马，举起望远镜，只见夜幕下的八里庄，房屋高高低低，错落有致，零星的灯火像夜游神，八里庄在酣睡之中。

"难道敌人发觉了吗？为什么二十五团没有动静呢？"彭雪枫小声地问道。

这时，几个模糊的黑影，自远而近走来，走近一看，原来是二十五团团长徐体三等。

"部队已经展开，敌人还没有发现，刚才那些喊声，是敌人害怕，喊着壮胆的。但情况有变化，白天侦察时四周没有鹿寨，现在有了，如果强袭不成，就必须攻坚，特来请示。"

"参谋长，你的意见呢？"彭雪枫扭头问了一句张震。

"我到前面看看，然后再做决定，如何？"

彭雪枫点了一下头。

不一会儿，张震回来说，那不是鹿寨，而是被风刮倒的树木。

"一切按原计划进行！"

十一日凌晨二时许，一颗红色信号弹腾空而起。顿时，枪声如骤雨般响起，战士们越过了三米宽、一米深的外壕，从东、北两面同时突入，还在梦乡中的敌人大部被俘获。李光明吓得魂飞胆丧，率残部逃往西南角的小圩子里。

三时许，外围战斗结束。

彭雪枫、张震等驰马进入八里庄，师指挥部移驻到大圩子的一座教堂内。这座教堂，是十年前一名西班牙传教士来到豫东后修建的。褐红色的墙壁，圆圆的窗门，别具风情，在村庄里格外惹眼。

在教堂内，彭雪枫不顾疲劳，亲自审问了被俘的两个大队长，得知小圩子的火力部署后，急切地说道：

"走，侦察一下地形去！"

"师长，您还是休息一下吧，小圩子敌人火力严密，还是让我去吧！"张震争着道。

"不要跟我讲价钱了，前边战士们在流血，我这算什么！"说着，一脚迈出了教堂。张震素知他的脾气，只好和警卫员一起跟了出去。

朦胧夜色中，他们深一脚浅一脚地来到前沿阵地。

"打小圩子是哪个连？"彭雪枫拿起望远镜。

"报告师长，是一营二连，为了减少伤亡，我们已组织了一个突击队，一共十六人，每人配备一把大刀和四枚手榴弹，请首长指示！"徐体三团长道。

晨光熹微，彭雪枫望着眼前的十六名突击队员，激动地说：

"好！这一仗，我们一定要打好，打得怎么样，就看你们突击队了。打好了，我们就可以在路西站住脚；打不好，就可能还要退回路东去！"

最后，彭雪枫深情地望了一下大家：

"豫皖苏的父老乡亲在看着我们，同志们，解决小圩子，有没有信心？"

"请首长放心，保证完成任务！"

之后，十六人又分成两组，最先突击的是六名战士。

看到战士们士气高昂，像下山虎似的，彭雪枫高兴地说：

"拿酒来！《三国演义》中，有温酒斩华雄的片段，今天，我也为你们斟酒壮行！"说完，六人每人拿出一个小碗，彭雪枫亲自为六人倒酒、敬酒。"同志们，我祝你们成功。万一你们牺牲了，师里为你们立个纪念碑，你们就是头功，名字刻在最前面。"

接着，彭雪枫伸开双臂，和六人挨个拥抱。

在场的突击队员盛英，后来回忆道：

当彭师长拥抱我的时候，我全身热血沸腾，浑身暖乎乎的，心想，我要坚决完成任务，决不辜负首长的期望……

张震、吴芝圃、徐体三紧随其后，与六名突击队员挨个拥抱。

冲锋开始了。

夜色中，枪声与战士们的呐喊声交织在一起，战斗进入胶着状态。

彭雪枫通过望远镜看到，数名战士在碉堡下悲壮地倒下。原来，敌人居高临下，用轻机枪封锁了战士们前进的道路。

哒哒、哒哒哒。

枪声仿佛是在挑衅！在嘲笑！

"组织特等射手，干掉他！"彭雪枫愤愤地下了命令。

不一会儿，碉堡那边的机枪哑了。

看到师长连日行军和指挥，有点倦意，张震关心道：

"师长，您几天几夜没合眼，还是休息一下吧。小圩子已经扫清外围，只等拂晓总攻了！"

彭雪枫想了一下，轻声道："好吧，随时和前边联系！"说完，几人返回了教堂。

他拿起一块油布，铺在地下，和衣而卧。正在这时，远处枪声大作，警卫员刘书芳匆忙跑进来说：

"师长！师长！敌人开始突围了！"

彭雪枫迅速起身："走！"随即拿起他心爱的左轮手枪，快步来到南边围墙上。

"命令徐团长立即派部队追击！让骑兵团截击！"

彭雪枫、张震站在围墙高处，举起望远镜，只见五里外的地方，晨光万道，尘土飞扬，银蛇飞舞，原来是骑兵团的勇士们挥舞马刀在砍杀敌人，敌人纷纷投降。

"打得好！打得好！"

彭雪枫放下望远镜，不断地赞叹。

看到师长站在高处太显眼，刘书芳一把将他拉了下来。于是，彭雪枫和张震一起在围墙上露出半截身子指挥。

他要亲自指挥最后的战斗。

第十六章　英魂永存

一年一度的春光哟，真的，你带给我三件东西：

每年开放的紫丁香，那颗在西天陨落的星星，

和我所对于我所敬爱的人的怀念。

——惠特曼

将星陨落八里庄

夜色渐去。旭日缓缓升起。天，慢慢地亮了。

此时，教堂边，成批的俘虏被押送过来。偶尔听到远处零落的枪声。

胜利在望，彭雪枫放下望远镜，高兴地说道："立即让骑兵团将敌支队长押来询问！"

话音刚落，突然，嗖的一声，一发子弹不知从何方而来，击中了彭雪枫。只见他身子摇晃了一下，倒了下去。

站在身旁的参谋长张震和警卫员刘书芳，急忙上前，一把抱起彭雪枫，带着哭腔喊道："师长、师长，你醒醒、你醒醒……"

可是，任凭他们怎么呼喊，师长再也没有醒来。

后来，张震悲痛地回忆道：

我只听到他哼了一声，眼睛向我注视了一下，刹那间，瞳孔的光芒即刻消失了。我们急忙找医生替他注射了强心剂。可是，他的脉搏由微弱而渐渐消失了。

吴芝圃同志从围墙上跑下来，他眼泪盈眶地说："不要紧！不要紧！"我好像被一根针刺入心脏似的，难过地说："已经不行了。"因为我找了好久找不到他的伤口，只在他的左心房位置找到一个像是被一根小刺扎破的伤痕。

原来，是子弹打中他的左心房还没有跳出来。

正像诺贝尔文学奖获得者、俄罗斯诗人蒲宁的一首诗所云：

英雄迎头痛击疯狂的敌人，
英雄——是横扫帐篷的旋风，
他战死了——在殊死的搏斗中燃烧了，
如同光华四射的陨星。

彭雪枫生命的时钟突然停止了，时间定格在一九四四年九月十一日晨六时许。

青山垂泣，大地哀吟。无数的江河，在滔滔轰鸣，像送来一首首沉痛的挽歌。

一代儒将走了，走完了他书香萦怀的一生；
一代名将走了，走完了他光辉灿烂的三十七个春秋。

据老战士回忆，当时对现场周围人员进行了审查，但没有结果。因为这一枪打得太准了，令人生疑。

彭雪枫生前的最后一任警卫员刘书芳回忆，彭雪枫打仗有一个特点，就是爱上前沿。警卫员十分担心，可他泰然自若地说，一则随时发现情况，便于指挥；二则带头冲锋陷阵，鼓舞士气。

这也是我军许多指挥员的特点。正像《孙子兵法》上讲的："道者，令民与上同意也，故可与之死，可与之生，而不畏危也。"这就是说，治军最要紧的是要得兵心。而要得兵心，须身先士卒。这一点，彭雪枫做到了，而且做得很好。

这个意外的打击，对大家来说实在太突然了！面对残酷的现实，张震、吴芝圃泪如泉涌。

张震含泪让骑兵和警卫员找来绳床，把彭雪枫的遗体抬到教堂内。就在这时，骑兵团团长周纯麟亲自押着李光明，向教堂走来。

"师长，师长，我给你们报捷来了！"

周纯麟高兴地喊着，可是，一脚踏进教堂，就察觉气氛不太对劲。只见师长静静地躺在床上，上面盖着毯子，眼睛闭着，脸色苍白。

突如其来的打击太猛烈了，周纯麟心如刀割，浑身发抖，两眼直瞪着师长的遗体，眼泪哗哗地流。他不相信眼前的事实，昨夜行军，彭师长还同自己长谈，不料，竟成永诀！

张震含着眼泪道："现在事关重大，要高度保密！绝对不能传出去！"

随后，张震和吴芝圃悲痛地向军部报告了师长牺牲的经过，并建议派人来统一指挥。

不久，军部复电，前方军事指挥由张震负责，政治领导由吴芝圃负责，要化悲痛为力量。

八里庄战斗虽大获全胜，敌支队司令李光明、副司令李良玉和警卫营营长王歪鼻子等统统被活捉，无一漏网。但大家一点也高兴不起来，心情沉痛极了。

大家行动时，都神情黯然，沉默无语。骑兵团的同志更像失去体贴、关怀自己的亲人一样，悲痛万分。

十一日，战士们将彭雪枫的遗体，用担架秘密地从教堂抬到王白楼，停放在十一旅旅长滕海清的办公室。

是夜，明月高悬，大地一片银辉。为庆祝小朱庄战斗胜利，十一旅政治部文工团要作慰问演出。演出前，滕海清向部队讲了几句话。不一会儿，任泊生走上台来。滕海清高兴地笑道："怎么样，八里庄仗打完了吧？师长来了没有？"

任泊生神色异样地看着滕海清，然后伏其耳边轻声道："师长……师长牺牲了！"滕海清瞪大了眼睛。后来，他这样回忆道：

> 我不敢相信自己的耳朵，猛转过头又问他："什么？！你说什么？！""师长牺牲了，绝对保密！"我脑袋轰的一声，面前的一切都模糊起来……但为了保密，我只好强装镇定，拼命克制不叫泪水淌出来，赶紧结束了我的讲话。

滕海清奔回旅指挥部，一进门就看到师长的遗体正停放在自己办公室的小屋内。只见师长安详地闭着双眼，微微锁着眉，仿佛在沉思。他扑过去，连着高唤他几声：

"师长，你不能走啊！你不能走啊！"

这位师长的爱将，伏在师长的遗体上，声嘶力竭，痛不欲生。真情感染着在场的每一个人，满屋泣声一片。

在张震的带领下，大家双手哆嗦着，解开师长整洁的军装、衬衣，热泪吧嗒吧嗒地滴落在师长的身上。最后，给师长擦净身体后，换上一身崭新的军装。张震含泪吩咐滕海清，迅速购买一副黑漆棺材，将师长的遗体入殓。

彭雪枫一生战功赫赫，战斗缴获和经手的金砖金条无数，他却一尘不染，清贫如洗。警卫员含泪在清理他的遗物时，发现马被里只有几本没有看完的书，两套整洁的旧军装，一床补了补丁的旧被子，两双常穿的草鞋和布鞋，一个装烟的帆布包，一个喝水用的搪瓷缸，全身上下没有一分钱。

除了根据地留下的书，这就是彭雪枫一生的"财产"！

九月十二日，彭雪枫的灵柩由骑兵团派一部护送到津浦路东去。

十三日，中央军委电令张爱萍为四师师长，韦国清为副师长。

带着满腔怒火，十月八日，四师发起了砀（山）南战役。十九日，在三师七旅的配合下，发起保安山战役，共歼灭敌人四千余人。

自八月十五日半城誓师西进，历时三月余，四师共歼灭日伪顽军一万三千余人，恢复并发展了豫皖苏边区。

胜利了。夕阳中，张震独自一人漫步在旷野。此刻，他心潮澎湃，耳畔不断响起老师长的话：

"路西根据地是我们丢的，一定要由我们的手把它夺回来！"

慢慢地，张震的眼睛湿润了，回想自红军起，和师长相识近十年，特别是抗战以来的七年时间，两人朝夕相处，并肩战斗，几乎形影不离的情景，张震心潮激荡。

师长牺牲后，他常常梦见仍旧和师长在一起战斗，有时，他甚至想，为什么打死的不是自己，自己情愿替师长去死，四师离不开师长啊！

"师长，您的愿望今天实现了，我们收复了豫皖苏，而且发展了豫皖苏，您在九泉之下安息吧！"

清风阵阵，像是对师长的声声告慰。

冥冥之中不测生，黄花塘边，晴天霹雳

彭雪枫在淮北的影响太大了。他牺牲后，华中局决定秘不发表。

此时，林颖身怀六甲。为使她能顺利分娩，前方仍以彭雪枫的名义给她发了几封电报告安。写信，会暴露字迹的。

自彭雪枫率四师主力西征后，林颖每天黄昏都到大王庄的郊外散步。那是昔日和爱人一起散步的地方。她希望在熟悉的田野小路上，寻找那份心灵的慰藉，捡拾昔日甜蜜的回忆。

洪泽湖的风起来了，路西的战士们冷吗？雪枫的信什么时候到啊？一分牵挂，一丝忧虑。女人的情感是细腻的，宛如湖水，微风一吹，都会荡起涟漪。

仿佛有第六感觉！

两个月了，难道真的没有一点消息吗？虽然邓政委每次见面总是笑眯眯的，说前方忙，但眼睛里总有一点说不清道不明的东西，朦朦胧胧，模模糊糊，躲在眼波的背后，让人捉摸不透。每次见面说几句，就匆匆地低头走了，以前可不是这样啊！还有，大姐陈兰（邓子恢爱人），似乎比过去更热情了，如火的笑脸，让人感到有点像喝蜜，浓甜得受不了。

困惑之余，身子的反应也更强烈了。啊，小生命在欢唱，她一阵激动，如电波瞬间而过。她有点眩晕了。她抚摸着腹中的婴儿，抚摸着她和彭雪枫爱的结晶，心中不时涌起一阵阵幸福的暖流。这多少减轻了她内心的不安。

十月二十八日，军部来电，让林颖去军部黄花塘医院静养。

静悄悄的房间，让她的内心多了几许焦虑，几许挂念。正在这时，几封电报，让她心中有些释然：

"前方甚忙！胜仗不断，可喜、甚慰！勿念！盼平安分娩！枫。"

十二月二十三日。

在一间洁白的病房里，随着一声响亮的啼哭，一个可爱的男婴来到了人间，后取名为小枫。

望着胖嘟嘟的婴儿，林颖露出甜蜜的微笑，幸福地接受着大家的一片祝福。可是，一缕遗憾涌上心头：要是雪枫在身边，那该多好啊！

时光在悄悄地流逝。一九四五年的元旦，姗姗地走来了。

一月二十一日，林颖带着满月的孩子出院，回到军部住下。而此时，淮北区党委已作出决定，近期要公开悼念彭雪枫将军。至此，事情已不能再瞒了。

早饭后，邓子恢约请军参谋长赖传珠，一起去看望林颖。十分钟的路程，邓子恢觉得仿佛走了几个小时。

二人轻轻敲门，林颖抱着小枫，开门迎了出来：

"二位领导驾到，欢迎，欢迎！"

"孩子还好吧？"

"好，好！"

说着，邓子恢接过孩子来抱着。他仔细地端详着，望着孩子红扑扑的小脸蛋，清澈如水的大眼睛，他的喉咙像被什么东西噎住了，良久不语。他的眼睛湿润了。

"将门虎子，雪枫后继有人啊！"赖传珠在一旁夸奖道。

看到邓子恢的表情有些异样，气氛有些凝重，林颖说道："二位无事不登三宝殿，有话直说，但讲无妨！"

邓子恢满脸悲戚，示意三人都坐下，嘴里嗫嚅道：

"林颖同志，不得不告诉你一个沉痛的消息，雪枫……"说了一半，邓子恢说不下去了，慢慢地把头扭到一边。

"雪枫他怎么了？"林颖急切地问道。

"雪枫，他……他……他不在了！"

"什么？这不可能！前几天不是还发电报，说平安吗？"林颖站了起来，惊愕地望着邓子恢。

"那是为了……让你……顺利生产。"

"不可能，不可能！"

"雪枫去年在夏邑县八里庄战斗中，不幸被流弹击中，壮烈殉国了！这是真的！"赖传珠低下头，难过地说道。

"这怎么可能？雪枫，雪枫，你不能走啊！"刹那间，林颖觉得天旋地转，仿佛从悬崖坠落，掉进万丈深渊。

林颖接受不了突如其来的打击，号啕大哭起来，泪水像山洪暴发一般。

良久，邓子恢缓缓地说："全军同志都在哀悼雪枫师长，请节哀保重！雪枫同志不在了，但他后继有人，一定要把雪枫的骨肉拉扯大，这是对雪枫的最好纪念。"

林颖仍在哭着……也许是最后一句话的提醒，许久，林颖才从悲痛中缓缓回过神来，她泣声道：

"……放心吧……政委……我会做好的。"

"中央已决定隆重追悼雪枫同志，四师和淮北人民要举行追悼大会，我是特意接你回去的……"邓子恢最后哽咽道。

泪水在滑落，心头在淌血，无数的挽幛化作翩翩飞舞的蝴蝶，在林颖眼前闪现。雪枫，你在哪里，你在哪里啊！

几天后，一个寒风呼啸的早晨，泪水哭干的林颖，抱着小枫，随邓子恢踏上了返回大王庄的路。

山低头，水哽咽，大地同悲

一九四五年二月七日。延安。

干冷的小北风，宛如小刀子，刮在干坼的童山秃岭上。

在枣园一间宽敞明亮的窑洞内，一盆炭火熊熊地燃烧着。火光映着毛泽东的脸庞，旁边坐着周恩来、刘少奇、朱德、彭德怀等人，大家一言不发。

毛泽东狠狠地抽着一支烟，眉头皱成了一个"川"字。袅袅的烟雾中，他不禁想起去年九月十一日的一幕：

他正在屋内办公，忽然，译电员匆忙赶来，报告说新四军急电！毛泽东读后，神色马上严肃起来，继而潸然泪下，胸脯一起一伏，不禁沉痛地大拍桌子一声："还我儒将彭雪枫！"

周恩来知晓后，几夜没有合眼。

刘少奇、朱德等扼腕叹息，唏嘘不已。

彭德怀，这位铮铮铁骨的汉子，禁不住热泪滚滚。军中有"大彭、小彭"之称，而今，小彭血洒疆场，先自己而去。

陈毅惊悉噩耗后，夜不能寐。在江西，在程道口，在大柳巷……一幕幕涌上心头。悲痛之余，他写下《哭彭八首》的哀章：

> 淮北哀音至，灯前意黯然。
>
> 生平供追想，终夜不成眠。
>
>
> 吾党匡天下，得君亦俊才。
>
> 壮哉身殉国，遗爱万人怀。

　　整风事不易，自省为更难。

　　洗濯冒冰雪，佩君不畏寒。

　　雄杰压陇海，英风断淮河。

　　荣哀知多少，大众泪滂沱。

　　吾人事革命，生死本寻常。

　　所痛风云急，中原丧栋梁。

　　服务人民事，廿年战血红。

　　知君无限恨，未得饮黄龙。

　　廿年老战士，今有几人存？

　　新生千百万，浩荡慰英魂。

　　君我成永决，多年患难同。

　　我身惜后死，努力贯初衷！

上午，乌云低垂，朔风刺骨，延安笼罩在一片悲伤的气氛中。

十时许，在延安杨家岭中央大礼堂门前，延安各界军民一千余人，怀着沉痛的心情，前来参加追悼彭雪枫大会。

礼堂门口，高悬着中国共产党中央委员会悼念彭雪枫同志的挽联：

　　为民族，为群众，二十年奋斗出死入生，功垂祖国

　　打日本，打汉奸，千百万同胞自由平等，泽被长淮

会场四周，挂满了各解放区及延安部队、机关、学校、团体和个人的挽联、悼词。

主席台上，彭雪枫的遗像高高悬挂。他凝眸直视前方，神态从容自然。英气逼人的脸上，微带笑意，显示对未来的信心。

雪白的花圈与黑色的挽幛，围绕在遗像四周。

遗像下，左侧是毛泽东的亲笔挽词，代表了全党：

> 雪枫同志在与敌人斗争中牺牲了，全民族和全党都悲痛这个损失。为了补偿这个损失，应该学习雪枫同志的英勇精神，更加努力扩大解放区，扩大八路军、新四军，促成联合政府和联合统帅部，使日本侵略者在有效的联合打击下早日消灭，使独立民主的新中国早日实现。

右侧是朱德的挽词，代表着八路军、新四军等全体将士：

> 雪枫同志在中国人民抗日救国的前线上，身先士卒，英勇牺牲，这是雪枫同志个人的无上光荣，也是中国共产党、八路军、新四军和中国人民的无上光荣。我全军指战员将永远纪念他的牺牲，坚决为他复仇，打倒日本帝国主义，消灭法西斯，解放中国。

哀乐低回，催人泪下。在主祭朱德，陪祭彭德怀、陈毅的主持下，全体默哀，向雪枫遗像敬献花圈，随后，诵读了中央和十八集团军总司令部的祭文：

> 雪枫同志！你自十九岁献身革命，到现在已整整二十年，

这二十年中间，你不曾离开过斗争一天。一九三〇年你加入了红军，十五年来你经历了无数考验，证明你不仅是英勇的战士，而且是天才的指挥员。身先士卒的你，曾三次负伤，但就在伤病中你也不顾自身的安全，继续率领着队伍和敌人作战。一九三八年你带三百人挺进豫东，马上把华中敌人的后方变作前线，扩大了抗日的武装，建树了民主的政权，从此毛泽东的旗帜，光辉地插在淮河北岸。当去年夏天汤恩伯弃甲曳兵，豫西一天丢一县，你却从津浦路东勇猛出击，解放路西的同胞二百五十万，使新四军的声威震动了河南，惊碎了敌伪汉奸的狗胆。敌人越是恨你，人民越是爱你，他们正期待你解除深重的灾难，光复沦陷的中原。啊！谁想这时你倒下了，你永远辞别了人间！雪枫同志！你太早地倒下了，最后胜利你还没有看见，但是你放心吧，这一天已不再远。你创造的队伍更壮大了，为了替你和一切死难者复仇，他们战斗得更勇敢。全党全军痛悼你的牺牲，将学习你的模范，工作得更好，团结得更坚，万众一心，勇往直前，直到敌人完全消灭，中国完全解放，你和一切死难者的愿望完全实现。雪枫同志，你安息吧，你愉快地安息吧，你的愿望将很快实现，你的事业将迅速发展，你的功绩将被全国的人民永远地纪念，纪念于永远。

祭文对彭雪枫光辉的一生，作了高度评价。

毛泽东站在第一排，流露出痛惜的表情，他木然地听着陈毅、朱德、刘少奇、彭德怀等致悼词。

悲戚的气氛，沉重的哀乐，笼罩、盘旋在会场的上空。

最后，雄壮的《国际歌》缓缓奏起，全场起立，再度致哀！

刘少奇和陈毅，代表新四军送了挽联：

淮上哀音，痛毁长城，忆杀敌中原，革故鼎新，解放人民三千万

全军素缟，永识典型，念服务群众，出生入死，致力革命二十年

彭德怀的挽联是：

为革命奋斗，替人民服务，英勇牺牲，无愧共产党员伟大称号

痛壮志未成，誓倭寇必灭，途程艰苦，愿随全军同志努力反攻

贺龙代表西北联防军献的挽联是：

> 奋战中原，功在史册
>
> 壮志未竟，我来复仇

山低头，水哽咽，大地同悲。

在延安举行追悼会的同时，远在千里之外的淮北解放区，祭奠将军的活动也在进行着。

归来兮，洪泽湖畔泪纷纷，淮北人民欲断魂

一九四四年的冬天，洪泽湖一直阴风怒号，浊浪滔天。人们纷纷说，这是洪泽湖在为将军啜泣，哀鸣。

噩耗传到淮北大地，如晴天霹雳。数百万淮北军民，沉浸在无限悲痛中，肝肠寸断，泪雨滂沱。

乡亲们茶饭不思，悲痛欲绝。每到晚上，都在自家的院子里烧香祈祷。

一九四五年一月五日，中共淮北区委作出《关于追悼彭故师长雪枫同志的决定》。

二月二日，淮北各界七千余人，冒着凛冽的寒风，前往洪泽湖畔，恭迎师长灵柩。

将军牺牲后，灵柩在一个警卫排化装护送下，经新四军第五、第六、第七等地下兵站，安放在魏嘴八大家一只停泊在濉河上的木船上。灵柩上覆盖着红色布幔，由警卫部队日夜守护。

一路上，沿途的乡亲们摆满桌案，案上点燃香烛，摆上杀好的猪、羊、鸡、鹅等祭品，冒着刺骨的寒风，恭立在泥泞中失声痛哭，哭声响彻云霄。

大地在抖动，天空在默哀。

在大王庄西南的一片空地上，军民含泪用木柱搭起了师长的灵堂，灵堂正面，横悬着"彭故师长灵堂"六个大字。

灵台正中，悬挂着彭雪枫遗像，遗像上面的横匾上写着：

留取丹心照汗青

正面两侧木桩上，粘贴着十个用棉絮制成的大字：

功勋垂千古
浩气壮山河

灵堂四周，围着灰色布幔；堂内堂外，摆满了挽联、挽词。

两边悬挂着毛泽东、朱德、刘少奇、彭德怀、陈毅共挽的挽联：

二十年艰难事业，即将彻底完成，忍看功绩辉煌，英名永在，一世忠贞，是共产党人好榜样

千万里破碎河山，正待从头收拾，孰料血花飞溅，为国牺牲，满腔悲愤，为中华民族悼英雄

灵台两旁，赫然悬挂着华中局、新四军各师、华中各抗日根据地，以及邓子恢等人的挽词、挽联。

中共中央华中局的挽词是：

雪枫同志，不管在苏区工作与白区工作中，都有很大成绩，不管在内战时期与抗战时期，均建立辉煌功勋。他是一个智勇双全与英明能干的军事家和政治家，他是一个对党对革命对中国无产阶级与中国人民解放事业无限忠诚的布尔什维克。雪枫同志英勇殉国，不但是我党的重大损失，也是我中华人民与中华民族的巨大损失。

彭雪枫的继任者——第四师师长兼淮北军区司令员张爱萍的挽联是：

恨敌寇夺去吾战友
率全军誓为尔复仇

淮北各界群众团体敬献的挽联是：

生为斯民，死为斯民
功满淮北，泪满淮北

无数白色绣球在灵堂上空迎风飘荡，仿佛是在为将军轻轻叹息。

二月四日到六日，在彭师长灵前举行了公祭仪式。公祭期间，三十把横笛竹笙，奏起哀乐，其音悲壮，催人泪下，令人心碎。

四师各旅、团代表，淮北民兵代表，路东、路西各民主政府代表，各界人士代表，胸前佩戴白花，满含热泪，一一来到灵前祭奠。

参议会两鬓苍苍的老先生们，个个热泪盈眶，脱帽向将军遗像鞠躬致礼。

路西开明绅士吴老先生率沦陷区民众代表，冒着生命危险，前来为将军行礼谒灵。

各地难民代表数百人来到灵前，跪倒在地，泣不成声。

妇救会的老大娘们身着重孝，手持清香，跪在灵前，哭成一团。

人群中，一声声稚嫩的哭声，让人揪心。那是儿童团的孩子们，晶莹的泪水哗哗而下。他们手捧一碗碗老酒，洒在将军的灵前。

还有日本反战同盟、朝鲜独立同盟淮北支部的国际友人，也来了。

将军的伴侣、亲密战友林颖，在几位女战士的搀扶下，哭喊着，跌跌撞撞地来到了将军的灵前：

"雪枫，雪枫，你怎么撇下我和孩子走了啊！……你走得太早了……"

声语凄怆，感天动地。

灵堂前的人们目睹此景，无不肝肠寸断。

其实，早在一月二十五日，中共淮北路西地委，在萧县西面的洪河集，就举行了彭故师长追悼大会，共有万余人参加。

彭雪枫昔日战友——地委书记吴芝圃，代表路西地委敬献的挽联是：

为国家，为民族，为共产主义，流最后一滴血，极目中原山河碎
恨日寇，恨汉奸，恨顽固分子，压胸前千种愤，放眼神州楚天哀

彭雪枫的老战友、四师参谋长张震，敬撰的挽联为：

> 日寇侵华千万里，破碎河山，正等待从头收拾，溘然长逝，
> 公目不暝
> 禹甸蛮荒十数载，驰驱附骥，方相期痛饮黄龙，毅而永诀，
> 我心何堪

夏邑县彭沟洼村民代表彭光鼎，率族众来到师长的灵前，沉痛宣读四言体祭文：

> 苦哉雪枫，寒薄门庭，青灯毂读，拳拳服膺，百折不挠，学识精通；
> 壮哉雪枫，坚强英明，献身祖国，此志靡穷，无产阶级，立所大同；
> 勇哉雪枫，百战百功，所向披靡，顽敌无踪，力挽危局，大厦扶倾；
> 公哉雪枫，淡泊一生，不贪功利，不慕虚名，不知奢侈，不居尊荣；
> 惜哉雪枫，壮志未终，庚界三八，抗战陨星，合族饮泣，涕泪零零；
> 叹哉雪枫，唏嘘哽鸣，事业未就，将星忽冲，山河皆悼，谁挽颓风。

二月七日早晨，愁云密布，朔风凛冽。

前一天晚上，洪泽湖下了一场千年不遇的大雪。田野、树林、乡村都披上了银装。乡亲们说，这雪是为彭师长下的。

乡亲们热泪滚滚，伏地长跪。

天鼓响，将星陨落；树头凌，草木挂孝。

上午，淮北各界一万六千人举行了隆重的追悼大会，追悼会在二十一响鸣炮声中开始。与会者俯首肃立，唱起挽歌，歌词是张爱萍为将军所作：

> 二十年来，为了人民，为了党，

你留下的功绩辉煌：

首战长沙城，八角亭光荣负伤；

乐安事变，荣获红星奖章。

雪山草地，百炼成钢。

在豫东，燃起抗日烽火；

在淮北，粉碎敌人扫荡。

对党坚贞，为民赴汤；

英勇善战，机智顽强，

是我们的榜样。

雪枫同志，你把最后一滴血，

献给了人民，献给了党。

多年同患难，长别在战场。

我们一定为你报仇，

完成你未竟的事业，

争取全中国的解放！

中共中央华中局组织部部长曾山，首先致悼词。

接着，新四军代表邓逸凡、新华社华中分社代表范长江致祭。治丧委员会宣读淮北区委、行政公署、四师兼淮北军区政治部祭文：

鸣呼，师长往矣，将军成仁，光荣千古，遗忠于国，复仇万民！遗爱于党，复仇一心。天地为仇，草木凄悲⋯⋯

此时，会场内泣声一片。

接着，张爱萍、刘瑞龙等相继致辞，各界代表也都发表了沉痛的悼言。

将军的堂弟彭修强，代表亲属在会上作了刚毅激昂的讲话。

风萧萧兮易水寒，英灵一去兮不复还。

淮北大地，笼罩在一片撕心裂肺的悲痛之中。

将军的墓地选在半城西边，这是一片他熟悉和热爱的土地。

江苏省泗洪县半城镇雪枫墓园大门

下午二时，将军灵柩被缓缓抬起。从大王庄到半城，四五里的路上，两万余人，列队相送。

走在最前面的骑兵，人、马皆戴黑纱，高举"为彭故师长复仇！"的白布横标。治丧委员会的成员分列左右，亲自执绋，左边是张爱萍、邓子恢、刘瑞龙，右边是曾山等。

林颖、彭修强跟在灵车后边，恸哭不止。

后边是三路纵队的送灵大军。

这一天，半城街上，家家摆起香、烛、供果，人们伫立门前悲泣。一九四四年三月三十日，日寇飞机轰炸半城，将军挨家挨户看望、查问："家中有无人受伤？有无房屋倒塌？东西损失多少？需要帮助什么？"凡此等等。半城人心如明镜。亲人今天要走了，怎能不送上一程？

在将军的墓穴前，送灵队伍俯首肃立。在《安息歌》声中，邓子恢、张爱萍等把中共党旗覆在棺上。

接着，泪如雨下的邓子恢，发表了四师历史上著名的"墓前演说"：

同胞们，同志们！

现在我们已到了彭故师长的墓前，彭故师长的灵柩马上就要入土了。彭故师长一生的斗争生活，已从此结束了。假如照盖棺定论来说，那么今天我们就可以为彭故师长下一个严正的定论。

首先就国家民族来说，彭师长是一个保卫国家的民族英雄，是国家的忠臣。

就对人民来说，彭师长是为人民服务而又为人民热情爱戴的群众领袖。

就我们部队来说，彭师长是一个文武双全、智勇兼备的军事家和政治家。

就党内来说，彭师长是一个模范党员，是一个布尔什维克。

这段深刻的评价，穿越悠长的岁月，今天仍散发沁人的馨香。因为它是中肯的，同时，它将是永恒的。

拂晓剧团的团员们，在哭泣声中强忍着悲痛，领唱：

感受不自由莫大痛苦，你光荣的生命牺牲在我们艰苦的斗争中，你英勇地抛弃头颅！英勇，你英勇地抛弃头颅！英勇……

送别的最后时刻到了。

当邓子恢、张爱萍、刘瑞龙等扶棺与战友诀别，将军的灵柩开始徐徐

371

安放到墓穴时，全场哭声一片。无限的悲痛化作畅意的泪水，挥洒着，飞舞着，撕心裂肺的悲呼，令山河动容。最后，当林颖哭喊着"再也见不到了"时，全场的人心都碎了……

暮色朦胧，无数刚刚从路西赶来的乡亲们，伏在墓穴旁，失声痛哭。

哭声如诉，回荡在暮霭笼罩的淮北大地。那是为一个与父老乡亲生死相依的不朽灵魂而哭泣！那是为心中伟大英雄的早逝而伤心！

英灵已归九泉去，丹心红枫照千秋。

正像一首诗中所云："当你把明灯举在空中，灯光洒在我的脸上，阴影却落到你的身上。"

这让人想起《钢铁是怎样炼成的》的主人公保尔的名言："人最宝贵的是生命。生命对于每个人只有一次。人的一生应当这样度过：当回首往事的时候，他不会因为虚度年华而悔恨。在临终的时候，他能够说，我的整个生命和全部精力，都已经献给了世界上最壮丽的事业——为人类的解放而奋斗。"

从这个意义上说，彭雪枫确确实实做到了。

今天，当我们怀着钦敬的心情，小心翼翼地打开《彭雪枫文集》和《彭雪枫军事文选》时，那洋洋洒洒地记录了彭雪枫光辉足迹的二百余篇文稿，成为我们打开将军一生和内心世界的一把钥匙。

这其中，有文采飞扬、灼见深刻的地域风情散文，如《塞上琐记》《说太原》等；

有对友人深切怀念的悼词或碑文，如《陈光勋烈士碑碑文》《痛悼亲密的战友鲁雨亭先生》等；

但更多的则是他对战略部署思考的结晶，如在竹沟时《目前在河南应该做些什么》《游击战术的几个基本作战原则》等。

……

在短短三十七载的生命历程中，他给后人留下了一份宝贵的精神遗产。

正像一位四师老战士的评价："他是一手拿着枪杆，一手拿着笔杆，向敌人冲锋陷阵、战斗了一生的布尔什维克战士。"

一九四〇年九月十四日，他在抗大刊物《抗大生活》中题词："为了革命，为了解放事业，立志做个政治的军事家，军事的政治家。"

可以说，这是他人生的真实写照。

当胜利者登高望远，回望新民主主义时期这段波澜壮阔的风云历史时，慨然而自信地总结出三条至理的经验：党的领导、武装斗争、统一战线。

而这三条，竟然完美地在彭雪枫身上闪烁着永恒的耀眼之光——

一个对党的事业坚定而忠诚的布尔什维克；

一个纵横驰骋的卓越的军事家；

一个浑身是胆、游刃有余的统战高手。

雏凤清于老凤声，将门虎子彭小枫道："爸爸，我们想念您！"

时光如白驹过隙。

当岁月的长河浩浩荡荡，漂流到一九四五年八月十五日，横行一时的小日本，不得不低下那高傲的头颅，宣布投降。

将军没有看到，经过三年解放战争，雄师狂飙的中国人民解放军，以秋风扫落叶一般，将国民党反动派赶到了台湾岛上。

萧瑟秋风今又是，换了人间。

激动人心的时刻终于到来了！

一九四九年十月一日，在雄伟庄严的天安门城楼上，面对全世界的目光，一个浓浓的湘音，宣告了一个新政权的诞生。中国人民推翻了压在头上的三座大山，从此站起来了！

九泉之下的将军啊，您和无数共产党人一生为之奋斗的夙愿终于实现了！您若在天有灵，该是多么欣慰啊！

一九五五年九月二十七日，北京，中南海怀仁堂。一场盛大的庆典正在这里隆重举行。

一代伟人毛泽东，微带笑意，向为建立共和国赴汤蹈火、九死一生的战友们颁授军衔。

您的领导与战友，彭德怀、陈毅，被授予元帅军衔。您的战友与部下，张爱萍、韦国清、张震、滕海清等，分别被授予上将、中将军衔。

您若健在的话，以您的赫赫战功，跻身于共和国将军之列，是毫无疑问的，也是众望所归的。

从竹沟到淮北，您一手缔造的英雄部队，后来被编入山东野战军第二纵队、华中野战军第九纵队。

现在，无论是在茫茫的雪域高原，风沙滚滚的戈壁荒漠，还是在坦荡无垠的华北要隘，它已成为守护祖国大地的一支支劲旅。

滚滚长江东逝水，浪花淘尽英雄。

英雄从来不是自封的。在短短的三十七个春秋里，您的生命像一条闪光的河水，闪烁着永恒而迷人的光彩。也如原野上燃烧的火苗，绽放出璀璨的光焰。

为了心中的梦想和信仰，您挥洒了，燃烧了，您无怨无悔。

的确，生命在每一个个体身上，表现不尽相同。

有的比较漫长，犹如深山中的古树，春去秋来，花开花落，是一种缓慢而有节奏的律动，平平淡淡；

有的则比较短暂，来去匆匆，但却是浩瀚夜空中，拖着长长光焰的流星，让灿烂群星黯然失色。

将军您，就属于后者。

"桐花万里丹山路，雏凤清于老凤声。"您的儿子，一九四四年十二月出生的小枫，沐浴着党和亲人的关爱，随母亲林颖，先后辗转至大连、北京，读完了小学、中学，一九六三年考入哈尔滨军事工程学院。

自从他懂事起，您的战友们就不断地向他讲述关于您可歌可泣的故事。

您，笃诚而坚定的人生信仰，浴血而闪光的人生足迹，炽热的赤子情怀，激励着他在人生道路上不断奋进。

"居高声自远，非是藉秋风。"您虽然离开这片辽阔的土地已几十个春秋了，但您的嘉言懿行、不朽功勋已深深地镌刻在人民的心中。

今天，在您出生的七里庄故居，在镇平县城、河南夏邑县八里庄、安徽宿州、江苏泗洪半城镇，都建起了展现您戎马一生和不朽功勋的纪念馆。每年清明时节，都有无数游人前来参观，瞻仰您的丰功伟绩。特别是在江苏省泗洪县半城镇的雪枫墓园。每年这个时候，来自天南地北、五湖四海的中国人民、国际友人，怀着虔诚的心情，在鲜花翠柏环绕的墓前，为您献上一束束鲜花，俯首默哀。

微风细雨中，小枫带着您的儿媳、孙女，千里迢迢，来到您的灵前。

他们献上花环，深深地鞠躬。然后俯下身，轻轻地抚摸着鲜红的挽联和"彭故师长雪枫之墓"八个大字，用低沉的语调说：

"爸爸，我们看您来了，我们想念您！"

将军啊，您听到了吗？您安息吧！

后　记

　　我是上个世纪七十年代出生的。那还是一个激情燃烧的年代。我清楚地记得，公社电影队一来，就是我们一帮乡村少年欢呼雀跃的时刻。《地道战》《红日》《南征北战》《闪闪的红星》等老电影，对从战争中走来的英雄们的礼赞，如轻风细雨滋润着我幼小的心灵。至今，每每忆起，银幕上那些生动的故事场景，仍历历在目。

　　记得我上小学时，南阳地区团地委向全区中小学生发起了为"彭雪枫将军纪念馆"捐款的号召。这时，我才知道离故乡不远的镇平县还有一位著名的将军。从那时起，"彭雪枫"这三个字走进了我的内心世界。

　　"骑马挎枪走天下"，是我少年时代的梦想。可是，人生充满了变数，我后来并未走上从军的道路。但对烽火硝烟中建立不朽功勋的英雄们的崇拜与向往，却一如既往，成为我心头挥之不去的情结。

　　大学毕业后，我曾一度漂泊不定。苦闷之余，热爱文学创作的我，总是写上几笔，聊以自慰。此时，彭雪枫将军的形象又浮现在我的眼前。

　　为什么？难道仅仅是因为童年的那个情结吗？

　　事情并非那么简单。

　　拨开历史的迷雾，不难发现，彭雪枫身上体现了中华民族"富贵不能淫、威武不能屈、贫贱不能移"的大丈夫精神；体现了"参横斗转欲三更，苦雨终风也解晴"的乐观主义；体现了共产党人"咬定青山不放松，任尔东西南北风"信仰坚定的情怀；体现了共产党人身上廉洁自律、热爱群众、关心群众的崇高境界……彭雪枫已成为一个在中华民族伟大复兴道路上理想人格的符号和象征。

这才是穿越时空，彭雪枫依然屹立在人们心头的原因。

于是，我做出一个决定。

我要为将军树碑立传。

说干就干。二〇〇七年五一假期，我前往将军故里——河南省镇平县七里庄。从此，踏上了漫长的采风之路。

奔竹沟、走夏邑、赴天津、下泗洪……三年间，我忘记了多少个节假日是在路途中度过的。

寒来暑往，我终于搜集到鲜活的第一手资料。

历史人物，只有放到他当时所处的历史环境中去，才能理解他的所作所为，也就是历史唯物主义的态度。秉着这个理念，我在写作过程中，不虚美，不隐恶，实事求是，力求客观公正，还历史本来面目，还将军成长经历、青春爱情、挫折教训。呈现在读者面前的是一个活生生的、立体的"这一个"，而不是扁平的、脸谱化的人物。

在写作过程中，我数度潸然泪下：将军书案店卖马度饥荒，战士们冬天在雪地里光脚行军打仗……男儿有泪不轻弹，只是未到伤心处。当然，这不是伤心的泪水，而是感动的泪水。一位伟人曾经说过，忘记过去就等于背叛，所以，当今天人们享受着太平盛世的幸福时，不能忘记那些为共和国建立而倒下的先烈们。

春去秋来。二〇一一年初，《将道》一书由中国青年出版社出版，并且连续三次加印，受到读者的好评。

十多年过去了。

这些年来，我常常夜里梦到将军。他时而严肃，时而亲切，与我促膝长谈。我洗耳恭听，受益匪浅。可梦毕竟是假的，醒来一阵怅然。但我知道，将军的英雄形象、崇高精神已融入我的血脉中。

金无足赤，人无完人。对于将军来说，亦如此。而对于我来说，彼时，我的文学事业刚刚起步。笔下，对将军的刻画有时未免把握不准，同时，囿于各种因素，将军成长、战斗的足迹，历史现场还未完全躬身踏勘，档案、日记、文选等史料搜寻不齐，留下深憾。十多年来，不时听到热心读者的声音。所以，能够再次出版，有修订的机会，我由衷地感到高兴。

在此，感谢相关领导、审读专家！感谢太白文艺出版社党靖社长！还有本书责任编辑史婷女士。他们都是值得我永远感恩铭记的。

感谢人白文艺出版社！

感谢所有为本书出版而付出辛勤劳动的人们！

侯玉强

二〇二四年元月冬夜于故乡"静雅轩"